STUDENT ACTIVITIES MANUAL

Megan Echevarría
University of Rhode Island

Experiential and Service Learning Activities
Sharon Robinson
Lynchburg College

Heritage Learner Activities
Dolores Durán-Cerda
Pima Community College

¡Anda!

Curso elemental

Audrey L. Heining-Boynton • Glynis S. Cowell
The University of North Carolina at Chapel Hill

PEARSON
Prentice Hall

woRLd Languages

Upper Saddle River, NJ 07458

Executive Editor: *Bob Hemmer*
Editorial Assistant: *Katie Spiegel*
Director of Marketing: *Kristine Suárez*
Senior Marketing Manager: *Denise Miller*
Marketing Coordinator: *Bill Bliss*
Director of Editorial Development: *Julia Caballero*
Development Editor: *Janet García-Levitas; Guadalupe Parras-Serradilla*
Development Editor for Assessment: *Melissa Marolla Brown*
Senior Managing Editor (Production): *Mary Rottino*
Associate Managing Editor (Production): *Janice Stangel*
Senior Production Editor: *Nancy Stevenson*
Composition/Full-Service Project Management: *Natalie Hansen and Sandra Reinhard, Black Dot Group*
Media/Supplements Editor: *Meriel Martínez*
Editorial Coordinator/Assistant Developmental Editor: *Jennifer Murphy*
Senior Media Editor: *Samantha Alducin*
Senior Operations Supervisor: *Brian Mackey*
Operations Specialist: *Cathleen Petersen*
Cover Art Director: *Jayne Conte*
Cover Designer: *Bruce Kenselaar*
Interior Design: *Black Dot Group*
Publisher: *Phil Miller*
Cover image: *Donald Nausbaum, Getty Images Inc. – Stone Allstock*
Printer/Binder: *Courier Kendallville*
Typeface: *11/14 Janson*

Pearson Education LTD.
Pearson Education Singapore, Pte. Ltd
Pearson Education, Canada, Ltd
Pearson Education–Japan
Pearson Education, Upper Saddle River, New Jersey

Pearson Education Australia PTY, Limited
Pearson Education North Asia Ltd
Pearson Educación de México, S.A. de C.V.
Pearson Education Malaysia, Pte. Ltd

10 9 8 7 6 5 4 3 2
ISBN: 0-13-184572-1/978-0-13-184572-5

CONTENTS

TO THE STUDENT

The Student Activities Manual to accompany *¡Anda! Curso elemental* is a completely integrated manual that includes "workbook" activities as well as audio activities and others based on the reading and video series *Ambiciones siniestras*. The activities in each chapter mirror the structure and content of the *¡Anda!* textbook and offer extensive practice of the vocabulary and grammar chunks as well as the cultural topics introduced in your text. Preliminary Chapters A and B provide you the opportunity to build on the initial points presented in the text, while Recycling Chapters 6 and 12 offer activities based on a cumulative review. Now you're ready to go!

Special features of the Student Activities Manual include the following:

- Recording activities with which to practice language proficiency and fluency by providing oral responses online
- Additional cultural information relating to the main themes in the textbook chapters, with questions
- Engaging art- and photo-based activities
- Experiential and service learning activities that correlate to the main themes of each chapter
- Activities that encourage Heritage learners to reflect on their own heritage and make connections with others
- Section headings that include the corresponding textbook pages for reference
- Electronic version also available on *MySpanishLab*™

A

Para empezar

1. Saludos, despedidas y presentaciones (Textbook p. 4)

A-1 Los saludos. Look at the clocks pictured and write the most appropriate greeting for each time of day.

1. _____

A.M.

2. _____

3. _____

P.M.

4. _____

5. _____

6. _____
P.M.

A-2 Los saludos informales y formales. Indicate whether each expression is informal, formal, or if it is appropriate for either context.

1. ¿Cómo está usted?	informal	formal	informal o formal
2. Encantado.	informal	formal	informal o formal
3. ¿Cómo te llamas?	informal	formal	informal o formal
4. Mucho gusto.	informal	formal	informal o formal
5. Chao.	informal	formal	informal o formal
6. ¿Qué tal?	informal	formal	informal o formal
7. Adiós.	informal	formal	informal o formal
8. Quiero presentarle a mi amigo.	informal	formal	informal o formal

A-3 Las presentaciones. Choose the appropriate expression for each blank in the conversation between Adriana and Profesora Ruiz.

¿Y tú?	Quiero presentarle a mi amigo.	Igualmente.
¿Cómo te llamas?	¿Cómo está usted?	Encantado.

Adriana: Buenos días, profesora Ruiz. (1) _____

Profesora Ruiz: Muy bien. (2) _____

Adriana: Bien, gracias, profesora. (3) _____

Profesora Ruiz: Hola. (4) _____

Antonio: Antonio. (5) _____

Profesora Ruiz: (6) _____

Cómo se saluda la gente (TEXTBOOK P. 7)

A-4 Cómo se saluda la gente.

Paso 1 Based on what you read in **Capítulo Preliminar A** about the ways in which native Spanish speakers greet each other, indicate if the following statements are true (**Cierto**) or false (**Falso**).

1. Most Spanish-speaking men greet each other with a kiss. Cierto (Falso)

2. Some Spanish-speaking men greet each other with a hug. (Cierto) Falso

3. Most Spanish-speaking men and women greet each other with a **besito.** (Cierto) Falso

4. Many Spanish-speaking women greet each other with two kisses, one on each cheek. Cierto (Falso)

5. An **abrazo** is a gentle air kiss. Cierto (Falso)

6. Some Spanish-speakers may stand very close to each other while talking. (Cierto) Falso

Paso 2 Now for the statements that were false, rewrite the underlined part of the sentence in order to make the statement true. For those that are true, write "correct" in the space provided.

1. Most Spanish-speaking men greet each other <u>with a kiss</u>. ___hug_____

2. <u>Some Spanish-speaking men</u> greet each other with a hug. ___Correct_____

3. <u>Most Spanish-speaking men and women</u> greet each other with a **besito.** ___Correct_____

4. Many Spanish-speaking women <u>greet each other with two kisses</u>, one on each cheek. ___one kiss___

5. An **abrazo** is a <u>gentle air kiss</u>. ___a greeting_____

6. Some Spanish speakers may <u>stand very close to each other</u> while talking. ___True_____

A-5 En una fiesta. Imagine that you are at a party. One of your friends introduces you to a friend from Spain who just happens to be the man or woman of your dreams. Use the following expressions to create the conversation among the three of you. Include actions in parentheses (such as **abrazo** or **besito**) to make your dialogue more interesting and culturally authentic.

¡Hola!	¿Y tú?	Igualmente.	Me llamo…	¿Qué tal?
Quiero presentarte a…	Muy bien.	Soy…	Encantado/a.	¿Cómo te llamas?

_____

_____

_____

2. Expresiones útiles para la clase (TEXTBOOK P. 8)

A-6 ¿Qué significa? One of your friends from Spanish class is having difficulty understanding some of the new vocabulary that you are learning. Answer each of her questions in English.

MODELO   ¿Qué significa "escriba"?

          Write

1. ¿Qué significa "vayan a la pizarra"? _____

2. ¿Qué significa "lea el libro"? _____

3. ¿Qué significa "escuchen"? _____

4. ¿Qué significa "conteste, por favor"? _____

5. ¿Qué significa "abran el libro"? _____

6. ¿Qué significa "escriba en la pizarra"? _____

A-7 ¿Cómo se dice en español? Another friend from class is having difficulty remembering how to say some of the new vocabulary. Use the following expressions from the word bank to answer his questions and give your responses orally.

No comprendo.	¿Qué significa?	De nada.	¿Qué es esto?
No lo sé.	Repita, por favor.	¿Quién?	

1. ¿Cómo se dice "I don't know" en español?

2. ¿Cómo se dice "repeat, please" en español?

3. ¿Cómo se dice "what is this" en español?

4. ¿Cómo se dice "I don't understand" en español?

5. ¿Cómo se dice "what does it mean" en español?

6. ¿Cómo se dice "who" en español?

7. ¿Cómo se dice "you're welcome" en español?

A-8 En la clase de español. Listen to the directions that the professor gives to his students and then select the expression or command that will most logically follow.

1. Escriban.   Escriba.   Lean.   Lea.

2. Escriban.   Escriba.   Lean.   Lea.

3. Escriban.   Escriba.   Lean.   Lea.

4. Escriban.   Escriba.   Lean.   Lea.

5. Escriban.   Escriba.   Lean.   Lea.

6. Escriban.   Escriba.   Lean.   Lea.

3. El alfabeto (TEXTBOOK P. 9)

A-9 ¿Con qué se relaciona? Listen to the well-known abbreviations and then select the category (categories) to which they are related. More than one category may apply.

1. la tecnología   la televisión   la música   el cine (*cinema*)   los automóviles

2. la tecnología   la televisión   la música   el cine   los automóviles

3. la tecnología   la televisión   la música   el cine   los automóviles

4. la tecnología   la televisión   la música   el cine   los automóviles

5. la tecnología   la televisión   la música   el cine   los automóviles

6. la tecnología   la televisión   la música   el cine   los automóviles

7. la tecnología   la televisión   la música   el cine   los automóviles

A-10 El mundo hispano. Listen as you hear someone spell the names of different Spanish-speaking countries and write down each country as you hear it.

MODELO   You hear: e-c-u-a-d-o-r

             You write: *Ecuador*

1. _____   4. _____

2. _____   5. _____

3. _____   6. _____

A-11 ¿Cómo se escribe? Listen as the following people introduce themselves to you. Their names may not be very familiar to you, so they are also going to spell them. Write each person's first and last name in the spaces.

1. _____   4. _____

2. _____   5. _____

3. _____   6. _____

A-12 ¿Cómo te llamas tú? Just as the names you heard in the previous activity were probably not familiar to you, your name might be unfamiliar to many native Spanish speakers. Introduce yourself briefly in Spanish and then spell both your first name and your last name.

MODELO   *Hola, me llamo Kathleen Johnston. Mi nombre se escribe*

k-a-t-h-l-e-e-n y mi apellido se escribe j-o-h-n-s-t-o-n.

4. Los cognados (TEXTBOOK P. 10)

A-13 Categorías. As you know, many words in Spanish are very similar to words in English that have the same meaning. Demonstrate your understanding of the cognates below by correctly placing each word in its most appropriate category.

el hospital	el actor	el tomate	el director
el restaurante	el novelista	el mango	el bar
el aeropuerto	el chocolate	el artista	la pizza

PEOPLE	PLACES	FOODS

Nombre: _____ Fecha: _____

A-14 Comparación y contraste. Use your new skills to identify the meaning of the following words and then match each word to its most logical opposite.

1. similar   a. horrible

2. optimista   b. pesimista

3. importante   c. diferente

4. fantástico   d. trivial

5. especial   e. tragedia

6. comedia   f. normal

A-15 ¿Soy, o no soy? For each of the adjectives below, indicate if they apply to you by writing **Soy** or **No soy** in the space provided.

1. _____ inteligente.   5. _____ diferente.

2. _____ idealista.   6. _____ activista.

3. _____ optimista.   7. _____ pesimista.

4. _____ ecologista.

A-16 ¿Cómo se dice? Although cognates are spelled similarly in Spanish and English, they often sound very different. Listen to the native Spanish speaker pronounce the following words. Then give your personal best Spanish pronunciation of each word.

1. conclusión   3. idea   5. importante   7. generoso

2. teléfono   4. televisión   6. universidad   8. ideal

5. Los pronombres personales (TEXTBOOK P. 11)

A-17 Los pronombres. Fill in each blank with the correct subject pronoun in Spanish.

1. you (singular, formal) _____

2. they (a group of men) _____

3. he _____

4. you plural (a group of women, informal, in Spain) _____

5. we (two men) _____

6. we (a group of women) _____

7. I _____

8. you plural (in Latin America) _____

9. you (singular, informal) _____

10. she _____

A-18 Los amigos. Your new friend Laura from Argentina has invited you to a party at her apartment so that you can get to know some of her other friends. Fill in the blanks with the subject pronouns she needs to use to talk about herself and her friends.

MODELO   my friends watching TV in the living room (all men)

                ellos

1. The men that are playing pool _____

2. My sister and I _____

3. My girlfriends over there on the other side of the room _____

4. My brother _____

5. You (singular, informal) _____

6. My boyfriend and I _____

7. My friends over there sitting on the couch (both men and women) _____

8. You and your best friend _____

Tú o usted (TEXTBOOK P. 12)

A-19 ¿Tú o usted? Based on what you have learned in **Capítulo Preliminar A** about how the use of **tú** and **usted** has evolved over time, choose the phrase(s) that best complete(s) each of the following statements. More than one phrase may be correct.

1. In general, I should use the **tú** form when I am talking with

   a. people that I know well.

   b. people whose names I do not know.

   c. members of my family.

   d. people older than I.

2. If I go to a supermarket in a Spanish-speaking country,

   a. I must address the clerk as **tú**.

   b. it is now generally acceptable to address the clerk as **tú**.

   c. the clerk will be offended if I address him as **tú**.

   d. it would be fine to address the clerk as **usted**.

3. If I am talking to young people in Latin America,

   a. they will probably address me as **tú**.

   b. they will probably address me as **usted**.

   c. they will probably address me as **vosotros**.

   d. they might address me as **vos**.

4. I can use the **usted** form in order to

   a. show someone that I think he/she is really old.

   b. show someone respect.

   c. play it safe in an uncertain situation.

   d. show people that I want to be on a first-name basis with them.

5. In Spain, the **vosotras** form is used

   a. to talk to more than one female person, or "you all."

   b. to talk to women in an informal setting.

   c. to talk to more than one male person, or "you all."

   d. to talk to people in any setting.

6. In Argentina, Costa Rica and other parts of Latin America, **vos**

   a. is sometimes used in place of **usted.**

   b. is sometimes used in place of **vosotros.**

   c. is sometimes used in informal situations.

   d. is sometimes used in place of **tú.**

A-20 ¿Cómo hablo con diferentes personas? Imagine that you are studying abroad in Spain. You come into contact with a variety of people on a daily basis. For the people below, indicate which subject pronouns (**tú, usted, vosotros,** or **ustedes**) you will use when you first meet with them.

1. The mother and father in your host family _____

2. The children in your host family _____

3. The young program assistant who works with new students during the orientation program

    _____

4. The older man at the kiosk where you buy your newspaper every morning

    _____

5. Your classmates at the university _____

6. The server at the corner café where you stop every morning to have a cup of coffee

    _____

A-21 ¿Situación formal o informal? Now imagine that you are in Mexico and find yourself in the following situations. Fill in the blanks with the most appropriate way to address the person or persons in each situation: **tú, usted,** or **ustedes.**

1. You are an intern at a company and are talking with your coworkers at your first meeting.

    _____

2. You are having a meeting with your supervisor. _____

3. You are invited to your supervisor's daughter's birthday party and are talking with the birthday girl.

    _____

4. After the party you get lost and need to ask an elderly woman for directions.

    _____

5. You are at another party talking with a friend. _____

6. You are at a bar introducing yourself to an attractive person who is slightly older than you.

    _____

7. You are playing soccer with friends. _____

A-22 ¿Relación formal o informal? Listen to the following conversations and then select the type of relationship the people have. Select **"No se sabe."** if the relationship is not known from the context.

1. informal   formal   informal y formal   No se sabe.

2. informal   formal   informal y formal   No se sabe.

3. informal   formal   informal y formal   No se sabe.

4. informal   formal   informal y formal   No se sabe.

5. informal   formal   informal y formal   No se sabe.

6. informal   formal   informal y formal   No se sabe.

6. El verbo *ser* (TEXTBOOK P. 13)

A-23 ¿Quién es? A friend from your class is having difficulty understanding the following sentences because he does not realize that in Spanish, subject pronouns are not necessary to communicate the subject of a verb. Help him by looking at each form of the verb **ser** and then writing the appropriate subject pronoun(s) in the space provided.

1. Soy romántico.   _____

2. Somos profesores.   _____

3. Eres importante.   _____

4. Sois generosos.   _____

5. Son idealistas.   _____

6. Es ecologista.   _____

A-24 Marta y Gabriela. Listen to Marta describe how she and her sister Gabriela are similar and different, paying special attention to the way she uses the verb **ser** throughout her description. Then, for each adjective, decide whether it applies to **Marta**, to **Gabriela**, or to both **Marta y Gabriela**, and write the correct name(s).

1. inteligente(s)   _____

2. idealista(s)   _____

3. realista(s)   _____

4. optimista(s)   _____

5. creativa(s)   _____

6. generosa(s)   _____

7. analítica(s)   _____

A-25 ¿Cómo son? Complete the sentences with the correct forms of the verb **ser**.

1. Nosotros _____ interesantes.

2. La profesora _____ idealista.

3. El profesor y usted _____ creativos.

4. Los estudiantes y tú _____ inteligentes.

5. La profesora y el profesor _____ amigos.

6. La clase y yo _____ generosos.

7. Tú _____ importante.

8. Yo _____ realista.

A-26 ¿Cómo son? Give descriptions of the people below orally by using the different components to create sentences. Be sure to use the correct forms of **ser**.

MODELO   Ella / artista

            Ella es artista. / Es artista.

1. Ellos / diferentes   6. Nosotros / idealistas

2. Tú / optimista   7. Ellos / similares

3. Yo / inteligente   8. Ellas / activistas

4. Usted / especial   9. Yo / importante

5. Ella / generosa   10. Él / novelista

7. Los adjetivos de nacionalidad (TEXTBOOK P. 14)

A-27 ¿De dónde son? Match the following famous people with their appropriate adjective of nationality. If you are unsure of who they are, try looking them up on *Wikipedia* or *Google*.

1. Salma Hayek   a. es nigeriano.

2. Jean Reno   b. es mexicana.

3. Esmeralda Santiago   c. es francés.

4. Wole Soyinka   d. es nigeriana.

5. El padre de Lucy Liu   e. es inglesa y canadiense.

6. Oluchi Ongweagba   f. es chino.

7. Kim Cattrall   g. es puertorriqueña.

A-28 Los amigos internacionales. Listen as Susana tells you about her friends from around the world. For each of the people listed below, write down their nationality. Pay special attention to the gender of each friend, and be careful to write the correct form of the verb **ser** and the appropriate masculine or feminine form of the adjectives.

MODELO   Susana *es mexicana*.

1. Eulogia _____ .   5. Kiroko _____ .

2. Morenike _____ .   6. Olivier _____ .

3. Antonio y Sara _____ .   7. Marie _____ .

4. Ming y Fong _____ .   8. Richard _____ .

8. Los números 0–30 (TEXTBOOK P. 16)

A-29 Los números de teléfono. Listen to each person's telephone number and then write the numbers in the spaces provided. They do not live in the United States, so their phone numbers may have more or less than seven digits.

1. Pablo _____   5. Enrique _____

2. Cristina _____   6. Lidia _____

3. Emilia _____   7. Soraya _____

4. Saúl _____   8. David _____

A-30 Tu número de teléfono. State your own telephone number as well as your three most frequently called numbers.

MODELO   *Mi número de teléfono es 2-0-1-7-8-3-2-2-4-5.*

El número de teléfono de mi amigo Raúl es…

A-31 Las matemáticas. Listen to the following basic addition problems and then write down only the solution in numerals. Note that **más** means "plus."

1. _____   5. _____

2. _____   6. _____

3. _____   7. _____

4. _____

A-32 La lógica. For each group of numbers, find their logical relationship and then complete the sequence.

1. uno, tres, cinco, _____, nueve

2. dos, _____, seis, ocho

3. cinco, diez, _____, veinte

4. cuatro, ocho, _____, dieciséis

5. siete, _____, veintiuno, veintiocho

6. uno, dos, _____, ocho, dieciséis

7. dos, tres, cinco, _____, trece, veintiuno

¿Quién habla español? (Textbook p. 17)

A-33 El mundo hispano. Use the following information to answer the questions about Spanish-speaking countries.

1. What is the difference between the terms *Hispanic* and *Latino*? Can you think of any equivalent terms that you could use to describe people from more than one English-speaking country? If you had to invent a term to refer to all English-speaking people and cultures, what term would you create?

PAÍS	POBLACIÓN
ARGENTINA	39.921.833
BOLIVIA	8.989.046
CHILE	16.134.219
COLOMBIA	43.593.035
COSTA RICA	4.075.261
CUBA	11.382.820
ECUADOR	13.547.510
EL SALVADOR	6.822.378
ESPAÑA	40.397.842
LOS ESTADOS UNIDOS	31.933.531
GUATEMALA	12.293.545
GUINEA ECUATORIAL	300.000
HONDURAS	7.326.496
MÉXICO	107.449.525
NICARAGUA	5.570.129
PANAMÁ	3.191.319
PARAGUAY	6.506.464
PERÚ	28.302.603
PUERTO RICO	3.927.188
LA REPÚBLICA DOMINICANA	9.183.984
URUGUAY	3.431.932
VENEZUELA	25.730.435

*CIA Fact Book, July 2006

_____

_____

_____

2. Why do you think many people prefer to describe themselves using specific adjectives of national identity (*mexicana*, *colombiano*, *peruana*, *argentino*, etc.) instead of using words like *Hispanic* or *Latino*? Why might some people in some contexts like to use the general terms *Hispanic* or *Latino*?

_____

_____

3. Which country has the largest Spanish-speaking population? Which countries border this country?

_____

4. Which country has the second-largest Spanish-speaking population? Which countries border this country?

_____

5. Which country has the smallest Spanish-speaking population? Where is it located?

_____

6. What is the population of native Spanish speakers in the United States?

_____

7. Which countries have a Spanish-speaking population that is between 0 and 10 million larger than that of the United States?

_____

8. Which countries have a Spanish-speaking population that is between 0 and 10 million smaller than that of the United States?

Nombre: _____ Fecha: _____

9. La hora (Textbook p. 18)

 A-34 ¿Qué hora es en el mundo hispano? Listen as you hear what time it is in different Spanish-speaking cities throughout the world. Then write the correct time, in digits, next to each place.

1. La Paz (Bolivia) _____

2. Valparaíso (Chile) _____

3. Las Islas Galápagos (Ecuador) _____

4. Bilbao (España) _____

5. Tenerife (España) _____

6. Central Falls (los Estados Unidos) _____

7. Los Ángeles (los Estados Unidos) _____

8. Malabo (Guinea Ecuatorial) _____

9. Hermosillo (México) _____

10. Montevideo (Uruguay) _____

A-35 ¿Qué hora es? Listen to each statement of what time it is and then write the correct letter next to the clock it applies to.

1.  _____

2.  _____

3. _____

4.  _____

5.  _____

6.  _____

7.  _____

A-36 ¿A qué hora? Look at Profesora Parra's typical weekday schedule and then answer the questions in Spanish, writing out all of the words in your answer (including the numbers).

MODELO   At what time does her first Spanish 101 class begin?

A las ocho de la mañana.

HORA	ACTIVIDAD
8:00	Clase de español 101
9:15	Clase de español 102
10:00	Hora de oficina
11:30	Clase de español 102
12:45	Clase de español 101
2:00	Cafetería
2:45	Correcciones y preparación de las clases
4:50	A casa

1. At what time does her second Spanish 102 class begin?

_____

2. At what time does her office hour begin?

_____

3. At what time does her second Spanish 101 class begin?

_____

4. At what time does she take a break for lunch?

_____

5. At what time does she begin correcting student work and preparing her class lessons?

_____

6. At what time does she go home each evening?

_____

10. Los días, los meses y las estaciones (TEXTBOOK P. 20)

A-37 ¿Qué días y a qué hora? Teresa is very responsible and plans her days carefully. Look at her schedule for the week and then answer the questions in Spanish.

	LUNES	MARTES	MIÉRCOLES	JUEVES	VIERNES
8:00	francés		francés		francés
9:00	música		música		música
9:30		biología		biología	
10:00	literatura		literatura		literatura
12:15		laboratorio		laboratorio	
1:00	computadoras		computadoras		computadoras
2:30	restaurante		restaurante		restaurante
5:00		gimnasio		gimnasio	
7:45	dormitorio	dormitorio	dormitorio	dormitorio	dormitorio

MODELOS   What days of the week does Teresa have biology class?

Los martes y los jueves

At what time does Teresa's biology class begin?

A las nueve y media de la mañana

1. On what days of the week does Teresa have her French class?

   _____

2. At what time does Teresa have her literature class?

   _____

3. On what days does Teresa have her biology lab?

   _____

4. At what time does her lab begin?

   _____

5. On what days and at what time is her computer science class?

   _____

6. How many hours per week does Teresa work at the restaurant, if she leaves at 7:30 P.M.?

_____

7. On what days and at what time does Teresa go to the gym?

_____

8. At what time does Teresa go back to her room each evening to study?

_____

A-38 ¿Qué día?

Paso 1 Look at each sequence of days and select the day that is out of place.

MODELO   jueves, martes, sábado, domingo

             jueves, ~~martes~~, sábado, domingo

1. lunes, martes, viernes, jueves

2. viernes, sábado, domingo, martes

3. domingo, lunes, jueves, miércoles

4. martes, sábado, jueves, viernes

5. miércoles, lunes, viernes, sábado

6. jueves, lunes, sábado, domingo

Paso 2 Now write the day that should take the place of each one that you selected.

MODELO   jueves, ~~martes~~, sábado, domingo

             viernes

1. _____   4. _____

2. _____   5. _____

3. _____   6. _____

A-39 Los días de la semana. Complete the crossword puzzle with the correct days of the week.

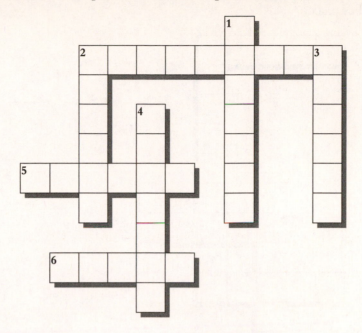

Vertical
1. El día antes del (*before*) lunes
2. Dos días antes del jueves
3. Cuatro días antes del miércoles
4. El día antes del sábado

Horizontal
2. Dos días antes del viernes
5. Un día después del (*after*) miércoles
6. Cuatro días después del jueves

A-40 Los meses. Find the logic in each sequence and then fill in each blank with the missing month.

1. diciembre, _____, febrero

2. junio, julio, _____

3. _____, noviembre, diciembre

4. enero, febrero, _____

5. _____, mayo, junio

6. enero, _____, marzo

7. abril, _____, junio

8. julio, agosto, _____

A-41 Los meses y los días importantes. Complete the crossword puzzle with the month in which each important day takes place.

Horizontal
1. El día del Padre
5. El día de Martin Luther King
6. El día de San Patricio
7. El día de la Madre
8. El día de la independencia

Vertical
2. El día de la Hispanidad (*Columbus Day*)
3. El día de San Valentín
4. El día de las elecciones

A-42 Los meses y las estaciones. For each month, write the season of the year that you associate with it.

1. septiembre _____

2. julio _____

3. febrero _____

4. octubre _____

5. mayo _____

6. enero _____

7. agosto _____

A-43 Estaciones subjetivas. Lola is from Cuba and is studying at a university in New England. She is realizing that the perception of seasons can be very subjective. Look at the table in which she shares her view of the seasons in Cuba and New England, and then fill in the last column with your own impressions about the seasons and the weather where you live.

ESTACIÓN	CUBA	NUEVA INGLATERRA	TU REGIÓN
primavera	febrero, marzo, abril y mayo	abril, mayo, junio	
verano	junio, julio, agosto y septiembre	julio, agosto	
otoño	octubre, noviembre	septiembre, octubre	
invierno	diciembre, enero	noviembre, diciembre, enero, febrero, marzo	

11. El tiempo (TEXTBOOK P. 23)

A-44 El tiempo en el mundo hispano. Listen to the meteorologist report about the weather in the different capitals of Central America, and complete the sentences below with an appropriate expression from the word bank.

> Hace sol. Hace calor. Está nublado. Llueve. Hace viento.
> No hace frío. No hace calor. Hace buen tiempo. Hace mal tiempo.

1. En San Salvador (El Salvador) _____

2. En Guatemala (Guatemala) _____

3. En Tegucigalpa (Honduras) _____

4. En Managua (Nicaragua) _____

5. En San José (Costa Rica) _____

6. En Panamá (Panamá) _____

A-45 ¿Qué tiempo hace? Describe the weather conditions that are depicted in each image, using complete sentences.

1. _____

4. _____

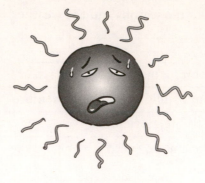

2. _____

5. _____

3. _____

A-46 ¿Qué tiempo hace en tu zona? Now describe a typical day for each of the following months in the place where you live.

1. enero _____

2. marzo _____

3. mayo _____

4. julio _____

5. septiembre _____

6. noviembre _____

12. Gustar (TEXTBOOK P. 25)

A-47 ¿Qué más te gusta? Answer the following questions about your likes and dislikes in complete sentences. Be sure to follow the model exactly.

MODELO   ¿Te gusta la clase de español?

                 Sí, me gusta la clase de español. / No, no me gusta la clase de español.

1. ¿Te gustan los lunes?

   _____

2. ¿Te gustan los viernes?

   _____

3. ¿Te gusta la música hip-hop?

   _____

4. ¿Te gusta la música rock?

   _____

5. ¿Te gusta la nieve?

_____

6. ¿Te gusta el viento?

_____

7. ¿Te gusta la cafetería de la universidad?

_____

A-48 ¿Qué te gusta? Listen to Ramón's questions about your likes and dislikes and then write your answers below. Be sure to follow the sentence structure in the model exactly answering first in the affirmative and then in the negative.

MODELO   ¿Te gusta el invierno?

Sí, me gusta el invierno. / No, no me gusta el inverno.

1. _____

2. _____

3. _____

4. _____

5. _____

6. _____

7. _____

A-49 ¿Y tú? Choose at least five things that you like from the questions in the previous two activities and record yourself asking a classmate if he or she likes them.

Nombre: _____ Fecha: _____

Experiential Learning Activity

A-50 En un restaurante hispano. Go with a friend to a local Hispanic restaurant, and practice greeting the employees and introducing yourselves to them in Spanish. After you leave, make a list of all of the different ways you heard the native speakers greet each other and/or introduce each other.

Heritage Learner Activity

A-51 Los saludos.

Paso 1 ¿Cuáles son algunos saludos coloquiales o informales que conoces que no se mencionan en el libro de texto? Por ejemplo, en México y en el suroeste de los Estados Unidos, entre amigos los jóvenes se saludan con **¿Qué onda?** Escribe más saludos que hayas usado (*may have used*) tú mismo o que hayas escuchado (*may have heard*) de hispanohablantes de otros países.

1. _____

2. _____

3. _____

4. _____

5. _____

Paso 2 A veces, entre los hispanos en los Estados Unidos, se combina el uso del **tú** y del **usted** en la misma oración, o no se emplea la forma correcta para la persona apropiada. Para evitar este error, escribe los saludos y las despedidas formales e informales según las siguientes personas indicadas.

Abuela:

    Saludo: _____

    Despedida: _____

Mejor amigo/a:

    Saludo: _____

    Despedida: _____

Jefe en el trabajo:

    Saludo: _____

    Despedida: _____

Profesor/a:

    Saludo: _____

    Despedida: _____

Compañero/a de clase:

    Saludo: _____

    Despedida: _____

Dependiente en una tienda:

    Saludo: _____

    Despedida: _____

Cliente de tu negocio (por teléfono):

    Saludo: _____

    Despedida: _____

1

¿Quiénes somos?

1. La familia (TEXTBOOK P. 32)

1-1 Familias famosas. Complete the following sentences about famous Hispanic families with the correct vocabulary word. If you are unsure of the relationships between these people, try looking them up on *Wikipedia* or *Google*.

> el hijo   el padrastro   los padres   la hija   la esposa   la madre

1. Jennifer López es _____ de Marc Anthony.

2. Antonio Banderas y Melanie Griffith son _____ de Stella Banderas Griffith.

3. Antonio Banderas es _____ de Dakota y Alexander, los hijos de Melanie Griffith y Don Johnson.

4. Enrique Iglesias es _____ de Julio Iglesias.

5. Gloria Estefan es _____ de Nayib y Emily Estefan Fajardo.

6. Paloma Picasso es _____ de Pablo Picasso.

1-2 Las familias hispanas. Listen to the information about some other famous Hispanic families and then complete the sentences with the correct words from the word bank.

La madre	La familia	Los abuelos maternos
El padre	Los padres	Los abuelos paternos

1. _____ de Cristina Aguilera es estadounidense.

2. _____ de Cameron Díaz son cubanos.

3. _____ de Salma Hayek son mexicanos.

4. _____ de Benicio del Toro es puertorriqueña.

5. _____ de Gael García Bernal son mexicanos.

6. _____ de Chucho Valdés es cubano.

1-3 La familia de Eduardo. Look at Eduardo's family tree and then answer the questions in complete sentences in Spanish, using the first names of the appropriate family member. Be sure to follow the sentence structure of the model closely.

Nombre: _____   Fecha: _____

MODELO   ¿Quién es el esposo de Francisca?

El esposo de Francisca es Enrique. / Es Enrique.

1. ¿Quién es la prima de Sonia? _____

_____

2. ¿Quién es la hermana de Enrique? _____

_____

3. ¿Quién es el hijo de Carmen? _____

_____

4. ¿Quién es la esposa de Enrique? _____

_____

5. ¿Quién es la prima de Antonio? _____

_____

6. ¿Quién es el abuelo de Adriana? _____

_____

7. ¿Quién es la tía de Sonia? _____

_____

8. ¿Quién es la madre de Rosario? _____

_____

1-4 Crucigrama. Complete the crossword puzzle with the term that describes each family relationship.

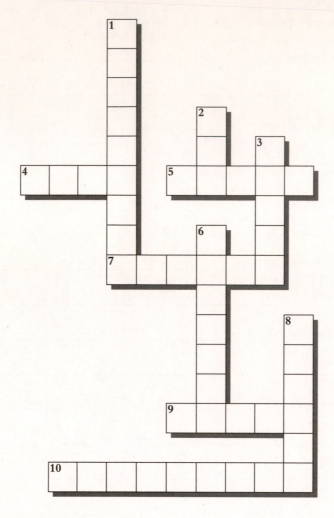

1. La nueva esposa de mi padre es mi (*my*)…

2. La hermana de mi padre es mi…

3. La hija de mis tíos es mi…

4. El hermano de mi madre y la esposa del hermano de mi madre son mis…

5. El padre de mi hermana es mi…

6. La hija de mis padres es mi…

7. La madre de mi madre es mi…

8. El padre de mi madre es mi…

9. Soy el hijo de mi… (*feminine*)

10. El nuevo esposo de mi madre es mi…

Pronunciación

Spanish vowels (Textbook p. 33)

1-5 Palabras incompletas. Listen to each word and fill in the missing vowels.

1. p_____dr_____str_____

2. h_____rm_____n_____

3. _____sp_____s_____

4. _____b_____ _____l_____

5. tr_____b_____j_____d_____r_____

6. _____b_____rr_____d_____

7. _____nt_____p_____t_____c_____

8. r_____sp_____ns_____bl_____

9. p_____r_____z_____s_____

10. p_____qu_____ñ_____

1-6 Algunos hispanos famosos. Listen to and compare the pronunciation of the following names by the native Spanish speaker and the native English speaker. Then give your best imitation of the Spanish speaker's pronunciation, paying special attention to how you pronounce both the sound and the brevity of the vowels.

1. Antonio Banderas

2. Salma Hayek

3. Shakira Mebarak

4. Penélope Cruz

5. Gloria Estefan

6. Celia Cruz

7. Gael García Bernal

8. Benicio del Toro

9. Cristina Aguilera

10. Pedro Almodóvar

1-7 ¿Hablante nativo o no? Listen carefully to the vowels as you hear each word pronounced and then indicate whether or not the person speaking is a native Spanish speaker by selecting **sí** or **no**.

1. sí   no

2. sí   no

3. sí   no

4. sí   no

5. sí   no

6. sí   no

Los nombres en el mundo hispano (TEXTBOOK P. 34)

1-8 Los matrimonios. Based on what you have learned in this chapter about how women's last names change after marriage in many Hispanic countries, rewrite each woman's full name so that it clearly reflects her marital status.

1. Gloria Fajardo + Emilio Estefan _____

2. Jennifer López + Marc Anthony _____

3. Marivi Lorido + Andy García _____

4. Lymarie Nadal + Edward James Olmos _____

5. Talisa Soto + Benjamin Bratt _____

6. Janet Templeton + Ramón Estévez _____

1-9 Los apellidos. In **Capítulo 1,** you learned about the ways in which Hispanic last names are passed from parents to children.

Paso 1 Complete the following hypothetical sentences with the names as they would be written.

1. If Andy García's daughter had a baby with Gael García Bernal and they named her Gracia, then

   her full name would be _____.

2. If Gloria and Emilio Estefan's daughter had a son with Emilio Estévez and they named him

   Esteban, his full name would be _____.

3. If Guillermo del Toro's daughter and Benicio del Toro had a son and named him Teodoro, his full

   name would be _____.

4. If Penélope Cruz and Tom Cruise had remained together and had a baby, naming him Cruz, then

   his full name would have been _____.

5. If Cameron Díaz and Alex Bueno had a daughter and named her Lola, her full name would be

   _____.

Paso 2 Listen as the speaker says each name and then give your own best pronunciation, paying special attention to the vowel sounds.

2. El verbo *tener* (TEXTBOOK P. 35)

1-10 ¿Quién tiene? Listen to each sentence, paying special attention to the form of the verb **tener** that you hear. Then select the person or persons that could be the subject of each sentence.

1. yo	tú	él	nosotros	ustedes
2. ella	tú	yo	usted	ellos
3. ustedes	yo	ella	nosotros	tú
4. usted	ellas	nosotros	yo	él
5. yo	usted	tú	nosotros	ellos
6. tú	ustedes	nosotros	ella	yo
7. ellas	tú	nosotros	usted	· yo

1-11 La familia de Yolanda. Read the following description of Yolanda's family and then answer the questions according to the information in the passage. Be careful to use the correct form of the verb **tener** in your answers.

¡Mi familia es muy grande! Tengo diez hermanos —cuatro hermanas y seis hermanos. Mi madre también tiene muchos hermanos; mis abuelos maternos tienen seis hijos. Todos los hermanos de mi madre están casados. Mi padre es de una familia pequeña, solamente tiene una hermana y ella tiene un esposo. En total tengo quince primos; catorce son de la familia de mi madre y uno es el hijo de la hermana de mi padre. En contraste con mi familia, mi esposo Fernando tiene tres hermanos; tiene solamente un tío y una tía, y dos primos.

1. ¿Cuántas hijas tienen los padres de Yolanda?

   Los padres de Yolanda _____.

2. ¿Cuántos hermanos tiene la madre de Yolanda?

   Su madre _____.

3. ¿Cuántos tíos tiene Yolanda?

   Yolanda _____.

4. ¿Cuántos hijos tienen los tíos de Yolanda?

   Sus tíos _____.

5. ¿Cuántos hijos tienen los padres de Fernando?

   Sus padres _____.

6. ¿Cuántos hermanos tiene Fernando?

Su madre _____.

7. ¿Cuántos hijos tienen los tíos de Fernando?

Sus tíos _____.

1-12 La familia de Ernesto. Listen as Ernesto describes his family and then use the names below to construct his family tree. Write the correct names on the lines provided.

Ernesto	Nerea	Pedro	Alfonso	Margarita	Justino
María	Rubén	Carmen	Clemente	Emilia	Francisco
Antonio	Mario	Clara	Manuel	Ana	

Abuelos: _____

Padres: _____

Hermanos y sus respectivos esposos: _____

Hijos de los hermanos: _____

1-13 ¿Y tu familia? Answer the following questions about your own family using complete sentences in Spanish. Be careful to use the correct forms of the verb **tener** in your answers.

MODELO   ¿Cuántos abuelos tienes?

                Tengo cuatro abuelos. / No tengo abuelos.

1. ¿Cuántos padres tienes? _____

2. ¿Cuántos padrastros tienes? _____

3. ¿Cuántos hermanos tienen tus (*your*) padres? _____

   _____

4. ¿Cuántos hermanos tienes? _____

5. ¿Cuántos tíos tienen tú y tus hermanos? _____

   _____

6. ¿Tienen tú y tus hermanos muchos primos? _____

   _____

7. ¿Cuántos abuelos tienen tú y tus hermanos? _____

   _____

3. El singular y el plural (TEXTBOOK P. 37)

1-14 Crucigrama. Complete the crossword puzzle with the opposite form of each word. If the word is in the singular, then write the plural form; if it is in the plural, then write the singular form.

1. alemán

2. francés

3. abril

4. japonés

5. problemas

6. jóvenes

7. nube

8. invierno

9. sol

10. universidad

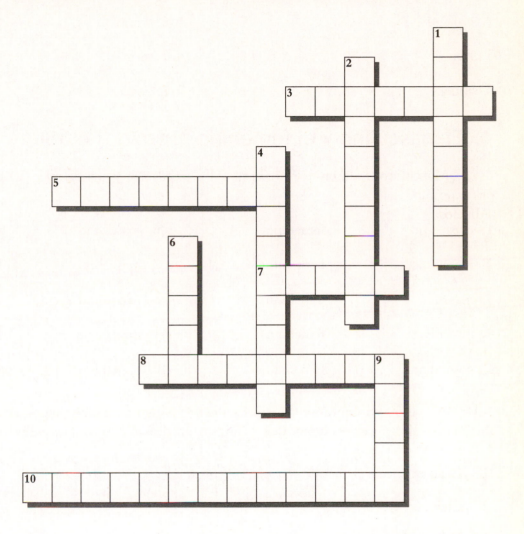

 1-15 ¿Singular o plural? Listen as you hear each word stated and then select if it is **singular** or **plural.**

1. singular	plural	5. singular	plural
2. singular	plural	6. singular	plural
3. singular	plural	7. singular	plural
4. singular	plural		

1-16 Singular y plural. Pronounce each word below, first in its singular form and then in its plural form. Try to pay special attention to your pronunciation of the vowel sounds.

1. estadounidense
2. español
3. francés
4. abuela

5. usted
6. hermana
7. primo
8. joven

4. El masculino y el femenino (TEXTBOOK P. 38)

1-17 ¿Masculino o femenino? For each of the words that you hear, select whether it is **masculino** or **femenino.**

1. masculino   femenino
2. masculino   femenino
3. masculino   femenino
4. masculino   femenino
5. masculino   femenino

6. masculino   femenino
7. masculino   femenino
8. masculino   femenino
9. masculino   femenino
10. masculino   femenino

1-18 Masculino y femenino. Categorize the following nouns according to their gender by placing them in the appropriate column. Be careful; some words are exceptions to the general rules.

| universidad | abuela | teléfono | problema | computadora |
| mapa | hermano | conversación | día | foto |

MASCULINO	FEMENINO

5. Los artículos definidos e indefinidos (TEXTBOOK P. 39)

1-19 Los artículos definidos e indefinidos. In each sentence, identify and select all the definite and indefinite articles.

1. Tengo unos hermanos fabulosos.

2. La computadora está en la oficina.

3. Hay una televisión en el bar.

4. Me gustan mucho los perros, pero no me gustan los gatos.

5. Todos los días escucho música. Prefiero escuchar la música rock.

6. Tengo una clase de español este semestre.

1-20 Los artículos.

Paso 1 Write the appropriate definite article for each noun. Be sure to use the correct masculine or feminine and singular or plural form.

1. _____ fotos

2. _____ abuela

3. _____ libertades

4. _____ manos

5. _____ mapa

6. _____ prosperidad

7. _____ moto

8. _____ problemas

9. _____ ciudades

10. _____ noches

Paso 2 Now write the appropriate indefinite article for each noun. Be sure to use the correct masculine or feminine and singular or plural form.

1. _____ pizzas

2. _____ hijo

3. _____ recepción

4. _____ mapas

5. _____ problemas

6. _____ hermanas

7. _____ día

8. _____ universidad

9. _____ abuela

10. _____ primo

1-21 Inventario. Listen to Pablo as he does the inventory for his computer and electronics store and write the definite and indefinite articles that he uses when referring to the following products. Be careful; he refers to some more than once. If no article is referenced, put an X in the appropriate space, a or b.

	DEFINITE ARTICLES	INDEFINITE ARTICLES
1. cables de Internet	a. _____	b. _____
2. teléfonos	a. _____	b. _____
3. radios	a. _____	b. _____
4. computadoras	a. _____	b. _____
5. computadoras portátiles	a. _____	b. _____
6. calculadoras	a. _____	b. _____
7. teléfonos móviles	a. _____	b. _____

1-22 Una mochila perdida. Marga has just lost her backpack and it had a lot of important things inside. Complete the report of her missing items to the lost and found counter by filling in the blanks with the correct definite and indefinite articles. Be careful to choose the correct kind of article and to use the appropriate gender and number for each one.

En (1) _____ mochila (*backpack*), Marga tiene (2) _____ computadora portátil, (3) _____ teléfono

móvil, y (4) _____ cámara digital. También tiene (5) _____ libros de texto de (6) _____ clases de

(7) _____ universidad. (8) _____ computadora portátil tiene información importante, y (9) _____

cámara digital tiene (10) _____ fotos especiales.

6. Gente (TEXTBOOK P. 41)

1-23 ¿Quiénes son? For each person or group of people, choose the word or words that best describe them.

1. a. unos chicos   c. unos novios
   b. unas niñas   d. unas mujeres

4. a. una muchacha   c. una mujer
   b. un joven   d. una niña

2. a. un chico   c. un hombre
   b. una mujer   d. una niña

5. a. unas jóvenes   c. una chica
   b. un niño   d. unos muchachos

3. a. unos niños   c. unos jóvenes
   b. unas señoras   d. unas muchachas

6. a. una mujer   c. un hombre
   b. unos jóvenes   d. unos niños

1-24 Las personas. Match each word with the description of the person in each situation or of each age.

1. una persona femenina que es el amor de una persona   a. un hombre

2. una persona femenina de dieciséis años   b. una chica

3. una persona masculina de diecisiete años   c. una mujer

4. un adulto de cincuenta años   d. una novia

5. un joven que es el amor de una persona   e. un chico

6. una adulta de cuarenta años   f. un novio

1-25 La gente. Using your new vocabulary, write the nouns that you would use to describe the following people (*chico*, *mujer*, etc).

1. Justin Timberlake _____

2. Shakira _____

3. Dakota Fanning _____

4. Penélope Cruz _____

5. Brad Pitt _____

Nombre: _____ Fecha: _____

7. Los adjetivos posesivos (TEXTBOOK P. 42)

 1-26 La familia de Antonio. Listen as Antonio describes his family and then complete the following answers to the questions. Use possessive adjectives in order to avoid repeating evident information from the question.

MODELO   ¿Cómo se llama la esposa de Antonio?

_Su_ esposa _se llama_ _Violeta_.

1. ¿Cómo se llaman los hermanos de Antonio?

_____ hermanos _____

_____ y _____.

2. ¿Cómo se llama el esposo de Marta?

_____ esposo _____ _____.

3. ¿Cómo se llaman los hijos de Marta?

_____ hijos _____ _____

y _____.

4. ¿Cómo se llama la esposa de Arcadio?

_____ esposa _____ _____.

5. ¿Cómo se llaman los hijos de Arcadio?

_____ hijos _____ _____

y _____.

6. ¿Cómo se llaman los abuelos de Gabriela?

_____ abuelos _____ _____

y _____.

1-27 La familia. Match each possessive adjective with the family member to which it corresponds.

1. abuelos (yo)   a. sus

2. padre (ella)   b. mi

3. primos (ustedes)   c. nuestras

4. padrastro (tú)   d. tu

5. familias (nosotros)   e. su

6. tía (yo)   f. mis

7. tíos (tú)   g. tus

8. madre (nosotros)   h. nuestra

1-28 ¿Y tu familia? Follow the steps to introduce your family to a friend.

Paso 1 Jot down the names of the members of your family that you would like to introduce, as well as the word in Spanish that describes your relationship to them. Be sure that your words agree with the gender of your family members.

_____

_____

_____

Paso 2 Imagine your new friend is meeting your family for the first time. Give an oral introduction of each person.

Nombre: _____ Fecha: _____

1-29 ¿De quién es? Look at the pictures and captions, and then use possessive adjectives to indicate to whom each item belongs.

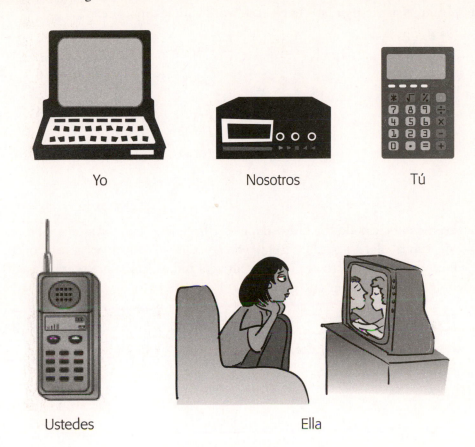

Yo   Nosotros   Tú

Ustedes   Ella

1. Es _____ calculadora.

2. Es _____ computadora.

3. Es _____ radio.

4. Es _____ teléfono móvil.

5. Es _____ televisor.

8. Los adjetivos descriptivos (TEXTBOOK P. 44)

1-30 Nuestras características físicas. Match each word with its opposite.

1. delgado   a. pequeña

2. baja   b. débil

3. guapo   c. alta

4. fuerte   d. gordo

5. grande   e. feo

1-31 Las características físicas de los famosos. Describe at least one physical trait of each person below using your new vocabulary—but be careful, you must use all adjectives at least once. Be sure to use the correct conjugation of the verb **ser** in your answers and to make sure that your adjectives agree with the people in both number and gender.

guapo/a	bonito/a	~~alto/a~~	fuerte
grande	delgado/a	pequeño/a	

MODELO   Cameron Díaz *es alta.*

1. Salma Hayek _____.

2. Ricky Martin _____.

3. Shakira Mebarak _____.

4. Shakira Mebarak y Salma Hayek _____.

5. Enrique Iglesias _____.

6. Ricky Martin y Shakira Mebarak _____.

Nombre: _____   Fecha: _____

1-32 Nuestra personalidad. Complete the crossword puzzle with the correct opposite of each adjective.

1. trabajador

2. bueno

3. perezosa

4. irresponsable

5. rica

6. inteligente

7. mala

8. aburrido

1-33 ¿Cómo son? For each person, select all possible adjectives that you associate with him/her.

1. Arnold Schwarzenegger es…

   a. débil   b. alto   c. perezoso   d. fuerte   e. grande

2. Oprah Winfrey es…

   a. guapa   b. débil   c. antipática   d. trabajadora   e. cómica

3. Jim Carrey es…

   a. bajo   b. cómico   c. gordo   d. interesante   e. inteligente

4. Paris Hilton es…

   a. cómica   b. bonita   c. baja   d. tonta   e. aburrida

5. Mi mejor amigo/a o mi novio/a es…

   a. interesante   b. simpático/a   c. responsable   d. inteligente   e. cómico/a

6. Mi familia es…

   a. grande   b. pequeña   c. cómica   d. aburrida   e. interesante

7. Soy…

   a. simpático/a   b. perezoso/a   c. cómico/a   d. guapo/a   e. bueno/a

1-34 ¿Cómo son tú y tus amigos? Think about yourself and three of your closest friends.

Paso 1 Fill in the table with adjectives that describe each of you.

PERSONA	SUS CARACTERÍSTICAS FÍSICAS	SU PERSONALIDAD
Yo		
Mi amigo/a...		
Mi amigo/a...		
Mi amigo/a...		

Paso 2 Now write a paragraph describing you and your friends. Be sure to use the correct forms of the verb **ser** throughout your description, and also to make your adjectives agree in both number and gender with the person or persons described.

_____

_____

_____

_____

_____

_____

_____

_____

1-35 ¿Cómo son? Imagine you are studying abroad, and you take the photograph below during a gathering that your host family organizes. Using the vocabulary and verbs that you have learned so far, and the useful expressions below, write a description of your host family. You should indicate what their nationality is, give each person a name, describe their relationships, use some of their physical characteristics to make it clear who each person is in the photograph, and also mention some of their personality traits.

una comida	a meal, a luncheon
mucha comida deliciosa	plenty of delicious food, a lot of delicious food
una fiesta	a party
el aniversario	anniversary
el cumpleaños	birthday

_____

_____

_____

_____

_____

_____

_____

_____

_____

_____

El español, lengua diversa (TEXTBOOK P. 48)

1-36 Lenguas diversas. Based on what you have learned in **Capítulo 1** about the diversity of the Spanish and English languages, answer the following questions.

1. What kinds of variations in the English language does your textbook mention? _____

   _____

2. What different accents of native English speakers from the United States can you distinguish and

   easily identify? _____

   _____

3. What different accents of native English speakers from outside the United States can you

   distinguish and easily identify? _____

   _____

4. If you were to visit another English-speaking country, how much difficulty would you have

   communicating with the people that live there? Why? _____

   _____

5. In what ways are both Spanish and English "diverse" languages? _____

   _____

1-37 ¿Cómo se dice? Based on the cultural information in **Capítulo 1**, answer the following questions.

1. According to the textbook, what are three ways that people in different parts of the United States

   use to refer to soft drinks? _____

2. According to your dictionary (or an online dictionary), what does each of those words mean? Is

   "soft drink" one of the first definitions of those words? _____

3. According to the textbook, what are three different ways that native speakers of Spanish use to

   describe someone as "funny"? _____

   _____

4. According to your dictionary, what does each of those words mean? Is "funny" one of the first

   definitions that appears? _____

   _____

5. According to the textbook, what are three different ways to refer to a bus in Spanish? _____

   _____

6. Do all of those words appear in your dictionary? If so, according to your reference source, what

   does each of those words mean? _____

   _____

7. How will your awareness of the diversity of the Spanish language throughout the world influence

   your approach to studying the language and trying to communicate in the language? _____

   _____

   _____

9. Los números 31–100 (TEXTBOOK P. 48)

1-38 Números de teléfono. Listen to Cristina's friends' phone numbers and write them as you would a 7-digit number in the United States.

MODELO   Marta *254–9733*

1. Roberto _____   4. Raquel _____

2. Tomás _____   5. Belén _____

3. Emilia _____   6. José _____

1-39 Las matemáticas. Give the following math equations and their solutions orally (plus = *más*, minus = *menos*, times = *por*, divided by = *dividido por*).

1. $52 + 24 =$ 5. $60 \div 5 =$

2. $4 \times 11 =$ 6. $6 \times 12 =$

3. $36 \div 3 =$ 7. $67 - 9 =$

4. $20 \times 4 =$ 8. $78 + 5 =$

1-40 Más matemáticas. Listen to the math equations and write their solutions in numerals.

1. _____   4. _____

2. _____   5. _____

3. _____   6. _____

1-41 El tiempo. Listen to the report about the average temperatures in degrees Fahrenheit in each city. Write each temperature next to each city; then, using the conversion chart as a guide, change each temperature to its approximate equivalent in degrees Celsius and write that temperature down. Finally, describe the weather for each place using the following expressions: **hace calor, hace buen tiempo,** or **hace frío.**

Conversión de temperaturas

104°F = 40°C   86°F = 30°C   68°F = 20°C   50°F = 10°C   32°F = 0°C

	°FAHRENHEIT	°CELSIUS	WEATHER
1. Santiago, Chile	a. _____ °F	b. _____ °C	c. _____
2. Bariloche, Argentina	a. _____ °F	b. _____ °C	c. _____
3. San Vicente, El Salvador	a. _____ °F	b. _____ °C	c. _____
4. La Esperanza, Honduras	a. _____ °F	b. _____ °C	c. _____
5. Barranca, Perú	a. _____ °F	b. _____ °C	c. _____
6. Cartagena, Colombia	a. _____ °F	b. _____ °C	c. _____

Escucha (TEXTBOOK P. 50)

1-42 Los novios y sus dos familias. Esperanza and Martín are dating and Esperanza is talking about their families.

Paso 1 Before listening, write down some words that you think you might hear her say.

_____

_____

_____

_____

Paso 2 Now listen to Esperanza and write all of the words from Paso 1 that she actually says.

_____

_____

1-43 Las diferencias y las familias. Listen to Esperanza's comparison of her family and Martín's family again and select all the words that you hear.

similares	inteligente	pobres	gusta
primos	vuestra	formal	fortuna
aburrida	abuelos	grande	elegantes

1-44 Las familias de Esperanza y Martín. Now indicate if the following statements are **Cierto** or **Falso.** If necessary, listen to the passage one more time.

1. La familia de Esperanza es muy grande.   Cierto   Falso

2. La familia de Esperanza es rica.   Cierto   Falso

3. Los hermanos de Esperanza son antipáticos.   Cierto   Falso

4. La familia de Martín es pobre.   Cierto   Falso

5. La familia de Esperanza es formal.   Cierto   Falso

6. La familia de Martín es un poco aburrida.   Cierto   Falso

Escribe (TEXTBOOK P. 51)

1-45 Asociaciones y características. Think about the people in your life that are closest to you and choose four to focus on. For each person, write down some words in Spanish that you associate with him/her. These can be adjectives that describe the person's personality or physical traits, or they can be things that the person likes. Try to write as many words as possible for each person.

1. _____

_____

2. _____

_____

3. _____

_____

4. _____

_____

1-46 Dos poemas.

Paso 1 Letras y palabras. Choose two of the people you considered for the previous activity and using each person's first, middle, or last name, write key words (descriptive nouns or adjectives) that begin with each letter of the name.

1. _____

2. _____

   _____

   _____

   _____

   _____

   _____

   _____

Paso 2 Frases. Now build phrases around each word using **tener, ser, gustar,** and any other useful expressions that you have learned.

1. _____

2. _____

   _____

   _____

   _____

   _____

   _____

   _____

Les presento mi país (TEXTBOOK P. 52)

1-47 Los Estados Unidos. Based on what you learned about Hispanics in the United States in **Capítulo 1,** match each person and place with the word or phrase most closely associated with it.

1. Cristina Saralegui

2. Nueva York

3. Pedro Martínez

4. Los Ángeles

5. St. Augustine

6. México

a. ciudad fundada en 1535

b. celebración de la herencia puertorriqueña

c. un programa de televisión

d. ciudad con la población más grande de hispanos en los Estados Unidos

e. país de origen del grupo de hispanos más grande en los Estados Unidos

f. béisbol

Más cultura

1-48 Las familias hispanas. Read the following information about Hispanic family roles and then answer the questions, comparing them to your own concept of family.

- El concepto de la familia en muchas culturas del mundo hispano incluye más que la familia inmediata. La familia extendida —los primos, los tíos, y los abuelos— puede ser tan (*can be just as*) importante como los hermanos, los padres y los hijos. También, en muchas familias las personas se reúnen con (*get together with*) la familia extendida con mucha frecuencia.

- En muchas culturas del mundo hispano, las familias tratan a las personas mayores (*older*) con mucho respeto y admiración. Las personas mayores son muy importantes en la familia. Por sus experiencias, tienen muchos conocimientos y sabiduría (*knowledge and wisdom*) para ofrecerles a las personas más jóvenes de la familia.

- Otras personas importantes en las familias hispanas cristianas son los padrinos (*godparents*). Algunas personas eligen (*choose*) a sus hermanos o a otras personas de su familia para ser los padrinos de sus hijos. Otras personas eligen a unos amigos muy buenos para tener este rol importante en la vida de sus hijos. En algunas familias, los padrinos participan en la educación religiosa y moral de los niños; en otras familias tienen un rol más simbólico. Siempre es un gran honor ser el padrino o la madrina de un niño.

1. How important do you feel your extended family is in your life?

   _____

2. How often do you get together with your cousins, aunts, uncles and grandparents?

   _____

3. Can you imagine gathering for a meal with many members of your family every week or even once a month?

   _____

4. How much do you value the opinions of older people in your family?

   _____

5. Do you have godparents or people in your life that serve a similar role? What are the benefits of having those people as part of your personal support system?

   _____

6. In these areas of family practices and perspectives, do you think your situation is similar to those of your friends?

   _____

7. In general, do you think your practices and perspectives are representative of many people across the country? Why or why not?

   _____

Ambiciones siniestras

Episodio 1

Conexiones

1-49 ¿Comprendes? Complete the answers to the following questions based on the reading in **Capítulo 1.** Use the correct form of the verb and the appropriate adjectives.

1. ¿Cómo son las clases de Alejandra?

   Sus clases _____ _____

2. ¿Cómo es Manolo, según (*according to*) Alejandra?

   Según Alejandra, Manolo _____ _____,

   _____, _____ y _____.

3. ¿Cuántas hermanas tiene Manolo?

   Manolo _____ _____

   _____.

4. ¿Cómo es Cisco, según Eduardo?

   Cisco _____ _____ y

   _____.

5. ¿Cómo es la clase de macroeconomía de Eduardo?

   La clase _____ _____ y

   _____.

6. ¿Cuántas clases tiene Eduardo?

   Eduardo _____ _____

   _____.

7. ¿Cómo son las mujeres que le gustan a «elrico»?

   Las mujeres _____ _____,

   _____, y _____.

8. ¿ Cómo es «elrico», probablemente, en la opinión de Lupe?

   Probablemente _____ _____,

   _____, y _____.

¿Quiénes son?

 1-50 ¿Quiénes son? The title of the episode of **Ambiciones siniestras** for **Capítulo 1** is "¿Quiénes son?" Based on that title and the following still shots from the episode, write a brief account of what you think this episode will be about and what kinds of words you think the characters will use.

_____

_____

_____

_____

_____

_____

 1-51 Escucha bien. As you watch the episode, select the words that you hear used in the conversations.

universidad	escucha	hermanos
chico	encantado	hola
gracias	pizarra	familia
niño	tíos	
comprendo	hablar	

1-52 Comprensión general. Answer the questions about the main events of the episode by selecting **sí** or **no.** If necessary, view the episode again.

1. Did Cisco end up helping Eduardo with his Macro homework?   sí   no

2. Do Lupe and Marisol know each other when the episode begins?   sí   no

3. Do Marisol and Phillip seem to get along well?   sí   no

4. Does Lupe seem to dislike Phillip?   sí   no

5. Does Phillip seem to like Marisol and Lupe?   sí   no

6. Do Manolo and Alejandra seem to be good friends?   sí   no

1-53 Los detalles. Answer the following questions about important details from the episode using complete sentences in Spanish and beginning them with the correct form of the verb. If necessary, view the episode again.

1. ¿Qué cree Cisco de la clase de macroeconomía? _____

_____

2. ¿Qué cree Cisco del profesor de la clase? _____

3. ¿Cuál es la nacionalidad de Lupe? _____

4. ¿Cómo es Phillip, en la opinión de Lupe? _____

5. ¿Cómo es Phillip, en la opinión de Marisol? _____

6. ¿Cómo está Manolo? _____

7. ¿A qué hora tienen clase Manolo y Alejandra? _____

8. ¿Es una buena clase, en la opinión de Manolo? _____

1-54 Hipótesis. Consider the following questions about the reading and the video from **Capítulo 1,** and then write a description of what you think might happen in the next episodes.

How do you think the relationships between Lupe, Marisol and Phillip will develop? What do you think might happen with Manolo and Alejandra? Do you think Lupe will respond to the mysterious e-mail message that she received? Why or why not? Who do you think sent her the message? Why do you think the person sent it to her?

_____

_____

_____

_____

_____

_____

Experiential Learning Activities

1-55 El club de español. Contact the student leaders of the Spanish Club on your campus and ask them to identify how many different nationalities of Spanish speakers there are in that club. If your campus does not have a Spanish Club, you might want to try locating one in your town or community. Once you have identified representatives of at least two different Hispanic nationalities, try to set up an interview with each one. Then, in person, draw out their family trees. As a follow-up activity, be prepared to present your findings to your class in visual and verbal format. Be sure to tell your interviewee of your intentions up front and get written permission to use their relatives' names. If possible, get both the father's last name and the mother's maiden name for each individual in the family trees.

1-56 Gente famosa. Go to a local supermarket or superstore and pick up a copy of a magazine such as *People en español*. Then read a few articles about well-known Hispanic celebrities in movies or music. Pay special attention to any discussions about their families and note how the writers use adjectives creatively to describe the lives of these stars and the events in their careers. Then, take a few sample sentences from the article, write them down (be sure to cite the original source), and rewrite each of those sentences using adjectives that mean the opposite of the ones that are in your sample sentences. Read the sentences out loud to your class and see if they can guess who the star is without knowing the person's real name. If you can't find a printed copy of a pop culture magazine in Spanish, find one online. Again, be sure to cite the original source completely and fairly.

Heritage Learner Activity

1-57 Las tradiciones hispanas.

Paso 1 Entre las familias hispanas se pasan de generación a generación valores e información, por medio de la tradición oral. Según la situación, nuestros abuelos y padres nos ofrecen los valores de la cultura con algún consejo, refrán o dicho, como por ejemplo con el dicho: **La práctica hace al maestro.** Otros aspectos de la tradición oral son las bromas, los trabalenguas y las adivinanzas. Primero, lee los siguientes dichos/refranes. Después, en una oración, escribe tu propia interpretación del mensaje.

1. Querer es poder.

   _____

   _____

2. No hay mal que por bien no venga.

   _____

   _____

3. De médico, poeta y loco todos tenemos un poco.

   _____

   _____

4. Dime con quién andas y te diré quién eres.

   _____

   _____

5. De tal palo, tal astilla.

   _____

   _____

6. El tonto sabe que sabe y el sabio sabe que no sabe.

   _____

   _____

Paso 2 Piensa en refranes o dichos que provengan de tu propia familia, tus vecinos o tus amigos. Anótalos aquí.

1. _____

2. _____

3. _____

4. _____

5. _____

2

La vida universitaria

1. Las materias y las especialidades (TEXTBOOK P. 62)

2-1 ¿Qué aprenden los estudiantes en las clases? Using your new skills to understand the cognates, match the subjects below with the topics that you would most likely learn in them.

1. la informática   a. el piano o la guitarra

2. la literatura   b. los números

3. el periodismo   c. el dinero y la economía

4. la música   d. las computadoras

5. la arquitectura   e. los artículos

6. los idiomas   f. los poemas y las novelas

7. el derecho   g. el vocabulario, la gramática y la cultura

8. la administración de empresas   h. la construcción de los edificios

9. las matemáticas   i. las plantas y los animales

10. la biología   j. la legislación

2-2 ¿Qué clases tienen? Using your new skills to understand cognates and based on the students' majors, identify which class each one is taking.

inteligencia artificial	fisiología y nutrición
introducción al fotoperiodismo	cubismo y surrealismo
derecho constitucional	introducción a la literatura hispanoamericana
finanzas de empresas multinacionales	tecnología educativa

1. La especialidad de Pablo es la administración de empresas; tiene una clase de

   _____.

2. La especialidad de Mariana y Yolanda es la medicina; tienen una clase de

   _____.

3. La especialidad de Antonio y Ana es la informática; tienen una clase de

   _____.

4. La especialidad de Marta es el español; tiene una clase de

   _____.

5. La especialidad de Adriana y Pedro es la pedagogía; tienen una clase de

   _____.

6. La especialidad de Enrique y Lucía es el periodismo; tienen una clase de

   _____.

7. La especialidad de José Luis es el arte; tiene una clase de

   _____.

8. La especialidad de Javier y María es el derecho; tienen una clase de

   _____.

2-3 Personas famosas. Identify the class in which you would most likely study each of the famous people below. If you are not sure who all these people are, you may use *Wikipedia* or *Google* for more information.

1. Simón Bolívar   a. arquitectura moderna

2. Miguel de Cervantes   b. historia de Hispanoamérica

3. Fidel Castro   c. la novela contemporánea de América del Sur

4. Salvador Dalí   d. historia de Cuba

5. Augusto Pinochet   e. arte moderno

6. Antonio Gaudí   f. literatura española

7. Isabel Allende   g. las dictaduras militares en América del Sur

2-4 ¿Qué clases tomas tú?

Paso 1 Fill out the following form with information about yourself and your studies this semester.

Nombre y apellidos: _____

Especialidad: _____

Número total de créditos este semestre: _____

Clases que tomas este semestre: _____

_____

_____

Clase favorita: _____

Clase más interesante: _____

Clase más aburrida: _____

Paso 2 Now imagine that you are in class and that each student needs to stand up and introduce themselves in order to start getting to know each other. Give an oral introduction about yourself, your major, the classes that you are taking, and your opinion about your classes. You may find that words like **y** and **también** are useful as you try to connect your ideas.

Pronunciación

Word stress and accent marks (TEXTBOOK P. 63)

2-5 Pronunciación y acentos. In **Capítulo 2,** you learned certain rules about placing written accents on words.

Paso 1 Review the words below and select the syllable where the natural stress would fall according to the rules you have learned in this chapter.

1. mu si ca

2. ma te ma ti cas

3. bo li gra fo

4. di ver si dad

5. bo rra dor

6. u ni ver si dad

7. la piz

8. e xa men

9. fe liz

10. com po si cion

Paso 2 Now listen to the pronunciation of the words. Compare the pronunciation that you hear with the natural stress that you identified in **Paso 1.** Finally, decide which words require a written accent and write each word correctly.

1. _____

2. _____

3. _____

4. _____

5. _____

6. _____

7. _____

8. _____

9. _____

10. _____

2-6 Correcciones. One of your friends from class is having difficulty remembering how accents and word stress work in Spanish. Listen to each word and then rewrite it, correcting your friend's mistakes relating to the placement of written accents.

1. televisíon _____

2. numeró _____

3. informatica _____

4. musicá _____

5. economia _____

6. literátura _____

2-7 ¿Qué dice? Listen to each word and then select the spelling that you heard.

1. hablo   habló

2. trabajara   trabajará

3. llevo   llevó

4. separo   separó

5. contestara   contestará

6. estudio   estudió

Los estereotipos (TEXTBOOK P. 65)

2-8 Los estereotipos vs. la realidad. Answer the following questions relating to stereotypes and the United States.

1. What frustrations might a person from Manhattan deal with if she were to move to a small, rural Midwestern town? What part of life in such a setting might she find surprisingly agreeable?

   _____

   _____

2. What kind of frustrations might someone from a small, rural Midwestern town experience if he were to move to Manhattan? What part of life in the city might he find surprisingly enjoyable?

   _____

   _____

3. In order to answer the questions above based on what you know about life in a big city versus life in a small town, you (consciously or unconsciously) constructed general notions of a "New Yorker" and a "Midwesterner" in order to make some hypotheses. Such general notions at times can help us make cultural comparisons and thus more effectively understand and relate to others. But imagine that someone from another country assumed that you were the "New Yorker" that you just constructed, and that another person assumed that you were the "Midwesterner." How accurate a picture of you, your family, your background, your values, and your lifestyle would each person have? Which assumptions would be correct? Which ones would be incorrect?

   _____

   _____

   _____

Nombre: _____ Fecha: _____

4. Identify at least three stereotypes about people from the United States that you believe apply to you and three others that you believe do not apply to you.

_____

_____

_____

5. Making assumptions and value judgments about large groups of people on the basis of gross generalizations often leads to misunderstandings, and sometimes, hurt feelings. For each of the stereotypes from question 4 that you believe do not apply to you, identify what kind of misunderstandings and/or hurt feelings could possibly arise if someone were to treat you as if it did apply to you.

_____

_____

_____

_____

2. La sala de clase (TEXTBOOK P. 66)

2-9 ¿Cuáles son las palabras asociadas? Study the words in each group and select the one that does not belong.

1. la pizarra   el borrador   la ventana   la tiza

2. la pared   el bolígrafo   el papel   el lápiz

3. la silla   el escritorio   el idioma   la mesa

4. la puerta   la ventana   la pared   la música

5. los apuntes   el bolígrafo   el cuaderno   la puerta

6. la mochila   la compañera   el libro   el cuaderno

68 ¡Anda! Student Activities Manual   © 2009 Pearson Education, Inc.

2-10 ¿Qué relación hay entre las palabras? Complete the analogies logically with new words that you have learned in **Capítulo 2.**

profesora	bolígrafo	cuaderno	mapa	papel	libro

1. pizarra : tiza = _____ : bolígrafo

2. escriban : composición = lean : _____

3. calculen : calculadora = escriban : _____

4. estudiante : aprende = _____ : enseña

5. novela : clase de literatura = _____ : clase de geografía

6. apuntes : _____ = definiciones : diccionario

2-11 ¿Qué es necesario en las clases? Mario is unsure about what to take to each class. Fill in each blank with the item he will need.

la novela	una calculadora	un mapa
una computadora	el libro de economía	un diccionario

1. Para la clase de matemáticas es necesario tener _____.

2. Para la clase de literatura es necesario tener _____.

3. Para las clases de idiomas es necesario tener _____.

4. Para la clase de geografía es necesario tener _____.

5. Para la clase de administración de empresas es necesario tener _____.

6. Para la clase de informática es necesario tener _____.

3. Presente indicativo de verbos regulares (TEXTBOOK P. 68)

2-12 ¿Qué hacen en la universidad? Based on what you know about how to conjugate regular verbs in the present tense, look at the activities below and select the person or persons who is (are) doing each activity.

1. Recibo buenas notas.	yo	tú	él/ella	nosotros/as	vosotros/as	ellos/as
2. Trabajamos mucho.	yo	tú	él/ella	nosotros/as	vosotros/as	ellos/as
3. Tomáis muchos exámenes.	yo	tú	él/ella	nosotros/as	vosotros/as	ellos/as
4. Comen en la cafetería.	yo	tú	él/ella	nosotros/as	vosotros/as	ellos/as
5. Esperas aprender mucho.	yo	tú	él/ella	nosotros/as	vosotros/as	ellos/as
6. Vivís en una residencia estudiantil.	yo	tú	él/ella	nosotros/as	vosotros/as	ellos/as
7. Escribimos composiciones.	yo	tú	él/ella	nosotros/as	vosotros/as	ellos/as
8. Enseña biología.	yo	tú	él/ella	nosotros/as	vosotros/as	ellos/as
9. Aprendemos español.	yo	tú	él/ella	nosotros/as	vosotros/as	ellos/as
10. Contesto el teléfono.	yo	tú	él/ella	nosotros/as	vosotros/as	ellos/as

2-13 Una semana típica de Amaya.

Paso 1 Listen to the telephone conversation between Amaya and her mother. Then select the frequency with which Amaya does each activity during a typical week.

1. tener clase	los lunes, los miércoles, y los viernes	los martes y los jueves	todos los días
2. trabajar	los lunes, los miércoles, y los viernes	los martes y los jueves	todos los días
3. comer	los lunes, los miércoles, y los viernes	los martes y los jueves	todos los días
4. estudiar	los lunes, los miércoles, y los viernes	los martes y los jueves	todos los días
5. contestar e-mails	los lunes, los miércoles, y los viernes	los martes y los jueves	todos los días
6. hablar con las amigas	los lunes, los miércoles, y los viernes	los martes y los jueves	todos los días

Paso 2 Listen to the conversation again and indicate whether Amaya does these activities alone or together with Enrique.

1. tener clase	Amaya	Amaya y Enrique juntos
2. trabajar	Amaya	Amaya y Enrique juntos
3. comer	Amaya	Amaya y Enrique juntos
4. estudiar	Amaya	Amaya y Enrique juntos
5. contestar e-mails	Amaya	Amaya y Enrique juntos
6. hablar con las amigas	Amaya	Amaya y Enrique juntos

2-14 ¿Cómo es mi universidad? Using the correct form of the appropriate verb, complete the following paragraph about university life.

| necesitar | comprender | trabajar | vivir | tomar |

En mi universidad, normalmente los estudiantes (1) _____ entre cuatro y seis

clases cada semestre. Algunos estudiantes (2) _____ en una tienda o en la

librería también porque ellos (3) _____ dinero. Mis amigos y yo

(4) _____ en una de las residencias estudiantiles del campus, pero otros

prefieren vivir en un apartamento. Yo (5) _____ su preferencia porque la

comida en nuestras cafeterías no es muy buena —¡a veces es horrible!

2-15 Comparación y contraste. Compare Marta and her friends to yourself and your friends.

Paso 1 For each affirmation, compare yourself to Marta and her friends by stating whether or not you and your friends have similar habits.

MODELOS   Marta y sus amigos estudian mucho todos los días.

Mis amigos y yo estudiamos mucho todos los días también. /

Mis amigos y yo no estudiamos mucho todos los días. /

Mis amigos no estudian mucho todos los días, pero yo estudio mucho todos los días.

1. Marta trabaja en un restaurante.

   _____

2. Marta y sus amigos viven en una residencia estudiantil.

   _____

3. Marta recibe buenas notas.

   _____

4. Marta y sus amigos comen en la cafetería de la universidad.

_____

5. Marta toma cinco clases este semestre.

_____

6. Marta come con sus padres todos los domingos.

_____

Paso 2 Now imagine that you are talking with one of your close friends about your new friend Marta. Using the information above, give a description of the things that you have in common with Marta and her friends, and of the things that you do not have in common. You may find it useful to use words like **y, también,** and **pero** as you try to connect your ideas.

4. La formación de preguntas y las palabras interrogativas (TEXTBOOK P. 71)

2-16 Tus hábitos y costumbres.

Paso 1 Using complete sentences like those in the model, respond to the following questions about your habits and your life at school. Notice that, in order to avoid being redundant, you should not use the subject pronoun **yo** in your responses.

MODELO   ¿Tomas apuntes en clase todos los días?

Sí, tomo apuntes en clase todos los días. / No, no tomo apuntes en clase todos los días.

1. ¿Trabajas más de cinco horas a la semana? _____

_____

2. ¿Estudias los sábados? _____

_____

3. ¿Lees todos los días? _____

_____

4. ¿Escribes muchos apuntes cuando lees? _____

_____

5. ¿Recibes muchos e-mails de tus amigos? _____

_____

6. ¿Usas tu computadora todos los días? _____

_____

7. ¿Exploras el Internet todos los días? _____

_____

Paso 2 Now imagine that you and a friend from class are going to interview each other about your habits and lives at school. You may use the questions above as a starting point, but you should formulate at least five other questions of your own. Prepare for the actual interview by recording yourself asking and answering your questions.

2-17 ¿Cómo es la vida de Mario? Look at the images below and then answer the questions about Mario's life at school using brief but complete sentences, as in the model. Avoid being redundant by omitting the known subject (*Mario*).

MODELO   ¿Cuándo habla con sus amigos?

Habla con sus amigos después de sus clases.

1. ¿A qué hora tiene clase? _____

2. ¿Cuántas horas trabaja? _____

3. ¿Dónde come? _____

4. ¿Con quiénes habla después de sus clases? _____

_____

5. ¿Adónde regresa a las seis y media? _____

_____

6. ¿Por qué necesita estudiar? _____

_____

2-18 ¿Cómo es tu vida en la universidad?

Paso 1 Respond to the following questions about you and your life at school using complete sentences.

1. ¿De dónde eres? _____

2. ¿Dónde vives ahora? _____

3. ¿Cuál es tu especialidad? _____

4. ¿Cuántas clases tomas? _____

5. ¿Qué clases tomas? _____

6. ¿Cuál es tu clase favorita? _____

7. ¿Cuántos estudiantes tiene tu clase favorita? _____

8. ¿Cuáles son tus clases más difíciles? _____

Paso 2 Now imagine that you and one of your favorite classmates are getting to know one another better. Using the information above, give a brief description of yourself and your life at school this semester. As you try to connect your ideas logically and smoothly, you may find words like **y**, **también**, and **pero** useful.

2-19 ¿Qué preguntan? You are visiting your friend Miguel at his apartment, when suddenly the phone rings. Miguel answers, and it is clear that he has agreed to participate in a survey for Hispanic students in the area. Based on his answers, write down the questions that the person on the phone asks.

Pregunta 1: ¿_____ _____ usted?

Miguel: Muy bien, gracias.

Pregunta 2: ¿_____ _____

_____ usted?

Miguel: Soy de la Ciudad de México.

Pregunta 3: ¿_____ _____ usted?

Miguel: Estudio informática.

Pregunta 4: ¿_____ _____ usted?

Miguel: Estudio en la universidad estatal (*state*).

Pregunta 5: ¿_____   _____ usted?

Miguel: Vivo en un apartamento en la capital, cerca del campus universitario.

Pregunta 6: ¿_____   _____ en un apartamento?

Miguel: Vivo en un apartamento porque me gusta ser independiente, porque es más económico, y porque me gusta comer en mi casa. No me gusta la comida de la universidad.

Pregunta 7: ¿_____   _____

_____ usted este semestre?

Miguel: Tomo cinco clases este semestre.

Pregunta 8: ¿_____   _____ de lunes a viernes?

Miguel: No, no tengo clases de lunes a viernes. Solo tengo clase los martes y los jueves.

Pregunta 9: ¿_____   _____ para sus clases?

Miguel: Sí, estudio mucho para mis clases.

Pregunta 10: ¿_____   _____ normalmente?

Miguel: Normalmente estudio por las tardes.

5. Los números 100–1.000 (TEXTBOOK P. 74)

2-20 ¿Cuál es el precio? Match each object with its most accurate price.

1. Una computadora

2. El libro para la clase de español

3. Un disco compacto

4. Un televisor con una pantalla (*screen*) de 30 pulgadas (*inches*)

5. Un teléfono móvil con cámara digital y con reproductor mp3

a. setecientos cincuenta dólares

b. veinte dólares

c. doscientos cincuenta dólares

d. mil dólares

e. ciento diez dólares

Nombre: _____ Fecha: _____

2-21 Datos importantes. Listen as Clara tells her supervisor at the university bookstore about their next order. Help them by writing down the number, in digits, of each item they need to buy.

1. cuadernos   _____

2. computadoras portátiles   _____

3. calculadoras científicas   _____

4. libros para la clase de biología 101   _____

5. libros para la clase de español 101   _____

6. diccionarios   _____

2-22 Los estudiantes internacionales. Susana works at the International Center of her university and shares with you some statistics about the number of international students enrolled this year. Listen and write the number of students from each country who are studying at her institution.

1. China   _____

2. Japón   _____

3. México   _____

4. Taiwán   _____

5. Hong Kong   _____

6. Canadá   _____

6. En la universidad (TEXTBOOK P. 76)

2-23 ¿En qué edificio o lugar? For each one of the activities below, write the name of the place where you most often do it.

la biblioteca	el estadio	el gimnasio	la librería
el centro estudiantil	la residencia estudiantil	mi cuarto	

1. Estudio para los exámenes en _____.

2. Escucho música en _____.

3. Preparo mis clases en _____.

4. Leo para mis clases en _____.

5. Tengo mis clases en _____.

6. Como en _____.

7. Compro libros y materiales para mis clases en _____.

2-24 ¿Cómo se llaman los edificios en tu campus? Write the names of the following buildings (or of the buildings where each campus entity is located) at your school.

1. el departamento de idiomas _____

2. la cafetería _____

3. el estadio _____

4. el departamento de biología _____

5. la biblioteca _____

6. el gimnasio _____

7. la librería _____

2-25 ¿Qué tienen tu y tus amigos?

Paso 1 Choose two of your friends and think about the things that you and they have. Then categorize the words from the word bank in the following chart according to the person who has each item: you, one of your two friends, both of your friends, or both of your friends and you.

un teléfono móvil	una computadora	un televisor
unos DVDs	una radio	un/a compañero/a de cuarto
dos compañeros/as de cuarto	un reproductor mp3	muchos discos compactos

YO	MI AMIGO 1	MI AMIGO 2	MIS AMIGOS 1 Y 2	MIS AMIGOS Y YO

Paso 2 Now write a short paragraph comparing and contrasting what you and your friends have. Be careful to use the correct forms of the verb **tener** throughout. You may find it useful to use words like **y, pero,** and **también** as you try to connect your ideas smoothly and logically.

_____

_____

_____

_____

_____

_____

_____

2-26 Las cosas que tenemos. Your new friend Diego is interested in all of the details about students in the United States. Listen to his questions and then write your answers in complete sentences below. Be sure to follow the model closely; you should avoid unnecessary repetition by not using subjects or subject pronouns in your responses.

MODELO   You hear: ¿Tienes calculadora?

You write: *Sí, tengo calculadora. / No, no tengo calculadora.*

1. _____

2. _____

3. _____

4. _____

5. _____

6. _____

7. _____

7. El verbo *estar* (TEXTBOOK P. 78)

2-27 ¿Dónde están mis cosas? Your friend Chucho is very disorganized, has just overslept, and is running late for class. Listen to his questions and then from the information you see in the picture, use the verb **estar** with the expressions **en la mesa** and **en tu mochila** to tell him where his things are.

MODELO   You hear: ¿Dónde está mi libro de literatura?

You write: *Está en la mesa.*

1. _____

2. _____

3. _____

4. _____

5. _____

6. _____

7. _____

2-28 ¿Dónde están mis amigos? Pablo does not know where any of his friends are and is concerned. Finally, he realizes that Gregorio left him a voicemail message, telling him where everybody is. Listen to the message and then fill in the blanks with the location of each person. Be careful to use the correct form of **estar** in each answer.

MODELO   Enrique *está en clase.*

1. Gregorio _____.

2. Clara _____.

3. Chucho y Diego _____.

4. María y Lina _____.

5. Adolfo _____.

6. Justino _____.

2-29 ¿Qué les gusta hacer en diferentes lugares? Pablo would like to know what you and your friends enjoy doing in different places across your campus. Listen to his questions and then give your responses. Be careful to use the correct form of the verb **estar** in each answer.

MODELO   You hear: ¿Qué te gusta hacer cuando estás en la cafetería?

                      You say: *Cuando estoy en la cafetería, me gusta comer.*

2-30 ¿Dónde están los países? One of your friends from Spanish class is very stressed out about a geography test coming up and needs your help. Why not review both your Spanish and your geography at the same time? Using the correct forms of **estar** and the expressions **al norte de** (to the north of), **al sur de** (to the south of), **al este de** (to the east of) and **al oeste de** (to the west of), indicate where the following countries are located in relation to each other.

MODELO   Argentina / Chile

Argentina *está al este de* Chile.

1. Perú y Ecuador _____ Chile.

2. España _____ Portugal.

3. Paraguay y Bolivia _____ Argentina.

4. Panamá _____ Cuba.

5. Chile _____ Argentina y Uruguay.

6. Colombia y Panamá _____ Venezuela.

7. Puerto Rico _____ Cuba.

8. Venezuela _____ la República Dominicana.

8. Emociones y estados (TEXTBOOK P. 81)

2-31 Tus emociones. Match each of the emotions and states of being with the event or word that relates most closely to it.

1. feliz

2. enfermo/a

3. triste

4. nervioso/a

5. cansado/a

    a. los exámenes

    b. un funeral

    c. una fiesta

    d. el hospital

    e. el gimnasio

2-32 Situaciones y emociones. Imagine you are in each of the following situations. Describe how you feel using the appropriate adjective and the correct form of the verb **estar** with the expressions in the word bank.

MODELO   Tienes un examen a la una, y ya son las doce y media.

Estoy preocupado/a.

contento/a   triste   aburrido/a   nervioso/a   cansado/a   preocupado/a   enojado/a

1. Estás en una clase muy difícil. No comprendes los conceptos, y tienes un examen hoy.

_____.

2. Estás en tu clase favorita. Estudias mucho para la clase y aprendes mucho. Tienes una presentación.

_____.

3. Estás en una clase que no te gusta. Es muy fácil pero no es muy interesante. La clase es de las cuatro a las siete menos cuarto. El profesor habla durante toda la clase sin interrupciones.

_____.

4. Estás en una fiesta y hablas con una persona que te gusta mucho. Es una persona muy atractiva. La persona cree que tú también eres muy atractivo/a.

_____.

5. Tu mejor amigo tiene un problema con su novia, porque su novia tiene muchos otros amigos y habla con muchos chicos diferentes.

_____.

6. Estás en una fiesta y hablas con una persona muy atractiva que te gusta mucho. Tu amigo/a interrumpe (*interrupts*) la conversación. Entonces tu amigo/a habla con la persona, y la invita a un restaurante romántico.

_____.

7. A las seis de la mañana estás en el gimnasio. A las ocho estás en la biblioteca para estudiar. A las nueve tienes clase. Tienes otra clase a las diez y otra a las doce. Después de tus clases, trabajas cuatro horas y después de trabajar, estudias cuatro horas. Son las nueve de la noche.

_____.

2-33 ¡Incompatibles! Laura is having trouble with her roommate; in this case, opposites do not attract! For each sentence, complete the first two blanks with the correct forms of the verb **estar,** and for the third blank, choose the appropriate adjective from the word bank.

contenta	preocupada	enojadas

¡No me gusta mi compañera de cuarto! Cuando yo (1) _____ triste, ella

(2) _____ (3) _____. Cuando

(4) _____ aburrida y escucho música, ella (5) _____

(6) _____ porque necesita estudiar para un examen muy difícil. Cuando mis

amigos y yo (7) _____ cansados y deseamos (*we want*) ver una película, ella y

sus amigas (8) _____ (9) _____ porque desean ver

una película diferente. ¡Creo que nosotras somos muy incompatibles!

9. Gustar (TEXTBOOK P. 82)

2-34 ¿Qué le gusta hacer? Look at the pictures of Mario again, and then answer the questions about his daily activities, using the correct form of **gustar** and the correct combination of expressions from the word bank.

con sus amigos	a la universidad	comer	preparar sus clases	en la biblioteca
ir	hablar	leer	con sus compañeros	en la cafetería

MODELO   ¿Con quiénes le gusta comer?

Le gusta comer con sus amigos.

1. ¿A dónde le gusta ir por la mañana?

_____

2. ¿Dónde le gusta leer y preparar sus clases?

_____

3. ¿Qué le gusta hacer con sus compañeros?

_____

4. ¿Qué le gusta hacer en la cafetería?

_____

2-35 ¿Qué te gusta?

Paso 1 Complete the following sentences using the verb **gustar** to express what you like about certain places or situations or what you like to do there.

MODELO   Cuando estoy en la residencia estudiantil, *me gusta hablar con mis amigos.*

1. Cuando estoy en la biblioteca, _____.

2. Cuando estoy en mi cuarto, _____.

3. Cuando estoy con mis amigos, _____.

4. Cuando estoy en clase, _____.

5. Cuando estoy en el gimnasio, _____.

6. Cuando estoy en una tienda de música, _____.

7. Cuando estoy en la cafetería, _____.

8. Cuando estoy en un restaurante elegante, _____.

9. Cuando estoy en una fiesta, _____.

10. Cuando estoy en casa con mi familia, _____.

Paso 2 Now, imagine that you are talking with a new friend from another country who would like to know more about your favorite pastimes and common pastimes in the United States in general. Using the information above, give a brief description of what you like to do in your favorite places and how they compare to what other people do in those places. As you speak, words like **y, pero,** and **también** may help you connect your ideas and express yourself more clearly and smoothly.

2-36 Las universidades no son perfectas. Your school paper wants to know your opinion about your classes as well as about the different facilities and services provided on campus so that they can communicate students' preferences to the administration. Listen to the questions and then write your answers in concise but complete sentences, as in the model.

MODELO   You hear: ¿Te gustan las cafeterías?

You write: *Sí, me gustan. / No, no me gustan.*

1. _____.

2. _____.

3. _____.

4. _____.

5. _____.

6. _____.

2-37 Nuestras preferencias.

Paso 1 Take a moment to think about yourself and one person that is close to you. Consider what each of your favorite things and activities are. Jot down as many ideas in Spanish as possible, without repeating anything.

A MÍ	Me gusta:	Me gustan:
A UNA PERSONA IMPORTANTE PARA MÍ	Le gusta:	Le gustan:

Paso 2 Now imagine that you are telling a friend about the important person in your life mentioned above. Describe the things that he or she likes in comparison to your own tastes and preferences, being careful to use the correct forms of the verb **gustar** in your responses. As you speak, words like **y**, **pero**, and **también** may help you connect your ideas and express yourself more clearly and smoothly.

Nombre: _____   Fecha: _____

10. Los deportes y los pasatiempos (TEXTBOOK P. 83)

2-38 ¿Qué le gusta? Look at the names of the following famous people and then list things or activities that they might like. Using expressions with the verb **gustar** along with the expressions in the word bank, create logical sentences about these people. If you are not sure who they are or what might interest them, try looking them up on *Wikipedia* or *Google*.

jugar al básquetbol	jugar al fútbol	los bailes y la música	jugar al béisbol
las bicicletas	jugar al fútbol americano	las novelas	jugar al tenis

MODELO   A Tiger Woods *le gusta jugar al golf.*

1. A Tom Brady _____.

2. A Pau Gasol _____.

3. A Shakira _____.

4. A Ronaldinho _____.

5. A Miguel Indurain _____.

6. A Gabriel García Márquez _____.

7. A David Ortiz _____.

8. A Rafael Nadal _____.

2-39 Actividades y estaciones. Categorize each of the following sports and pastimes according to the season that you most strongly associate with it.

patinar	ver la televisión	jugar al fútbol	escuchar música
leer	montar en bicicleta	caminar	jugar al béisbol
correr	tocar un instrumento	nadar	jugar al fútbol americano
jugar al golf			

PRIMAVERA	VERANO	OTOÑO	INVIERNO

2-40 Tus actividades favoritas en las diferentes estaciones. For each season, indicate at least one activity that you like doing and at least one that you do not like doing. Be careful to use the correct form of **gustar** in your answers.

1. En primavera _____.

2. En verano _____.

3. En otoño _____.

4. En invierno _____.

2-41 ¿Preguntas lógicas o ilógicas? Listen to each question and indicate if it is a **pregunta lógica** (*logical*) or if it is a **pregunta ilógica** (*illogical*).

1. pregunta lógica   pregunta ilógica

2. pregunta lógica   pregunta ilógica

3. pregunta lógica   pregunta ilógica

4. pregunta lógica   pregunta ilógica

5. pregunta lógica   pregunta ilógica

6. pregunta lógica   pregunta ilógica

2-42 ¿Qué, cuándo, con quién, y dónde?

Paso 1 In Spanish, list four activities that you particularly like doing. For each one indicate also when you like doing the activity, with whom you like doing it, and where you like doing it.

ACTIVIDAD	MES / ESTACIÓN	PERSONA(S)	LUGAR
1.			
2.			
3.			
4.			

Paso 2 Imagine that you are going to be the mentor of a new international student that is coming to your school next semester. He or she would like to know more about you and your friends and what you do in your free time. Using the information that you organized in **Paso 1,** write a short e-mail to the person describing your favorite pastimes, when you like doing those activities, with whom you like doing them, and where you enjoy doing them. You may find words like **también, y,** and **pero** useful as you try to connect your ideas.

_____

_____

_____

_____

_____

_____

Los deportes en el mundo hispano (TEXTBOOK P. 85)

2-43 Sports and pastimes in the Spanish-speaking world. Answer the following questions in Spanish, using complete sentences.

1. ¿Cuál es el deporte nacional de muchos países del mundo hispano?

   _____

2. ¿Cuáles son otros deportes populares en el mundo hispano? (escribe un mínimo de 4 deportes)

   _____

3. ¿Cuáles son los países que participan en los Juegos Panamericanos?

   _____

4. ¿Cuándo tienen lugar los Juegos Panamericanos?

   _____

5. ¿Cuáles son algunos deportes que ofrecen en la UNAM? (escribe un mínimo de 5 deportes)

   _____

Escucha (TEXTBOOK P. 87)

2-44 En la librería. Listen as Merche and Amaya converse about work and classes, and select the words that you hear in their conversation.

bolígrafos	cuaderno	clase	compañeros
trabajo	ciencias	lápices	mochila
libros	idiomas	dinero	dólares

2-45 ¿Qué hacen en la librería? Listen again and indicate whether the following statements are **Cierto** or **Falso.**

1. Amaya trabaja en una cafetería.   Cierto   Falso

2. Merche necesita comprar cuadernos y bolígrafos.   Cierto   Falso

3. Amaya trabaja diez horas a la semana.   Cierto   Falso

4. Merche necesita una nueva mochila.   Cierto   Falso

5. Merche toma seis clases en total.   Cierto   Falso

6. El precio total es $367.00.   Cierto   Falso

2-46 ¿Qué pasa de verdad? Listen to the conversation between Amaya and Merche once more in order to relate what really happened in the bookstore. For the statements that are false, correct the part of the statement that is underlined by writing the accurate information in the blank. For the sentences that are true, simply write "correct" in the space provided.

1. Amaya trabaja en una cafetería. _____

2. Merche necesita comprar cuadernos y bolígrafos. _____

3. Amaya trabaja diez horas a la semana. _____

4. Merche necesita una nueva mochila. _____

5. Merche toma seis clases en total. _____

6. El precio total es $367.00. _____

2-47 La idea general. Finally, using one sentence in English, summarize the gist of the conversation between Merche and Amaya.

_____

_____

Escribe (TEXTBOOK P. 88)

2-48 Tu mejor amigo/a y tú. Fill in the chart with the basic information about yourself and your best friend.

CARACTERÍSTICAS FÍSICAS	PERSONALIDAD	UNIVERSIDAD	ESPECIALIDAD	PASATIEMPOS Y DEPORTES FAVORITOS
Yo				
Mi mejor amigo				
Mi mejor amigo y yo				

2-49 Un programa de televisión. Imagine that you and your best friend are entering a competition to be part of a new reality show. As part of your application, you need to write a general description of yourselves: what you both look like, what kind of personalities you have, where you go to school, what each of you is studying, and what you enjoy doing during your free time. Before writing, take a moment to quickly review the information about verb forms in **Capítulos 1–2.** Now, use the information in the chart from activity **2-48** to write your description. Once you have completed your description, review it to be sure that your adjectives correspond to the gender of the person to whom you are referring and that you have used the correct verb forms.

_____

_____

_____

_____

_____

_____

Les presento mi país (TEXTBOOK P. 90)

2-50 ¡Qué interesante es México! Based on what you learned about Mexico in **Capítulo 2,** choose the correct answers to the following questions.

1. En las universidades mexicanas normalmente hay pocas
   a. gimnasios.
   b. residencias estudiantiles.
   c. muchos estudiantes.
   d. estadios.
   e. piscinas.

2. La UNAM está en
   a. Oaxaca.
   b. Tepotzlán.
   c. Ciudad de México.
   d. Morelia.
   e. Guadalajara.

3. La UNAM es
   a. la primera universidad de América Latina.
   b. la universidad más importante de América Latina.
   c. la universidad más pequeña de América Latina.
   d. la universidad más moderna de América Latina.
   e. la universidad más grande de América Latina.

4. El equipo de fútbol de la UNAM se llama
   a. los Pumas.
   b. los Jaguares.
   c. los Tigres.
   d. los Gatos.
   e. los Leopardos.

5. La ciudad de Oaxaca es famosa porque tiene
   a. una universidad muy grande.
   b. mucha artesanía.
   c. un equipo de fútbol importante.
   d. muchos estudiantes.
   e. los Juegos Panamericanos.

6. Frida Kahlo es
   a. una pintora famosa por sus murales de temas históricos y sociales.
   b. una artesana famosa por su hojalatería.
   c. una artesana famosa por su cestería.
   d. una pintora famosa por sus autorretratos psicológicos.
   e. una artesana famosa por su cerámica.

Más cultura

2-51 Las universidades en el mundo hispano. Read the following information about some of the characteristics of universities and university systems in many Spanish-speaking countries, and then answer the questions that follow.

- En la mayoría (*majority*) de las universidades del mundo hispano, los estudiantes no estudian para ser "bachilleres" de arte o de ciencias o para tener una "maestría" (*Master's*) de arte o de ciencias, sino que estudian para obtener una licenciatura. La mayoría de los programas de estudio son de cinco años o diez semestres y estos programas incluyen un estudio muy intensivo de las materias relacionadas con la especialidad. Después de recibir una licenciatura, es posible solicitar la admisión a un programa de doctorado.

- El concepto de las clases de "requisito educativo general" (*general educational requirement*) no es común en el mundo hispano. En estos sistemas los estudiantes seleccionan sus especialidades cuando entran en la universidad y toman clases que están relacionadas directamente con sus especialidades. Son programas de estudio muy especializados.

- El proceso de admisión a las universidades varía (*varies*) en diferentes países. En unos países, todos los estudiantes en el país toman un examen. Después, las notas (*grades*) que sacan en el examen determinan sus futuros académicos. Para un estudiante con una nota muy buena, normalmente es posible estudiar su especialidad preferida en su universidad favorita. Un estudiante que tiene una nota muy mala no tiene muchas opciones —es posible estudiar una especialidad, pero no necesariamente su especialidad preferida o en su universidad preferida.

- El proceso de admisión también varía dentro de los países y también, a veces, dentro de las universidades. En unas universidades, es necesario completar un examen de admisión y hacer entrevistas (*interviews*) de admisión. En unos departamentos también es necesario presentar más de un examen para poder (*to be able to*) estudiar una de las especialidades.

- Los exámenes de admisión a las universidades en el mundo hispano no son exactamente como los exámenes que muchos estudiantes de los Estados Unidos toman. Aunque (*although*) tienen partes similares para evaluar diferentes habilidades de los estudiantes, también hay importantes diferencias entre los exámenes estadounidenses y los de muchos países hispanohablantes. Como en los Estados Unidos, en el mundo hispanohablante los exámenes normalmente tienen secciones de matemáticas, vocabulario y de leer y comprender textos. Pero, por otro lado, muchos de estos exámenes en el mundo hispanohablante también tienen secciones donde los estudiantes necesitan contestar preguntas sobre historia, literatura, y política internacional.

- Las notas en muchos lugares del mundo hispano se basan en un sistema de cero a diez. En estos lugares, para aprobar (*pass*) una clase es necesario tener un cinco. Si un estudiante tiene un nueve o un diez, está muy feliz porque no es común recibir notas muy altas. Es más común recibir un seis, un siete y, para las personas que estudian mucho, un ocho. También es muy común para muchos estudiantes no aprobar todas las clases todos los semestres. Ellos no necesitan tomar la clase otra vez (*again*) si no lo desean (*if they do not want to*); solamente necesitan tomar y aprobar el examen final de la clase.

- En muchos países los estudiantes universitarios no viven en residencias estudiantiles, como en los Estados Unidos. En muchos lugares los estudiantes viven en la casa de sus padres, o si eso no es posible, viven con otros parientes (sus abuelos o sus tíos) para estar más cerca de (*closer to*) la universidad. Si no es posible estudiar su especialidad preferida en una universidad cerca de su familia, entonces algunos estudiantes estudian más lejos de (*farther away from*) sus familias y viven en residencias estudiantiles.

1. How do the requirements leading to receipt of the degree of **licenciatura** described earlier compare and contrast to those of the B.A. or B.S. at your university?

   _____

   _____

   _____

   _____

2. In general, how does the university admissions process in Spanish-speaking countries compare to the process that you underwent when you applied to your school(s)?

   _____

   _____

   _____

   _____

3. How do admissions exams in the Spanish-speaking countries compare to standardized tests required by many schools in the United States?

   _____

   _____

   _____

   _____

4. How does the grading system described earlier compare to the one that is used at your university? How common is it for students to receive the highest possible grade in your system? How common is it for students to fail one or two courses every semester?

   _____

   _____

   _____

   _____

5. How do the practices relating to studying at universities that are close to or far away from students' families compare to the preferences and realities of you and your friends?

_____

_____

_____

_____

6. How do you think those practices relate to the fact that most students live with host families instead of dorms when they study abroad in Spanish-speaking countries?

_____

_____

_____

Ambiciones siniestras

Episodio 2

Las solicitudes

2-52 Los personajes. Based on what you have read in your text from **Ambiciones siniestras,** select the names of the characters that would logically make each statement below.

1. Mis padres son divorciados.	Alejandra	Manolo	Cisco
2. Soy un/a estudiante muy bueno/a.	Alejandra	Manolo	Cisco
3. Mis padres son cubanos.	Alejandra	Manolo	Cisco
4. Me gusta el arte.	Alejandra	Manolo	Cisco
5. Me gustan las computadoras.	Alejandra	Manolo	Cisco
6. Deseo estudiar medicina.	Alejandra	Manolo	Cisco
7. Soy una persona muy creativa.	Alejandra	Manolo	Cisco
8. Hablo español.	Alejandra	Manolo	Cisco

La aventura comienza

 2-53 Otros personajes. Read the following statements. Then, as you view the video, indicate which person would logically make each statement below by selecting the appropriate name. Some of the statements may apply to more than one person.

Marisol   Lupe   Eduardo

1. Soy de Nueva York.	Marisol	Lupe	Eduardo
2. Me gusta el periodismo.	Marisol	Lupe	Eduardo
3. Yo estudio psicología.	Marisol	Lupe	Eduardo
4. Soy hijo/a único/a.	Marisol	Lupe	Eduardo
5. Estudio economía financiera.	Marisol	Lupe	Eduardo
6. Creo que la historia es interesante.	Marisol	Lupe	Eduardo
7. Estoy en mi tercer año de la universidad.	Marisol	Lupe	Eduardo
8. Me gustan los deportes.	Marisol	Lupe	Eduardo
9. Trabajo como voluntario/a en un hospital.	Marisol	Lupe	Eduardo
10. Me gustan las novelas policíacas.	Marisol	Lupe	Eduardo
11. Trabajo como voluntario/a con los niños.	Marisol	Lupe	Eduardo
12. Hablo más de dos idiomas.	Marisol	Lupe	Eduardo

Nombre: _____ Fecha: _____

2-54 Marisol, Lupe y Eduardo. Answer the following questions with information that you learn about the characters in the video. Give only the answer to the questions; do not use complete sentences. If necessary, view the episode more than once.

1. ¿Cuál es el nombre completo de Marisol?

_____

2. ¿Cuál es el nombre completo de Lupe?

_____

3. ¿Cuál es el nombre completo de Eduardo?

_____

4. ¿Cuál es la especialidad de Marisol?

_____

5. ¿Cuál es la especialidad de Eduardo?

_____

6. ¿Qué idiomas habla Lupe?

_____

7. ¿Cuáles son los deportes y actividades favoritas de Eduardo?

_____

2-55 ¿Comprendes? Complete the following statements about the characters.

1. Marisol trabaja como voluntaria en

   _____.

2. Lupe tiene experiencia como estudiante de intercambio en

   _____.

3. Una relación personal muy importante para Lupe es su relación con

   _____.

4. Eduardo trabaja como voluntario en

   _____.

5. A Eduardo le gusta pasar tiempo con

   _____.

2-56 ¿Qué tienen en común? Answer the following questions about the characters in Spanish, using complete sentences.

1. ¿Qué tienen en común (*in common*) Lupe y Eduardo?

   _____

2. ¿Qué tienen en común Marisol y Eduardo?

   _____

3. ¿Qué tienen en común Lupe, Marisol y Eduardo?

   _____

4. ¿Qué tienes tú en común con Lupe, Marisol y Eduardo?

   _____

5. What is it about Marisol, Lupe and Eduardo that makes Sr. Verdugo say "*son perfectos*"? In your answer include at least three adjectives that he used to describe them.

   _____

2-57 Tus conclusiones. Answer the questions about the conclusion of this episode using English or Spanish.

1. What kind of assumption does Sr. Verdugo make about the three students' language skills based on the fact that "*todos tienen nombres hispanos*"? Do you think this assumption is common? Do you think it is wise? Why or why not?

_____

_____

_____

_____

_____

_____

2. Finally, considering the adjectives that Sr. Verdugo used to describe these three characters and the fact that he mentions that he hopes they like "dinero," hypothesize about what kind of e-mail message you think he sent to them. Be creative!

_____

_____

_____

_____

_____

_____

Experiential Learning Activities

2-58 En un restaurante mexicano. Go to a local Mexican restaurant and either request a paper copy of the menu or take a notepad and pen with you. Write down the prices of a complete meal that you would order. After you leave the restaurant, look up a sample exchange rate between the U.S. dollar and the Mexican peso, and then convert the prices into pesos. As a follow-up activity, practice writing and/or saying out loud in class the number of pesos that each item costs. You can then get together with some classmates and work in groups to convert the U.S. dollar amounts into currencies from several other Spanish-speaking countries. It would be especially beneficial to focus on currencies that still reflect the rich histories of their countries, such as the **lempira,** the **quetzal,** or the **bolívar.**

2-59 Los deportes. Research some of the sports in Spanish-speaking countries that are less well known than soccer and bullfights, and see what you can find out about **jai alai, montañismo** in Patagonia, and other national sports. Use the Internet to find authentic reading passages in Spanish for basic content. Once you have collected the information, get together with some of your classmates and write an article for the campus newspaper about lesser-known sports and pastimes in the Spanish-speaking world.

Service Learning Activity

2-60 En campus. Go to the admissions/tours office and obtain a map of your campus. In Spanish, label all of the buildings that have specific functions, leaving the English words visible. For example, where the map shows the campus post office, you write **oficina de correos.** For the dining hall, you can write **cafetería.** As a final step, request an electronic version of the campus map. Ask for permission to make a bilingual version to give back to the college as a gift from your Spanish class, to be used by Spanish-speaking visitors as well as current and future students.

Heritage Learner Activity

2-61 Cognados falsos.

Paso 1 Estudia la siguiente lista de cognados falsos. Cognados falsos son palabras de un idioma que son idénticas o muy similares a palabras de otro idioma, pero cuyo significado es diferente.

colegio	*primary/secondary school* ("college" significa "universidad")
facultad	*university or college department* ("faculty" significa "profesorado")
librería	*bookstore* ("library" significa "biblioteca")
lectura	*reading* ("lecture" significa "ponencia")
papel	*paper* ("paper" significa "trabajo," "ensayo," "reporte")
aplicación	*the use; the implementation* ("application" significa "solicitud")
registrarse	*to search, as in a body search* ("to register for a class" significa "inscribirse" o "matricularse")
(tomar) notas	*grades; musical notes* ("to take notes" significa "tomar apuntes")

Ahora lee el siguiente diálogo entre dos estudiantes, el cual incorpora el vocabulario mencionado anteriormente. Usando las palabras interrogativas, formula preguntas de acuerdo con las respuestas indicadas. En ciertos casos, tendrás que incluir ciertos datos personales.

- Mis clases son excelentes este semestre.

- ¿_____?

- Sí, me gustan mucho mis clases. Quiero sacar buenas **notas** este semestre, así que tomo buenos **apuntes** y hago mi tarea todas las noches.

- ¿_____?

- Por lo general, me gusta estudiar en la **biblioteca.**

- ¿_____?

- Soy estudiante de la **facultad** de educación.

- ¿_____?

- El **profesorado** es excelente y tiene muy buena reputación.

- ¿_____?

- Este semestre tengo cuatro clases y también trabajo.

- ¿_____?

- Para **inscribirte** es necesario completar la **solicitud** y pagar la matrícula. También hay solicitudes para ciertas becas y para el seguro médico.

Paso 2 Investiga en el Internet sobre una universidad en algún país hispano. A continuación, apunta el nombre de la universidad y sus requisitos para ingresar oficialmente.

_____

_____

_____

_____

_____

3

Estamos en casa

1. La casa (TEXTBOOK P. 100)

3-1 ¿Qué hacemos en casa? Match each room in the house with the object that is most associated with it.

1. la cocina

2. la sala

3. la oficina

4. el garaje

5. el jardín

a. el automóvil

b. el televisor

c. las flores

d. el refrigerador

e. la computadora

3-2 ¿Quién está en casa? Adriana is studying abroad for a month in the summer and calls home to talk with her parents, siblings and grandmother. Based on what you see in the picture of her home, complete the following sentences with subjects from the word bank and the correct form of **estar,** following the model.

su madre   sus hermanos   su padre   su abuela   sus hermanitos

MODELO   *Sus hermanos están* en sus dormitorios.

1. _____ en el jardín.   4. _____ en el primer piso.

2. _____ en la cocina.   5. _____ en el balcón.

3. _____ en la sala.   6. _____ y _____ en la planta baja.

3-3 Necesito una casa para mi familia. Osvaldo is looking for a new house for his family, and Adriana's family's house is for sale. Look at the image of Adriana's house again and answer Osvaldo's questions about the basic features of the house, using complete but brief sentences and following the model. Be sure to imitate both his questions and the model as they avoid being redundant by omitting the known subject of each sentence (*la casa*).

MODELOS   ¿Cuántos baños tiene en la planta baja?

               Tiene un baño.

               ¿Tiene sótano?

               No, no tiene sótano.

1. ¿Cuántos dormitorios tiene?

   _____

2. ¿Cuántos baños tiene?

   _____

3. ¿Tiene garaje?

   _____

4. ¿Cuántos pisos tiene?

   _____

5. ¿Tiene altillo?

   _____

6. ¿Tiene oficina?

   _____

3-4 La casa. Complete the crossword puzzle with the correct words.

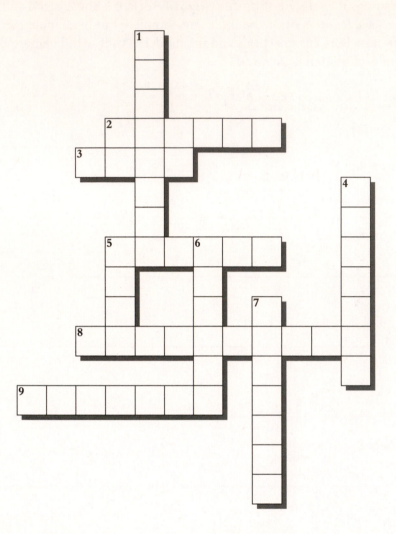

Vertical

1. usamos esto para subir al primer piso

4. mi casa tiene ocho

5. el lugar donde me ducho (*shower*)

6. el lugar donde preparamos la comida

7. el lugar donde nos sentamos (*we sit*) para las comidas formales

Horizontal

2. el lugar donde aparcamos el automóvil

3. el lugar donde vemos la televisión

5. el lugar donde mi hermana toma el sol en verano

8. el lugar donde tengo mi cama

9. el lugar donde trabajo en la computadora

3-5 ¿Cómo es tu casa ideal? Follow the steps below to create a brief description of your dream house.

Paso 1 Answer the following questions about the general characteristics of your dream house.

- ¿Dónde está tu casa?

  1. ¿En qué país está? ¿En qué provincia o estado del país está? ¿En qué ciudad?

     _____.

  2. ¿Está en la costa (*coast*)? ¿Está en las montañas?

     _____.

  3. ¿Está en una zona urbana o en una zona rural?

     _____.

- ¿Cómo es el exterior de tu casa?

  1. ¿Cómo es el estilo (*style*) de arquitectura de tu casa? ¿Es moderno, tradicional, rústico, contemporáneo, antiguo?

     _____.

  2. ¿Es una casa vieja o nueva?

     _____.

  3. ¿Tiene un jardín muy grande?

     _____.

  4. ¿Tiene piscina (*pool*)? ¿Está la piscina en el jardín o está dentro de (*inside*) la casa?

     _____.

  5. ¿Tiene garaje? ¿Para cuántos automóviles es el garaje?

     _____.

  6. ¿Cuántos pisos tiene?

     _____.

- ¿Cómo es el interior de tu casa? ¿Cómo es la distribución del espacio de tu casa?

   1. ¿Cuántos dormitorios y cuántos baños tiene?

   _____.

   2. ¿Qué cuartos están en cada (*each*) piso?

   _____.

   3. ¿Cuántas personas viven en la casa? ¿Quiénes viven en la casa?

   _____.

- Otras características importantes de tu casa:

   _____

   _____

   _____

Paso 2 Now, imagine that you are entering a contest to win your dream home. Part of your application requires a detailed written description of the house that you would like to win. Using the information above, write a short paragraph describing your dream house. You may find words like **y, también,** and **pero** useful as you try to connect your ideas.

_____

_____

_____

_____

_____

_____

3-6 Mi casa ideal. Now, imagine that you have won the contest and that your prize is your ideal house. You are telling a close friend all about it. Without referring to the paragraph that you wrote in activity **3-5,** give an oral description of all of the features of your dream home. As you try to connect your ideas, words like **y** and **también** should be useful to you.

Pronunciación

The letters *h, j,* and *g* (TEXTBOOK P. 101)

 3-7 Palabras conocidas (*familiar*). Listen to each word and select the sounds it contains. Some words contain more than one sound.

1. g de general	g de garaje	j	h
2. g de general	g de garaje	j	h
3. g de general	g de garaje	j	h
4. g de general	g de garaje	j	h
5. g de general	g de garaje	j	h
6. g de general	g de garaje	j	h
7. g de general	g de garaje	j	h
8. g de general	g de garaje	j	h
9. g de general	g de garaje	j	h
10. g de general	g de garaje	j	h

 3-8 Nuevas palabras. Listen to each unfamiliar word and select the letter it begins with.

1. g/j	h		6. g/j	h
2. g/j	h		7. g/j	h
3. g/j	h		8. g/j	h
4. g/j	h		9. g/j	h
5. g/j	h		10. g/j	h

3-9 Oraciones. Say the following sentences, paying special attention to your pronunciation of **h, j,** and **g** and enunciating the vowels clearly and correctly.

1. Tengo una familia gigantesca.

2. Generalmente estudio geografía en el jardín.

3. Los jóvenes inteligentes no hacen ejercicio en el tejado.

4. Trabajo en el jardín todos los jueves de junio.

5. Tengo todos mis libros viejos en la planta baja.

6. Toco la guitarra en el garaje.

2. Algunos verbos irregulares (TEXTBOOK P. 104)

3-10 ¿Quién puede hacer qué? Listen to what Enrique says about life at home when his brother Iván is visiting from the university. Then, indicate who does each activity.

1. ver el programa de televisión preferido	Enrique	Iván	los dos
2. poder pasar tiempo juntos	Enrique	Iván	los dos
3. oír música en la sala	Enrique	Iván	los dos
4. hacer la tarea en la oficina	Enrique	Iván	los dos
5. poder salir por la noche con los amigos	Enrique	Iván	los dos
6. traer a los amigos a casa	Enrique	Iván	los dos

3-11 Qué hacemos. Clemente and his friends are very happy with their lives at the university. Complete the description of their favorite activities using the **nosotros** form of the correct verb.

hacer	oír	poder	ver	salir	querer

Normalmente los viernes (1) _____ a comer y tomar algo. A veces también

(2) _____ ir a un club para bailar, pero no es posible siempre. En nuestra casa,

(3) _____ fiestas casi todos los sábados. Durante nuestras fiestas

(4) _____ a todos nuestros amigos. Nos gustan las fiestas porque

(5) _____ música y (6) _____ hablar y bailar con

chicas; así, desconectamos de nuestros estudios y lo pasamos bien (*we have a good time*).

3-12 Un trabajo estupendo. Anabela has a wonderful job. Complete the description of some of the perks of the her job using the **yo** form of the correct verb.

poner	querer	conocer	tener	ver	poder	hacer

(1) _____ un trabajo en la Oficina de Estudiantes Internacionales en

mi universidad. Aunque algunas partes de mi trabajo son un poco aburridas —por ejemplo, una

vez a la semana (2) _____ todos los archivos *(files)* en orden— hay

otras partes que son muy interesantes. Gracias a mi trabajo, (3) _____ ir

a muchos eventos importantes. Como muchos de mis amigos son internacionales, a veces

(4) _____ a mis amigos en las fiestas. En los eventos oficiales, hablo con

muchas personas de diferentes países, y por eso *(for this reason)* (5) _____

diferentes culturas. También en las fiestas, frecuentemente (6) _____

nuevos amigos. En el futuro (7) _____ tener un trabajo similar.

3-13 Una encuesta para Miguel. Your friend Miguel receives a call asking if he can participate in yet another survey, and he agrees to do it. Complete the questions and answers with the correct form of the appropriate verb.

hacer	poder	tener	ser

1. ¿_____ tú participar en una encuesta?

   Miguel: Sí, _____ participar en una encuesta.

2. ¿Cuántos años _____?

   Miguel: _____ veintidós años.

3. ¿_____ estudiante?

   Miguel: Sí, _____ estudiante.

4. ¿_____ ejercicio todas las semanas?

   Miguel: Sí, _____ ejercicio todas las semanas.

	oír	tener	ver	querer	

5. ¿_____ televisor?

Miguel: Sí, _____ televisor.

6. ¿Dónde _____ la televisión?

Miguel: _____ la televisión en la sala de mi casa.

7. ¿Dónde _____ música más frecuentemente?

Miguel: _____ música en mi automóvil.

8. ¿_____ contestar más preguntas?

Miguel: No, gracias, no _____ contestar más preguntas.

3-14 Una encuesta para ti. Now you are participating in a similar survey; give your answers to the questions you hear.

MODELO	You hear:	¿Haces ejercicio todas las semanas?
	You say:	*Sí, hago ejercicio todas las semanas./No, no hago*
		ejercicio todas las semanas.

1. ...   4. ...

2. ...   5. ...

3. ...   6. ...

3-15 Contraste entre dos hermanos. Pedro and his sister Belén are very different. Complete the descriptions about them and about their friends using the correct form of the appropriate verb.

Paso 1 Pedro y sus amigos

querer	salir	ver	hacer	traer	ser

Yo (1) _____ una persona muy responsable, y mis amigos son responsables

también. Nosotros (2) _____ sacar buenas notas en todas nuestras clases,

y por eso (3) _____ la tarea para todas nuestras clases todos los días. Yo

(4) _____ a comer y tomar algo con mis amigos todos los fines de semana.

Frecuentemente los sábados mis amigos y yo (5) _____ una película

(*movie*) en mi casa. A veces mis amigos (6) _____ una pizza.

Paso 2 Belén y sus amigos

querer	salir	poder	decir	ser	oír	hacer	estar

En contraste, mi hermana y sus amigos (1) _____ muy irresponsables y un

poco locos. Belén (2) _____ con sus amigos a los bares todas las noches. Ellos

no (3) _____ estudiar y no (4) _____ su tarea nunca.

Cuando Belén (5) _____ en sus clases, no (6) _____

tomar buenos apuntes, porque a causa de su reproductor de mp3, ella no

(7) _____ lo que (8) _____ sus profesores.

¿Dónde viven los españoles? (TEXTBOOK P. 108)

3-16 Las viviendas en España. Complete each statement with the correct information from **Capítulo 3.**

MODELO   La capital de España es *Madrid.*

1. _____ es una ciudad grande que está en el noreste de España.

2. Como en Nueva York, la vida en Madrid y Barcelona es _____ y

   _____.

3. El costo de la vida en la ciudad es muy _____.

4. Muchas personas que no viven en la ciudad tienen la _____ cerca de su casa.

5. Algunas de las casas en los pueblos pequeños de España son _____ y

   tienen _____.

6. Muchas personas en el campo trabajan en la _____.

7. En comparación con la vida en la ciudad, la vida en muchos pueblos pequeños y en el campo es

   más _____.

3. Los muebles y otros objetos de la casa (TEXTBOOK P. 109)

3-17 ¿Dónde está? Associate each piece of furniture with the room in the house in which you would most logically find it.

1. el inodoro   a. la sala

2. el estante de libros   b. el comedor

3. el sofá   c. el dormitorio

4. la estufa   d. la oficina

5. la mesa   e. el baño

6. la cama   f. la cocina

3-18 ¿Lógica o ilógica? Read each sentence and indicate if it is logical (*lógica*) or illogical (*ilógica*).

1. Tenemos una alfombra en el comedor.   lógica   ilógica

2. Tengo un bidet en el jardín.   lógica   ilógica

3. Tienen una colcha en la cocina.   lógica   ilógica

4. Tengo dos almohadas en mi dormitorio.   lógica   ilógica

5. Tengo un sillón en mi estante de libros.   lógica   ilógica

6. Tienes una ducha en tu armario.   lógica   ilógica

7. Tenemos un microondas en la cocina.   lógica   ilógica

8. Tenemos unos tocadores en la sala.   lógica   ilógica

3-19 Crucigrama.

Complete the crossword puzzle with the correct words.

1. con este aparato, es mucho más fácil limpiar los platos después de una comida

2. tengo una en mi cama y la uso todas las noches para dormir bien

3. con este aparato, es muy fácil calentar (*warm up*) comida muy rápidamente

4. este es el mueble donde pongo mis libros

5. este es el mueble donde pongo mi ropa

6. este mueble está en mi dormitorio y lo uso para dormir

7. esto es muy suave y cubre el suelo

8. esto está en el baño y lo usas todos los días cuando te lavas las manos (*hands*) y cuando te cepillas los dientes (*brush your teeth*)

9. esto está sobre mi cama durante el invierno porque es muy necesario cuando hace frío

10. este aparato mantiene (*maintains, keeps*) la comida fresca durante más tiempo

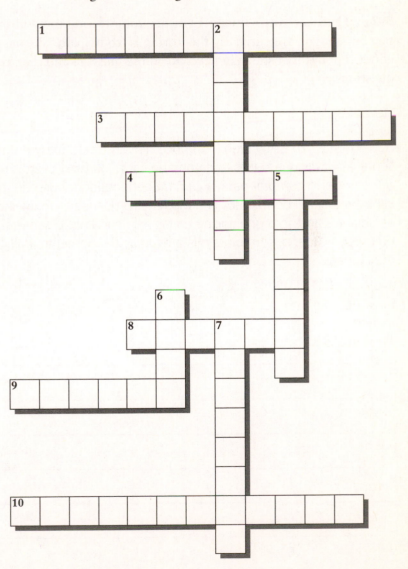

3-20 ¿Es un buen precio? A friend of yours is shopping online and is unsure about whether or not the prices are reasonable. For each question, indicate if the price is **caro** (*expensive*), **razonable** (*reasonable*), or **barato** (*inexpensive*).

1. caro   razonable   barato

2. caro   razonable   barato

3. caro   razonable   barato

4. caro   razonable   barato

5. caro   razonable   barato

6. caro   razonable   barato

3-21 ¿Qué necesito? Imagine you are volunteering to mentor incoming students for next year. The person that you are currently mentoring is from Spain. She has written the following message to you about supplies that she may need. Read the message and then respond to it, answering all of her questions.

Hola:

¿Cómo estás? Yo estoy bien —un poco nerviosa, pero ¡muy emocionada! Tengo algunas preguntas sobre las cosas que necesito comprar para mi dormitorio en la residencia estudiantil de la universidad. ¿Qué necesito comprar para la cama? ¿Tiene mi dormitorio un tocador? ¿Es necesario comprar una alfombra para el dormitorio? ¿Puedo tener un pequeño refrigerador en mi dormitorio? ¿Tienen los estudiantes acceso a una cocina en las residencias estudiantiles? ¿Puedo tener un televisor en mi dormitorio? Bueno, son todas mis preguntas de momento. ¡Mil gracias por todo! Te llamo por teléfono muy pronto.

Un abrazo,

Maribel

_____

_____

_____

_____

_____

_____

_____

_____

4. Los quehaceres de la casa (TEXTBOOK P. 112)

3-22 ¿Quién hace qué? Look at the picture and then indicate who is doing what by writing the name or names of the person or persons in the spaces.

1. ¿Quién prepara la comida? _____

2. ¿Quién arregla su dormitorio? _____

3. ¿Quiénes hacen las camas? _____ y _____

4. ¿Quiénes ponen la mesa? _____ y _____

5. ¿Quiénes lavan los platos? _____ y _____

6. ¿Quién sacude el polvo? _____

7. ¿Quiénes guardan los libros en el estante? _____ y _____

8. ¿Quién saca la basura? _____

9. ¿Quién pasa la aspiradora? _____

3-23 Las responsabilidades en casa. Listen to the conversation between Donato and Leticia about household chores and then indicate who is responsible for each chore.

1. sacudir el polvo   Donato   Leticia   los dos

2. pasar la aspiradora   Donato   Leticia   los dos

3. preparar la comida   Donato   Leticia   los dos

4. lavar los platos   Donato   Leticia   los dos

5. limpiar la mesa   Donato   Leticia   los dos

6. poner el lavaplatos   Donato   Leticia   los dos

7. limpiar la cocina   Donato   Leticia   los dos

8. lavar las cosas que no pueden
   poner en el lavaplatos   Donato   Leticia   los dos

9. sacar la basura   Donato   Leticia   los dos

10. hacer el café por la mañana   Donato   Leticia   los dos

3-24 ¿Eres una persona limpia, organizada y responsable? Pedro and his housemates are looking for another person to live in the house with them. They would like to live with a person who is clean, organized, and responsible. Imagine that you would like to live in their house. Listen to each question about your habits and preferences relating to household chores and respond honestly, using complete sentences and following the model.

MODELO   You hear: ¿Ayudas a arreglar tu casa todas las semanas?

           You say: *Sí, ayudo a arreglar mi casa todas las semanas. / No, no ayudo a arreglar*

                        mi casa todas las semanas.

1. ...

2. ...

3. ...

4. ...

5. ...

6. ...

7. ...

Las mujeres del mundo hispano (TEXTBOOK P. 114)

3-25 Los derechos de la mujer. You are about to hear a podcast with data relating to women's reproductive rights in different countries. Before listening, skim the following affirmations, underlining key words and numbers that distinguish each one from the rest. Also read through the list of countries so that you know which ones to listen for. Then, listen to the podcast and match each statement about pregnancy and maternity leave laws to the country to which it corresponds.

1. _____ Las mujeres pueden no ir a trabajar durante seis semanas antes de tener su(s) bebé(s) y seis semanas después de tener sus bebés, y reciben sus salarios durante todo el tiempo.

2. _____ Las mujeres pueden no ir a trabajar durante veintiséis semanas y también reciben su salario durante todo el tiempo.

3. _____ Las mujeres pueden no ir a trabajar durante dieciséis semanas y reciben su salario durante todo el tiempo.

4. _____ Si trabajan en una compañía de más de 50 personas, las mujeres pueden no ir a trabajar durante doce semanas, pero la compañía no tiene la obligación de pagarles su salario.

5. _____ Las mujeres pueden no ir a trabajar durante catorce semanas y reciben su salario completo durante todo el tiempo.

6. _____ Las mujeres pueden no ir a trabajar durante cuarenta y dos semanas y reciben su salario completo durante todo el tiempo.

7. _____ Las mujeres pueden no ir a trabajar durante diez semanas y reciben su salario completo durante todo el tiempo.

a. los Estados Unidos

b. Noruega (*Norway*)

c. Inglaterra

d. México

e. Honduras

f. España

g. Alemania

3-26 Las mujeres en la política y en los medios. Briefly answer the following questions about women in politics and in the media with the correct information.

MODELO   ¿Durante qué dictadura fue torturada y exiliada la primera presidenta de Chile?

   la dictadura del general Pinochet

1. ¿Cuántas mujeres han servido (*have served*) como presidenta de los Estados Unidos?

_____

2. ¿Cuántas mujeres han servido como presidenta de Chile?

_____

3. ¿Cómo se llama la presidenta de Chile?

_____

4. ¿Cuántas lenguas habla la presidenta de Chile?

_____

5. ¿Cuáles son las lenguas que habla la presidenta de Chile?

_____

6. ¿Cuáles son los países donde ha vivido (*she has lived*) la presidenta de Chile?

_____

7. ¿Cuáles son los dos trabajos que tiene Illy Nes?

_____

8. ¿En qué año nació Illy Nes?

_____

9. ¿Cuáles son los dos temas favoritos en sus textos y en su trabajo?

_____

10. ¿Cuántos años tiene cuando escribe su primera novela?

_____

5. Los colores (TEXTBOOK P. 115)

3-27 ¿De qué color es? Connect each object to its most logical or common color.

1. la planta   a. negro

2. el lápiz   b. marrón

3. la pizarra   c. blanco

4. la sangría   d. amarillo

5. el café   e. verde

6. el papel   f. rojo

3-28 ¿Cómo es la casa? Verónica has found the ideal house for her family. Listen to her conversation with her husband about the house, and then complete the sentences with the correct colors. Use the correct form of the colors, in masculine or feminine and in singular or plural.

1. El exterior es _____.

2. Tiene ventanas _____.

3. Las paredes de la cocina son _____.

4. Tiene un lavaplatos _____.

5. La estufa es _____.

6. El baño del primer piso tiene muebles _____.

7. El otro baño tiene paredes _____.

8. El dormitorio más grande es _____.

9. Las paredes del dormitorio más pequeño son _____.

10. El color que Verónica prefiere para los dormitorios es _____.

3-29 Un barrio de Buenos Aires. Look at the photograph of a street in the famous "La Boca" area of Buenos Aires. Write a description of the buildings and other things that you see in the picture.

los edificios	el balcón	la calle (*street*)	las contraventanas (*the shutters*)
las paredes	los apartamentos	la plaza (*the courtyard*)	la farola (*the streetlight*)
el techo	la gente	los árboles (*trees*)	

_____

_____

_____

_____

_____

_____

_____

_____

_____

_____

Nombre: _____   Fecha: _____

6. Unas expresiones con *tener* (TEXTBOOK P. 117)

3-30 ¿Qué tienen? Connect the different situations with the most logical expressions.

1. Reciben una A en su presentación.

2. La temperatura es de 45° centígrados.

3. Hablan con una señora en una situación formal y usan la forma **tú** con ella.

4. Tienen el número especial del cupón de la O.N.C.E.

5. Llueve mucho, están en su automóvil y no pueden ver muy bien.

6. Ven un film de terror.

7. Nieva mucho.

a. Tienen vergüenza.

b. Tienen miedo.

c. Tienen éxito.

d. Tienen cuidado.

e. Tienen frío.

f. Tienen suerte.

g. Tienen calor.

3-31 ¿Quién es? Look at the pictures and then answer the questions with the correct name or names of the person or persons.

Susana

Rosario   Alicia

Beatriz   Julián

Pilar

Jorge   Ramón   Roberto

Carmen   David

1. ¿Quién tiene prisa? _____

2. ¿Quién tiene miedo? _____

3. ¿Quiénes tienen frío? _____,

_____, y _____

4. ¿Quién tiene sed? _____

5. ¿Quién tiene veintiún años? _____

6. ¿Quién tiene hambre? _____

7. ¿Quién tiene cuidado? _____

8. ¿Quién tiene éxito? _____

3-32 ¿Qué tienes? Using expressions with the verb **tener**, respond to the situations using complete sentences.

MODELO   ¿Qué tienes cuando recibes un 98% en tu examen de español?
           Tengo éxito.

1. ¿Qué tienes cuando es invierno y nieva? _____

2. ¿Qué tienes cuando son las dos de la mañana, necesitas regresar a tu casa en tu automóvil y estás

   muy cansado/a? _____

3. ¿Qué tienes cuando son las cuatro de la mañana y necesitas estudiar para un examen a las ocho de

   la mañana? _____

4. ¿Qué tienes cuando son las nueve menos cinco, estás en tu cama y tienes un examen a las nueve en

   la universidad? _____

5. ¿Qué tienes cuando una amiga descubre (*discovers*) que no eres totalmente honesto/a con ella?

   _____

6. ¿Qué tienes cuando todos tus amigos son buenas personas y tu familia también es maravillosa?

   _____

7. Los números 1.000–100.000.000 (TEXTBOOK P. 120)

3-33 ¿Cuál es el precio? Associate each house or piece of furniture with its most logical price.

1. Una casa de cuatro pisos, seis dormitorios, seis baños, con piscina y vista al océano

2. Un condominio pequeño de dos dormitorios y un baño

3. Una lámpara muy elegante y moderna

4. Un estante rústico, importado de México

5. Un televisor de pantalla plana de plasma de 50 pulgadas (*inches*)

6. Una casa muy bonita de tres pisos, cuatro dormitorios, dos baños, cocina moderna, sala y comedor

a. ochocientos setenta y cinco dólares

b. quinientos mil dólares

c. un millón cuatrocientos mil dólares

d. tres mil dólares

e. ciento cincuenta mil dólares

f. trescientos dólares

3-34 Fechas importantes. Listen as Clara tells you about when some of our most important resources were invented and write the year that she indicates for each item.

1. Google _____

2. La computadora personal _____

3. El teléfono _____

4. Wikipedia _____

5. La computadora portátil _____

6. El automóvil _____

3-35 La participación de las mujeres en las elecciones democráticas.

Paso 1 Listen as Clara discusses some important moments in the history of women's suffrage throughout the world. Then, for each country, write the year that women obtain the right to vote.

1. España _____

2. El Salvador _____

3. Los Estados Unidos _____

4. Francia _____

5. Cuba _____

6. México _____

7. Canadá _____

8. Ecuador _____

9. Bolivia _____

10. Guatemala _____

Paso 2 Use the information from **Paso 1** to create a chronology of women's suffrage. Write the countries in chronological order.

1. _____

2. _____

3. _____

4. _____

5. _____

6. _____

7. _____

8. _____

9. _____

10. _____

3-36 Tus fechas importantes. Now, think of some of the important years in your life and in the lives of your family and friends. Give the year that you were born (*nací*) and the years that at least three important people in your life were born (*nació*).

MODELO   *Yo nací en mil novecientos ochenta y siete.*

Mi mejor amigo nació en mil novecientos ochenta y ocho.

Mi madre nació en mil novecientos sesenta y cinco.

3-37 Casas interesantes. Imagine that you would like to buy a house. Listen to the information about the different houses and then fill in the table with the corresponding numbers (1, 2, 3...).

	DORMITORIOS	BAÑOS	PISOS	PRECIO
Casa 1				$
Casa 2				$
Casa 3				$
Casa 4				$
Casa 5				$

8. Hay (TEXTBOOK P. 122)

3-38 ¿Cuántos hay? Use the expression **hay** to answer the following questions. Use short but complete sentences, following the model.

MODELO   ¿Cuántos días hay en el mes de diciembre?

Hay treinta y un días.

1. ¿Cuántos días hay en una semana?

   _____

2. ¿Cuántas semanas hay en un año?

   _____

3. ¿Cuántos días hay en el mes de agosto?

   _____

4. ¿Cuántos días hay en el mes de abril?

   _____

5. ¿Cuántas estaciones hay en el año?

   _____

6. ¿Cuántos días hay en un año?

   _____

3-39 Características de las casas en venta. Answer the questions about the houses that are for sale, either with numbers or with **sí** or **no**. For the numbers, write out the words, as in the model.

CASA ADOSADA	CHALET DE LUJO	PISO	ÁTICO	ESTUDIO
120m², jardín de 100m², 4 dorm., 2 b. 560.000 euros	200m², jardín de 300m², piscina, 6 dorm., 4 b, cocina moderna 1.570.000 euros	60 m², 3 dorm., 1 b., cocina nueva, suelos de parqué, semi-amueblado 427.000 euros	150 m², terraza de 100 m², 2 balcones, 4 dorm., 2 b., cocina amueblada 1.150.000 euros	30 m², céntrico, cocina, 1 baño, 1 balcón 210.000 euros

MODELO   ¿Cuántos balcones hay en el ático?

           dos

1. ¿Cuántos dormitorios hay en el piso?

   _____

2. ¿Cuántos baños hay en el estudio?

   _____

3. ¿Cuántos dormitorios hay en la casa adosada?

   _____

4. ¿Cuántos baños hay en el chalet de lujo?

   _____

5. ¿Hay una cocina nueva en el piso?

   _____

6. ¿Hay una cocina moderna en la casa adosada?

   _____

7. ¿Cuánto cuesta el piso?

   _____

8. ¿Cuánto cuesta el chalet de lujo?

   _____

3-40 ¿Y tu casa? Now describe your own family's house.

Paso 1

1. ¿Cuántos dormitorios hay en la casa?

    _____.

2. ¿Cuántos armarios hay en la casa?

    _____.

3. ¿Cuántas camas hay en la casa?

    _____.

4. ¿Cuántos baños hay?

    _____.

5. ¿Cuántas bañeras hay en la casa?

    _____.

6. ¿Cuántas salas hay?

    _____.

7. ¿Cuáles son tus lugares favoritos de la casa? ¿Por qué son tus lugares favoritos?

    _____.

Paso 2 Now, imagine that you are thinking about doing a home exchange with a person or a family from a Spanish-speaking country. Someone has seen your ad and would like to speak with you about your home. Give an oral description of your home that is as complete, detailed, and positive as possible. You should also mention your favorite places in the house and what you and your housemates or family do in those places. As you try to connect your ideas, words like **también, y,** and **pero** should be useful to you.

3-41 Vendo mi casa. Imagine that your family would like to sell your home. Write a brief description of the house and its most attractive characteristics.

_____

_____

_____

_____

Escucha (TEXTBOOK P. 124)

 3-42 Se alquila un dormitorio en una casa. Silvia has a room for rent in her house. This could be a great opportunity for Gabriela. Listen to their conversation and then select the characteristics that correspond to the house.

1. ¿Dónde está la casa?

    a. en el centro de la ciudad   c. en una urbanización

    b. en la universidad   d. en el centro comercial

2. ¿Qué hay cerca de la casa?

    a. la universidad   c. las tiendas

    b. el autobús   d. los restaurantes

3. ¿Qué hay en la casa?

    a. cinco dormitorios   c. tres dormitorios

    b. dos baños   d. seis baños

4. ¿Cuántas salas tiene?

    a. una   c. tres

    b. dos   d. cuatro

5. ¿Cuántas personas viven en la casa en este momento?

    a. tres   c. cinco

    b. cuatro   d. seis

6. ¿Cuánto cuesta el alquiler?

    a. $550,00   c. $1.500,00

    b. $450,00   d. $500,00

Nombre: _____   Fecha: _____

3-43 Las condiciones del alquiler. Gabriela likes the house a lot and would like to speak with Silvia about the specifics of the rental agreement. Listen to their conversation and then decide if the answers to the following questions are **sí** or **no.**

1. ¿Ofrecen un dormitorio para ella solamente?   sí   no

2. ¿Tiene un baño para ella solamente?   sí   no

3. ¿Incluye el precio del alquiler los gastos de electricidad?   sí   no

4. ¿Incluye el precio del alquiler un servicio de limpieza?   sí   no

5. ¿Ofrecen comida?   sí   no

6. ¿Ofrecen espacio en la cocina para guardar su comida?   sí   no

7. ¿Tiene ella el derecho (*the right*) de usar la cocina?   sí   no

Escribe (TEXTBOOK P. 125)

3-44 Tu mercadillo. Imagine that you are about to move abroad for an indefinite period of time, and that in order to pack as light as possible (and to have as much cash on hand as possible) you have organized a yard sale. List the kinds of items that you would sell and about how much you would charge for each item.

_____

_____

_____

_____

3-45 Un anuncio para tu mercadillo. In order for your yard sale to be a success, you will need to publicize it widely and attractively. Design a flyer highlighting the most interesting and unique aspects of your yard sale, being sure to include important information such as when and where it will take place.

Les presento mi país (TEXTBOOK P. 126)

3-46 El país de María Ángeles. Answer the questions about María Ángeles Solana Montoya and Spain.

1. El apellido de la madre de María Ángeles es _____

_____.

2. María Ángeles vive en un _____

_____.

3. A María Ángeles le gusta la vida en la ciudad porque _____

_____.

4. A María Ángeles le gusta _____
por la tarde con sus amigos.

5. A muchos madrileños les gusta ir de tapas a _____

_____.

6. María Ángeles y sus amigos hablan de _____

_____.

3-47 España. Complete the following statements about Spain, using information from **Capítulo 3.**

1. Las lenguas que hablan en las diferentes partes de España son _____

_____.

2. La lotería de la O.N.C.E. trabaja en beneficio de _____

_____.

3. Los españoles comen las tapas con una bebida _____
de las comidas.

4. Los dos personajes famosos del autor Cervantes son _____ y

_____.

5. La Alhambra está en _____, España.

6. Algunos edificios diseñados por Antonio Gaudí están en _____,
España.

7. El _____ es el deporte más importante del país.

Más cultura

3-48 Los jóvenes, el matrimonio y las casas. Read the following information about young people, getting engaged and married, and buying homes. Then, answer the questions.

- En muchos lugares del mundo hispano, las personas continúan con la tradición de vivir con sus padres hasta celebrar su propio matrimonio. Algunas personas hacen esto porque es parte de la tradición de la familia, otras porque es parte de su tradición religiosa, y otras personas lo hacen porque no tienen otras opciones.

- Muchas personas simplemente no pueden independizarse —vivir independientemente en un apartamento— porque su situación económica no lo permite. Las viviendas (*living spaces*) cuestan mucho dinero y en muchos lugares los trabajos de los jóvenes no son muy estables. Si una persona no tiene un salario estable, necesita vivir con sus padres durante más tiempo.

- Aunque muchas personas creen que esa situación no puede ser muy buena, hay muchas ventajas (*advantages*) para la persona que vive con su familia. No tiene que hacer tantos quehaceres de la casa porque hay más personas en casa para ayudar. También tiene el beneficio de la compañía de personas importantes; las ve y puede hablar con ellas más frecuentemente. Así también puede recibir la ayuda de los diferentes miembros de su familia con la solución de los problemas que tiene.

- En muchos lugares del mundo hispano también hay mucha gente joven que quiere independizarse rápidamente. Muchas parejas (*couples*) quieren comprometerse (*get engaged*) y casarse (*get married*), pero no quieren casarse y después vivir con sus padres. Muchos jóvenes deciden que quieren casarse y después esperan (*wait*) varios años antes de celebrar su matrimonio. Es necesario esperar varios años porque necesitan tiempo para ahorrar (*save*) dinero para poder comprar una vivienda.

- En el mundo hispano también hay jóvenes que prefieren vivir juntos (*together*) durante un tiempo antes de casarse. Pero están en la misma situación que los jóvenes comprometidos: si no tienen trabajo estable, es muy difícil independizarse.

- Muchos bancos ofrecen cuentas de ahorro (*savings accounts*) especiales para esas personas. Esas cuentas les permiten ahorrar más dinero para poder comprar una casa. Algunos bancos también ofrecen hipotecas (*mortgages*) especiales, con condiciones muy favorables, que son exclusivamente para jóvenes.

1. ¿Qué tienen en común las tradiciones de tu familia con las tradiciones hispanas? ¿Qué diferencias hay entre las tradiciones de tu familia y las hispanas? ¿Tienes planes de vivir con tus padres después de terminar tus estudios?

_____

_____

_____

2. ¿Tienes amigos de otras culturas con tradiciones similares a las tradiciones hispanas? ¿De dónde son?

_____

_____

3. ¿Tienes una cuenta de ahorro especial para jóvenes? ¿Tiene tu banco hipotecas especiales para jóvenes?

_____

_____

4. ¿En tu familia, es aceptable vivir con otra persona antes de casarte? ¿Y en las familias de tus amigos? ¿Por qué o por qué no?

_____

_____

5. ¿Crees que es difícil para los jóvenes independizarse en los Estados Unidos? ¿Crees que es difícil en tu ciudad o en tu estado? ¿Por qué o por qué no?

_____

_____

3-49 Los hombres, las mujeres y los quehaceres. Read the following information about women and men and their household chores, and then answer the questions.

- Como en muchos lugares del mundo, en muchos lugares del mundo hispano la distribución del trabajo en casa no es muy justa (*fair*); en muchas casas las mujeres hacen más trabajo que los hombres.

- Afortunadamente, poco a poco esta situación cambia. Hoy en día hay más mujeres que trabajan fuera de (*outside of*) la casa, y simplemente no pueden hacer todo el trabajo dentro de (*inside of*) la casa también. Muchos hombres comprenden la situación y ahora hacen más quehaceres domésticos que antes.

- Otra solución muy común es buscar ayuda profesional. Muchas familias usan parte de su dinero para pagar a "una asistenta", una persona que viene a la casa regularmente para hacer o ayudar con los quehaceres domésticos. Algunas asistentas vienen un día todas las semanas, otras vienen varios días a la semana, y en algunas casas las asistentas vienen todos los días, o incluso viven en la casa como parte de la familia.

1. ¿En tu familia, qué quehaceres hacen las mujeres y qué hacen los hombres? ¿Hay una distribución justa o injusta? ¿Por qué?

   _____

   _____

   _____

2. ¿En general en tu familia, trabajan las mujeres fuera de la casa?

   _____

   _____

   _____

3. ¿En tu familia, hay una asistenta para ayudar con los quehaceres de casa?

   _____

   _____

   _____

4. ¿Quieres tener una asistenta en el futuro? ¿Por qué o por qué no?

   _____

   _____

   _____

5. ¿Crees que la situación de tu familia es similar a la situación de muchas familias en los Estados Unidos?

_____

_____

_____

_____

Ambiciones siniestras

Episodio 3

El concurso

3-50 Alejandra, Pili y el concurso. Read the episode "El concurso" and then answer the questions using complete sentences, as in the model.

MODELO   ¿Por qué quiere mirar su e-mail Alejandra?

Quiere ver si tiene un mensaje de Pili.

1. ¿Cómo está Pili?

_____

2. ¿Cuántos años tiene Pili?

_____

3. ¿Quién es Peter?

_____

4. ¿Cuántos años tiene Peter?

_____

5. ¿Cómo son los padres de Alejandra y Pili?

_____

6. ¿Creen los padres que Pili está preparada para tener un novio, o creen que no está preparada todavía?

_____

Nombre: _____ Fecha: _____

¡Tienes una gran oportunidad!

3-51 Hipótesis sobre las casas y los dormitorios de los muchachos. In this episode, Marisol sees Lupe's apartment and they speak about her bedroom, and Cisco and Eduardo see photographs of each other's homes. You already know some information about the four characters. Answer the questions based on what you know.

1. ¿Cómo crees que son los dormitorios de Marisol y Lupe? ¿Qué tipo de cosas crees que tienen? Escribe tus ideas.

EL DORMITORIO DE MARISOL

_____
_____
_____
_____

EL DORMITORIO DE LUPE

_____
_____
_____
_____

2. ¿Cómo crees que son las casas de las familias de Eduardo y Cisco? Escribe tus ideas.

LA CASA DE LA FAMILIA DE EDUARDO

_____
_____
_____

LA CASA DE LA FAMILIA DE CISCO

_____
_____
_____

3-52 Las casas y los dormitorios de los muchachos. Now view the episode and then indicate to whom each statement refers. More than one answer may be correct.

	Lupe	Marisol	Eduardo	Cisco
1. Mi dormitorio tiene dos armarios.	Lupe	Marisol	Eduardo	Cisco
2. Mi dormitorio tiene una cama grande.	Lupe	Marisol	Eduardo	Cisco
3. Tengo carteles con monumentos de España en mi dormitorio.	Lupe	Marisol	Eduardo	Cisco
4. En mi dormitorio hay un sillón.	Lupe	Marisol	Eduardo	Cisco
5. Mi casa tiene una piscina (*pool*) impresionante.	Lupe	Marisol	Eduardo	Cisco
6. Mi dormitorio es muy pequeño.	Lupe	Marisol	Eduardo	Cisco
7. Mi casa es muy grande y el jardín tiene muchas flores de diferentes colores.	Lupe	Marisol	Eduardo	Cisco
8. Tengo una alfombra de colores en mi dormitorio.	Lupe	Marisol	Eduardo	Cisco
9. Hay un tocador en mi dormitorio.	Lupe	Marisol	Eduardo	Cisco
10. Soy finalista en el concurso.	Lupe	Marisol	Eduardo	Cisco

 3-53 ¿Comprendes? Now indicate to whom these statements about the details of the video refer. If necessary, view the video again. More than one answer may be correct.

	Lupe	Marisol	Eduardo	Cisco
1. No sé dónde están mis apuntes para una de mis clases.	Lupe	Marisol	Eduardo	Cisco
2. Estoy cansado.	Lupe	Marisol	Eduardo	Cisco
3. Me gustan mucho Barcelona, Madrid y Sevilla.	Lupe	Marisol	Eduardo	Cisco
4. Creo que mi tarea es muy difícil.	Lupe	Marisol	Eduardo	Cisco
5. Tengo un dormitorio solo para mí en la casa de mis padres.	Lupe	Marisol	Eduardo	Cisco
6. Tengo clase en menos de una hora.	Lupe	Marisol	Eduardo	Cisco
7. Conozco Estados Unidos, Canadá y México.	Lupe	Marisol	Eduardo	Cisco
8. La casa de mi familia es muy grande.	Lupe	Marisol	Eduardo	Cisco

3-54 Después del video. Consider the following questions and then write a paragraph in English about how the different characters react to the mysterious message.

Which of the characters seemed most surprised to receive the mysterious message? Which characters seemed least surprised to receive the message? Which characters seem to think the message might be legitimate? Which characters are more skeptical? With which perspective do you identify most? Why? Which of the characters do you think will respond to the message? Explain the reasons for your hypotheses.

_____

_____

_____

_____

_____

_____

_____

_____

Experiential Learning Activity

3-55 Los periódicos en España. Work in groups outside of class to find free online newspapers from Spain, and look at the classified section. Focus specifically on different types of living quarters that are available, either for rent or for sale. Be sure to view options in Madrid, in one major city in the south or on the coast, and in one major city in the northwest or Basque country to get a better overall view of the variety of housing options throughout Spain. Bring your ads to class and present your findings to the other students. Be sure to correctly cite the source(s) of your classified ads.

Service Learning Activity

3-56 Un anuncio. Go to a local, privately owned furniture store and ask for a copy of their weekly or most recent ad (in English). Offer to translate the flyer into Spanish for them and request that an electronic copy of that ad be sent via e-mail to your professor. Explain what you will be doing with the ad, and offer to translate it for the store for free as a part of a service learning project for your class. Finally, offer to send them a copy of your work once it has been completed, if they are interested.

Heritage Learner Activity

3-57 Estereotipos.

Paso 1 Por lo que se ha visto en la televisión, el cine, los medios de comunicación, y en tu propio hogar, ¿cuáles son algunos estereotipos que has observado en relación a los papeles tradicionales entre el hombre y la mujer? Escribe dos generalizaciones sobre el hombre y dos sobre la mujer.

1. _____

2. _____

3. _____

4. _____

Paso 2 Teniendo en cuenta los quehaceres de la casa del **Capítulo 3,** haz un anuncio en búsqueda del/de la compañero/a de casa ideal. En el anuncio, enumera las características que deseas que tenga esta persona y explica la repartición (distribución) de responsabilidades para los quehaceres de la casa.

_____

_____

_____

_____

_____

_____

_____

_____

4

Nuestra comunidad

1. Los lugares (TEXTBOOK P. 136)

4-1 ¿Adónde voy? Your friend wants to get many things done today, but needs your help. Listen to what your friend would like to do and then match each statement with the most logical places where he can do them.

MODELO	You hear:	a. Quiero comprar un DVD.
	You connect:	the correct sentence in Column 1 to the letter "a" in Column 2

1. Puedes ir al banco.   a. …

2. Puedes ir a una iglesia.   b. …

3. Puedes ir a un centro comercial.   c. …

4. Puedes ir a un museo.   d. …

5. Puedes ir a un club.   e. …

6. Puedes ir al supermercado.   f. …

7. Puedes ir al cine.   g. …

4-2 ¿Dónde están? Read each statement about what people are doing and, using the correct forms of the verb **estar,** indicate where they most likely are. Use each expression in the word bank only once.

la librería	el gimnasio	el cine
el supermercado	el cibercafé	el centro comercial
el restaurante	la oficina de correos	el teatro

MODELO   Necesitas comprar un libro.

Estás en la librería.

1. Queremos ver una película.

   _____

2. Baila en una producción de Broadway.

   _____

3. Quiero navegar por el Internet.

   _____

4. Juegan al básquetbol.

   _____

5. Compramos comida.

   _____

6. Necesitan comprar un DVD.

   _____

7. Tengo mucha hambre.

   _____

8. Quieres mandar unas cartas.

   _____

4-3 ¿Cuáles son tus lugares favoritos? Answer the following questions using complete sentences.

MODELO   ¿Cuál es tu supermercado favorito?

Mi supermercado favorito es Kings.

1. ¿Cuál es tu restaurante favorito?

_____

2. ¿Cuál es tu café favorito?

_____

3. ¿Cuál es tu bar o tu club favorito?

_____

4. ¿Cuál es tu almacén favorito?

_____

5. ¿Cuál es tu cine favorito?

_____

6. ¿Cuál es tu museo favorito?

_____

Pronunciación

The letters c and z (TEXTBOOK P. 137)

4-4 ¿Hispanohablante o angloparlante? Listen to the pronunciation of each word and then select whether the person is a native Spanish or English speaker.

1. hispanohablante   angloparlante

2. hispanohablante   angloparlante

3. hispanohablante   angloparlante

4. hispanohablante   angloparlante

5. hispanohablante   angloparlante

6. hispanohablante   angloparlante

7. hispanohablante   angloparlante

8. hispanohablante   angloparlante

9. hispanohablante   angloparlante

10. hispanohablante   angloparlante

 4-5 Tu pronunciación. Now listen to the Spanish speaker's pronunciation of all of the words and practice your own pronunciation of them.

1. ciudad   6. cine

2. cuidado   7. cibercafé

3. lápiz   8. centro comercial

4. almacén   9. plaza

5. museo   10. cajero

 4-6 Oraciones (*Sentences*). Listen to the following affirmations and questions and then practice your pronunciation of them. Pay special attention to your pronunciation of the letters **c, s,** and **z,** and also to your pronunciation of the vowels (**a, e, i, o, u**).

1. Sé que quieres ir al cine con Cecilia, Celia y Catarina.

2. Necesitamos comprar cosas en el centro comercial.

3. ¿Sabes a qué hora cierra el almacén?

4. Conoces muy bien la ciudad.

5. ¿Conoces los museos de Cáceres?

6. Necesito saber en qué zona de la ciudad está tu casa.

4-7 Refranes populares.

Paso 1 Read the following information about two popular sayings in Spanish and then answer the questions.

"La caridad bien entendida empieza por casa."

1. La palabra "caridad" significa *charity* en inglés y "empieza" es del verbo "empezar" que significa *to begin*. Gracias al **Capítulo 3,** comprendes la palabra "casa." Este refrán también existe en inglés. ¿Conoces el refrán en inglés que tiene esas palabras o palabras muy similares? Escribe el refrán en inglés.

   _____

2. ¿Puedes escribir el mensaje de este refrán? Explica en inglés qué mensaje interpretas de este refrán.

   _____

   _____

   _____

   "En boca cerrada no entran moscas."

3. La palabra "boca" significa *mouth* y una mosca es un tipo de insecto. La palabra "cerrada" viene del verbo "cerrar" ("cierren los libros"). Aquí la palabra tiene un rol descriptivo, "cerrada" describe cómo está la boca (como una puerta o una ventana, una boca puede estar cerrada o abierta). ¿Puedes escribir el mensaje de este refrán? Explica en inglés qué mensaje podemos interpretar de este refrán.

   _____

   _____

   _____

4. Este refrán no tiene una versión en inglés, pero tú puedes inventar una versión. Escribe en inglés tu propia versión del refrán.

   _____

Paso 2 Listen to the sayings and then practice your own pronunciation of them. Pay special attention to your pronunciation of the letters **c, s,** and **z,** and also of the vowels (**a, e, i, o, u**).

1. "La caridad bien entendida empieza por casa."

2. "En boca cerrada no entran moscas."

4-8 Trabalenguas. Listen to the tongue twisters and then practice your own pronunciation of them. Pay special attention to your pronunciation of the letters **c, s,** and **z,** and also of the vowels (**a, e, i, o, u**).

1. ¿Cómo como? ¡Como como como!

2. Cuando cuentas cuentos nunca cuentas cuántos cuentos cuentas.

3. Historia es la narración sucesiva de los sucesos que se suceden sucesivamente en la sucesión sucesiva del tiempo.

4. Paco Pizarro Pérez pinta pinturas preciosas para personas poderosas en sus palacios. Para pobres pinta poco porque pagan poco precio.

Actividades cotidianas: las compras y el paseo (TEXTBOOK P. 139)

4-9 Las ciudades y los pueblos. Complete the sentences with information from the reading in your text about daily activities in cities and small towns.

1. Según el texto, muchos estadounidenses hacen gran parte de sus compras en

   _____.

2. Según el texto, muchas de las personas de las ciudades grandes de los países hispanohablantes hacen muchas de sus compras en

   _____.

3. Según el texto, muchas de las personas que viven en pueblos pequeños hacen muchas de sus compras en

   _____.

4. Los lugares importantes que hay en el centro de la ciudad son

   _____.

5. En el centro de la ciudad hay gente de todas

   _____.

6. Las actividades que hace la gente en la plaza son

   _____.

7. La gente que vive en los pueblos pequeños frecuentemente pasea por

   _____.

8. En los pueblos normalmente hay más actividad durante

   _____.

4-10 ¿Y tu pueblo o tu ciudad? Now describe your city or town and some common daily activities that are done there.

Paso 1 Answer the following questions; it is not necessary to use complete sentences.

1. ¿Eres de un pueblo o de una ciudad? ¿Es grande o pequeño/a? _____

   _____

2. ¿Cómo es similar a una ciudad grande de los países hispanohablantes? ¿Cómo es similar a un

   pueblo pequeño de un país hispanohablante? ¿Cómo es diferente? _____

   _____

3. ¿Qué lugares importantes o interesantes hay en tu pueblo o en tu ciudad? _____

   _____

4. ¿Qué hace la gente en los lugares importantes? _____

   _____

5. ¿Dónde hace mucha gente las compras? _____

   _____

6. ¿Dónde pasea la gente de tu pueblo o tu ciudad? _____

   _____

7. ¿Cuándo hay mucha actividad por las calles de tu pueblo o tu ciudad? _____

   _____

8. ¿Qué te gusta de tu pueblo o tu ciudad? ¿Qué no te gusta? _____

   _____

Paso 2 Now give an oral description of your town or city, its places of interest, and the common things that people do there. Mention some things about your city or town that you like and other things that you do not care for.

2. *Saber y conocer* (TEXTBOOK P. 140)

4-11 ¡Cuánto sabes! Listen to the questions and then write your affirmative responses, using the cities in the word bank. Be sure to follow the sentence structure of the model exactly.

Madrid	~~Quito~~	Ciudad de México	Tegucigalpa
Buenos Aires	Ciudad de Guatemala	San Salvador	

MODELO   ¿Sabes cuál es la capital de Ecuador?

Sí, lo sé. Quito es la capital de Ecuador.

1. _____

2. _____

3. _____

4. _____

5. _____

6. _____

4-12 El mundo de la música. Rosario and her friends are very talented and would like to start a rock band. Complete the description about them using the correct forms of **saber** or **conocer.**

Todos mis amigos y yo tenemos muchos talentos musicales; nosotros (1) _____

hacer muchas cosas. Por ejemplo, yo (2) _____ tocar el piano, mi amigo Pablo

(3) _____ tocar la guitarra, Sara (4) _____ tocar la

batería (*drums*), y nuestros amigos Mario y Teresa (5) _____ cantar muy bien.

Nosotros queremos tener un grupo de música rock. ¿Quieres formar parte de nuestro grupo?

¿(6) _____ tú tocar el bajo (*bass guitar*)?

Nosotros tenemos gustos musicales muy diversos, y eso puede ser muy interesante para nuestro

grupo. Yo (7) _____ mucha música latina. Pablo y Teresa

(8) _____ mucha música jazz, y Mario (9) _____

mucha música rock de los años setenta. Susana trabaja para una compañía discográfica y por eso,

(10) _____ a muchos agentes que nos pueden ayudar.

4-13 ¿Qué saben y qué conocen? Pablo is a tourist in Antigua, Guatemala, but does not have a map and has lost his tour book of the city. Complete his conversation with Laura using the correct forms of **saber** or **conocer**.

Pablo: Hola, buenas tardes. Estoy un poco perdido... ¿puedes ayudarme?

Laura: ¡Claro! Yo soy de Antigua y (1) _____ muy bien la ciudad.

Pablo: ¡Qué bien! Muchas gracias. ¿(2) _____ dónde está el Museo de Arte Colonial?

Laura: Sí, (3) _____ exactamente dónde está: al final de esta calle, cerca de la Plaza Mayor.

Pablo: ¿(4) _____ cuánto cuesta entrar en el museo?

Laura: Sí, creo que cuesta 10,00 quetzales para las personas que no son de Guatemala.

Pablo: También necesito comprar otro libro sobre la ciudad; ¿(5) _____ una buena librería por aquí cerca?

Laura: Sí también hay una librería por esa calle. Tiene buenos libros a buenos precios. Si te gustan los libros, también tenemos otro museo interesante aquí.

Pablo: Sí, ya lo (6) _____. Es el Museo del Libro Antiguo. Quiero visitarlo hoy también. ¿Está cerca del Museo de Arte, ¿no?

Laura: Sí, y en el Museo de Arte te pueden dar un mapa para orientarte mejor. Si después de ir a los museos tienes hambre, (7) _____ un restaurante que está en esa zona también. Es uno de los mejores restaurantes de la ciudad. Si quieres, ahora voy contigo al museo y te indico dónde está.

Pablo: ¡Qué bien!

3. ¿Qué tienen que hacer? ¿Qué pasa? (TEXTBOOK P. 142)

4-14 Asociaciones. Associate the following phrases with the most logical expressions.

1. Vivir una vida loca   a. pensar mucho

2. Ser muy filosófico   b. almorzar bien

3. Descubrir (*discover*) dónde está   c. dormir poco

4. Tener una dieta muy sana y saludable (*healthy*)   d. seguir y seguir y seguir…

5. Ser principiante (*beginner*)   e. comenzar algo nuevo

6. No saber dónde está   f. encontrar

7. Ser una persona que persiste mucho   g. perder

4-15 El que algo quiere, algo le cuesta. Associate the following affirmations about what someone would like to do with the statements that describe what they have to do in order to reach their goals.

1. No quiero tener dolor (*ache*) del estómago.

2. Quiero tomar buenos apuntes durante las clases.

3. Quiero ser más independiente.

4. Quiero entender un concepto muy especializado y muy complicado.

5. Quiero empezar a estudiar ahora.

6. Quiero descansar (*rest*) un poco.

7. Quiero poder concentrarme mejor y tener más energía.

a. Tienes que pedirle la ayuda de un especialista en la materia.

b. Tienes que cerrar tu libro y dormir o salir a caminar un poco para desconectar.

c. Tienes que almorzar bien todos los días.

d. Tienes que encontrar tu libro.

e. Tienes que entender qué dicen los profesores.

f. Tienes que dormir un mínimo de ocho horas todas las noches.

g. Tienes que pensar por ti mismo y tomar tus propias (*your own*) decisiones.

4-16 ¿Qué tenemos que hacer? Complete the sentences with the correct form of **tener que** and with the most logical verb from the word bank.

| pedir | almorzar | encontrar | pensar | volver | dormir |

1. Cuando tenemos sueño, _____.

2. Cuando tienes hambre, _____.

3. Cuando salgo de casa y no tengo mi mochila, _____
   a mi casa para tener la mochila para mis clases.

4. Cuando necesitas tomar una decisión importante, _____
   mucho antes de tomar la decisión.

5. Cuando no sé dónde está mi libro, _____
   el libro si quiero estudiar.

6. Cuando ellos no saben la respuesta correcta, le _____
   ayuda a su profesor o a uno de sus compañeros.

4. Los verbos con cambio de raíz (TEXTBOOK P. 144)

4-17 Categorías correctas. For each verb, select the correct category within which it belongs.

1. cerrar   e → ie   e → i   o → ue   no tiene cambio de raíz

2. mostrar   e → ie   e → i   o → ue   no tiene cambio de raíz

3. contestar   e → ie   e → i   o → ue   no tiene cambio de raíz

4. repetir   e → ie   e → i   o → ue   no tiene cambio de raíz

5. arreglar   e → ie   e → i   o → ue   no tiene cambio de raíz

6. poder   e → ie   e → i   o → ue   no tiene cambio de raíz

7. pedir   e → ie   e → i   o → ue   no tiene cambio de raíz

8. mentir   e → ie   e → i   o → ue   no tiene cambio de raíz

9. dormir   e → ie   e → i   o → ue   no tiene cambio de raíz

10. tomar   e → ie   e → i   o → ue   no tiene cambio de raíz

4-18 Una tabla incompleta. Your friend from Spanish class needs some help because he does not recall all of the forms of all of the verbs. Complete the tables with the correct forms of each verb.

EMPEZAR			
SINGULAR		**PLURAL**	
yo	empiezo	nosotros	(2)
tú	(1)	vosotros	empezáis
él, ella, usted	empieza	ellos, ellas, ustedes	(3)

PERSEGUIR			
SINGULAR		**PLURAL**	
yo	persigo	nosotros	(5)
tú	persigues	vosotros	perseguís
él, ella, usted	(4)	ellos, ellas, ustedes	(6)

DEVOLVER			
SINGULAR		**PLURAL**	
yo	(7)	nosotros	(9)
tú	(8)	vosotros	devolvéis
él, ella, usted	devuelve	ellos, ellas, ustedes	(10)

 4-19 ¿Qué quieren hacer? Listen to the conversation between Ana and Carlos about what they and their friends would like to do. Then, indicate who would like to do each activity.

1. ir al cine   Ana y Carlos   Emilia y Saúl

2. caminar por el parque   Ana y Carlos   Emilia y Saúl

3. tomar algo en un bar   Ana y Carlos   Emilia y Saúl

4. ver una película en casa   Ana y Carlos   Emilia y Saúl

5. bailar   Ana y Carlos   Emilia y Saúl

6. ir a un restaurante   Ana y Carlos   Emilia y Saúl

4-20 Un proyecto importante. Susana and José have to do an important project for class together.

Paso 1 Listen to their conversation and then select whether the following statements are **Cierto** or **Falso**.

1. Susana no quiere trabajar en el proyecto a las tres porque tiene que trabajar.   Cierto   Falso

2. Susana trabaja en un restaurante.   Cierto   Falso

3. Susana tiene que empezar a trabajar a las siete.   Cierto   Falso

4. Después de trabajar, Susana quiere salir con sus amigas.   Cierto   Falso

5. José prefiere trabajar en el proyecto a las cinco.   Cierto   Falso

Paso 2 Listen to the conversation once more and for each false statement, correct the underlined information. For the statements that are true, write an "X" in the space provided.

1. Susana no quiere trabajar en el proyecto <u>a las tres</u> porque tiene que trabajar.

_____

2. Susana trabaja en <u>un restaurante</u>.

_____

3. Susana tiene que empezar a trabajar <u>a las siete</u>.

_____

4. Después de trabajar, Susana <u>quiere salir con sus amigas</u>.

_____

5. José prefiere trabajar en el proyecto <u>a las cinco</u>.

_____

4-21 Preferencias y opiniones diferentes. Rosario and Paulo are dating, but frequently have very different preferences and opinions. Complete the paragraph about them using the correct forms of the appropriate verbs.

preferir	entender	recomendar	querer	empezar	pensar

Rosario siempre (1) _____ ir al cine, pero Paulo (2) _____

el teatro. Paulo (3) _____ que siempre hacen lo que le gusta a Rosario y que

Rosario no comprende sus frustraciones. Paulo le explica a Rosario su situación y Rosario

Nombre: _____   Fecha: _____

(4) _____ por qué él no está contento. Rosario (5) _____

tener una conversación calmada y tranquila para hablar de los problemas y resolver el conflicto.

Después de hablar, todo está mejor. Rosario y Paulo (6) _____ a hacer más

actividades para los dos y no solamente las actividades que ella prefiere.

4-22 Crucigrama. Complete the crossword puzzle with the correct forms of the verbs.

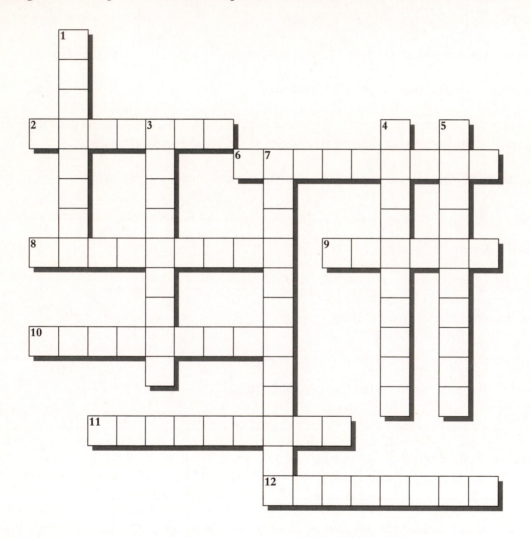

1. ustedes / empezar

2. ellos / perder

3. tú / devolver

4. tú / demostrar

5. nosotros / recordar

6. ellos / preferir

7. nosotros / recomendar

8. yo / encontrar

9. yo / cerrar

10. ellos / almorzar

11. nosotros / repetir

12. nosotros / seguir

4-23 Una experiencia que da miedo. Carolina works in a restaurant and one night she and her co-workers have a very bad experience. Complete the narration using the correct forms of the correct verbs in the present tense.

pedir	repetir	cerrar	tener	servir	empezar	perseguir	venir

Es viernes y estamos en el restaurante como siempre. Mis compañeros y yo les

(1) _____ comida a los últimos clientes y después

(2) _____ el restaurante. Entonces, un hombre misterioso

(3) _____ a la puerta y (4) _____ comida. Le explico

que desafortunadamente el restaurante está cerrado. El hombre (5) _____,

pero con más agresividad, que tengo que darle comida o dinero. Ahora

(6) _____ miedo y por eso llamo a la policía. Cuando llega la policía, el

hombre (7) _____ a correr y los policías lo (8) _____.

4-24 Mi vida en la universidad. Javier is a very busy student. Complete the description about his life at school with the correct forms of the appropriate verbs.

almorzar	costar	recordar	volver	tener	poder	pensar	dormir	jugar

Me gusta mucho mi vida como estudiante, aunque también yo (1) _____ que

estoy siempre muy ocupado. Cuando (2) _____ mi vida en la escuela

secundaria, me impresiona todo el tiempo libre que tenía (*I used to have*). Ahora, con mis actividades

académicas, sociales y de trabajo, no (3) _____ tanto tiempo libre. Todos los

días (4) _____ con mis amigos en la cafetería después de las clases y antes de

trabajar. Es necesario trabajar un mínimo de diez horas todas las semanas, porque la universidad

(5) _____ mucho dinero. Cuando (6) _____ a la

residencia estudiantil después de trabajar, mis amigos y yo (7) _____ al

baloncesto o al fútbol. Por la noche, no (8) _____ estudiar muchas horas como

algunos de mis amigos. Estoy en la cama a las once o las doce de la noche y

(9) _____ un mínimo de siete horas.

4-25 Ayuda para un compañero.

Paso 1 One of your classmates needs help with verb forms. Listen to each sentence and then indicate if the form he is using is correct or incorrect.

1. forma correcta   forma incorrecta   4. forma correcta   forma incorrecta

2. forma correcta   forma incorrecta   5. forma correcta   forma incorrecta

3. forma correcta   forma incorrecta   6. forma correcta   forma incorrecta

Paso 2 Listen once again, and for the incorrect forms that you hear, write the correct form in the space. If the form you hear is correct, write an "X" in the space.

1. _____   4. _____

2. _____   5. _____

3. _____   6. _____

5. El verbo ir (TEXTBOOK P. 147)

4-26 Nuestros planes. Miriam and Juan are discussing their plans for the day. Complete their conversation with the correct forms of the verb **ir.**

Miriam: Hola, Juan, ¿qué tal? ¿(1) _____ a la clase de literatura hoy?

Juan: Sí, por supuesto que (2) _____ a la clase hoy. ¿Y tú no?

Miriam: No, no puedo (3) _____ porque tengo que

(4) _____ al hospital.

Juan: ¿Sí? ¿Pero, estás bien, Miriam? ¿Necesitas ayuda?

Miriam: Sí, yo estoy perfectamente bien, pero mis abuelos no. Ellos (5) _____

al hospital y yo (6) _____ con ellos porque no hablan mucho inglés.

Juan: Menos mal. Bueno, como no (7) _____ a la clase, si necesitas mirar mis apuntes, sabes que estoy aquí y que puedo ayudarte.

Miriam: Muchísimas gracias, Juan. ¿(8) _____ a tu casa esta noche para hablar de la clase y para ver tus apuntes?

Juan: No, esta noche no puede ser porque Carlos y yo (9) _____ al concierto de Juanes.

Miriam: ¡Qué suerte! ¡Yo también quiero (10) _____, pero no tengo entradas (*tickets*)!

4-27 ¿Adónde van? Complete the sentences using the correct forms of the verb **ir** and the most logical places from the word bank, following the model.

~~al cine~~	al banco	al supermercado	a un restaurante elegante
al centro comercial	a la oficina de correos	al museo	a la biblioteca

MODELO   Tengo que ver la nueva película de Guillermo del Toro;

          voy al cine.

1. Marta y Sara tienen que encontrar libros sobre la literatura cubana;

   _____.

2. Tenemos que comprar comida para la casa;

   _____.

3. Julio y su novia quieren tener una noche romántica;

   _____.

4. Quiero comprar el nuevo disco compacto de Julieta Venegas;

   _____.

5. Quieres ver unas pinturas de unos artistas interesantes;

   _____.

6. Necesito dinero para comprar materiales para mis clases;

   _____.

7. Teresa y yo tenemos que mandar unas cartas;

   _____.

4-28 ¿Adónde vas? Adriana would like to know about your favorite places. Listen to her questions and then give your responses.

MODELO   You hear: ¿Adónde vas cuando tienes ganas de bailar?

             You say: *Cuando tengo ganas de bailar voy a un club.*

1. ...   4. ...

2. ...   5. ...

3. ...   6. ...

6. *Ir + a* + infinitivo (TEXTBOOK P. 149)

4-29 Los horóscopos. Read the horoscopes and then complete the answers to the questions using the correct forms of the expression **ir + a + infinitivo.**

Virgo Este mes va a ser muy bueno para ti. Vas a tener suerte en el amor y en el trabajo. Tus amigos van a demostrar que son buenos y que eres muy importante para ellos.	Acuario Este mes no va a ser el mejor mes del año para ti. Vas a tener problemas en el amor y dificultades en el trabajo. No vas a tener mucho dinero; va a ser muy importante ser prudente.
Libra Tu situación amorosa va a estar muy bien este mes. Si no tienes novio/a, este mes vas a encontrar tu pareja perfecta; si tienes pareja, este mes va a ser maravilloso y muy romántico. Este mes vas a comprar algo que cuesta mucho dinero y que va a cambiar tu vida.	Piscis Tu situación sentimental va a ser muy estable este mes. Tu situación económica va a mejorar mucho y vas a poder comprar algunas cosas muy importantes. Vas a tener nuevas y muy buenas oportunidades en el trabajo. También vas a conocer nuevos países.

MODELO   ¿Quién(es) va(n) a comprar cosas importantes?

Las personas de Libra y de Piscis van a comprar cosas importantes.

1. ¿Quién(es) no va(n) a tener un mes muy bueno?

   _____ un mes muy bueno.

2. ¿Quién(es) va(n) a tener suerte con el dinero?

   _____ suerte con el dinero.

3. ¿Quién(es) va(n) a tener una situación económica difícil este mes?

   _____ una situación económica difícil este mes.

4. ¿Quién(es) va(n) a tener éxito en su trabajo?

   _____ éxito en su trabajo.

5. ¿Quién(es) va(n) a tener buenas experiencias con sus amigos?

   _____ buenas experiencias con sus amigos.

6. ¿Quién(es) va(n) a tener dificultades en su vida amorosa?

   _____ dificultades en su vida amorosa.

7. ¿Quién(es) va(n) a viajar (*travel*)?

   _____.

4-30 ¿Qué van a hacer? Complete the sentences using the corresponding phrase from the first column of the box and one component from each of the other columns. Be sure to write the correct forms of the expression **ir + a + infinitivo,** following the model exactly. You may use each expression from the table only once.

~~ir a la universidad~~	hacer	pinturas interesantes
1. ir al gimnasio	almorzar	ayuda
2. ir al centro comercial	pedir	pizza
3. ir al museo	ver	libros
4. ir a la biblioteca	~~estudiar~~	un regalo (*gift*)
5. ir a la oficina de correos	devolver	unas cartas
6. ir a un restaurante	comprar	yoga
7. ir a la oficina de nuestro profesor	mandar	~~para las clases~~

MODELO   Yo *voy a ir a la universidad*, y allí *voy a estudiar para las clases.*

1. Paula _____ , y allí _____.

2. Clara y yo _____ , y allí _____.

3. María _____ , y allí _____.

4. Pedro y tú _____ , y allí _____.

5. Tú _____ , y allí _____.

6. Santi y Marta _____ , y allí _____.

7. Claudio y yo _____ , y allí _____.

4-31 ¿Qué van a hacer tú y tus amigos este fin de semana?

Paso 1 Using the **vocabulario útil** and expressions with the correct forms of **ir + a + infinitivo,** give a detailed description of where you and your friends are going to go and what you are going to do this weekend.

Vocabulario útil		
primero – *first*	después – *afterwards*	entonces – *then*
a continuación – *right after that*	luego – *later on*	finalmente – *finally*

_____

_____

_____

_____

_____

_____

Paso 2 Now, without referring to your written description, give an oral description of your plans.

7. Trabajos y servicios voluntarios (TEXTBOOK P. 151)

4-32 Asociaciones. For each item related to volunteerism, mark the places with which it is associated. In some cases there is more than one correct answer.

1. la tienda de campaña
   a. el campamento de niños
   b. la campaña política
   c. la residencia de ancianos

2. hacer una caminata
   a. el campamento de niños
   b. la campaña política
   c. la residencia de ancianos

3. la persona mayor
   a. el campamento de niños
   b. la campaña política
   c. la residencia de ancianos

4. ir de excursión
   a. el campamento de niños
   b. la campaña política
   c. la residencia de ancianos

5. apoyar a un candidato
   a. el campamento de niños
   b. la campaña política
   c. la residencia de ancianos

6. la artesanía
   a. el campamento de niños
   b. la campaña política
   c. la residencia de ancianos

7. circular una petición
   a. el campamento de niños
   b. la campaña política
   c. la residencia de ancianos

4-33 Crucigrama. Complete the crossword puzzle with the correct words.

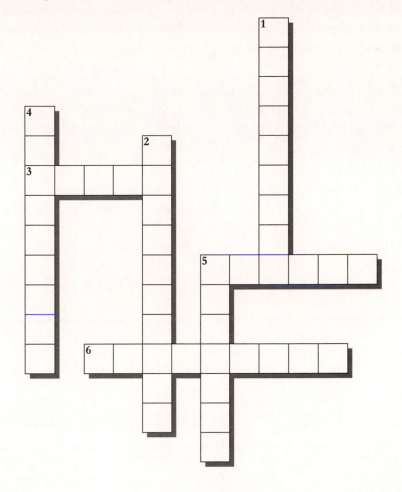

Vertical
1. un hombre que ayuda a otras personas a tomar decisiones y que les recomienda qué hacer
2. lugar para los niños donde hacen muchas actividades variadas y divertidas, donde hacen amigos y donde aprenden cosas también
4. ir a un lugar interesante o diferente para conocerlo o para pasar el día
5. un hombre mayor

Horizontal
3. pequeño vehículo que la gente usa para hacer una pequeña excursión por el agua
5. sinónimo de ayudar
6. una mujer que se presenta a las elecciones porque quiere ser presidenta, senadora o congresista

4-34 ¿Qué debemos hacer en nuestra comunidad? Agustín and his friends want to help out in their community, but need help in deciding how to do so. Listen to what each of them says about their personalities, lifestyles, and other obligations, and then write recommendations about how they can serve their community.

repartir comidas por las tardes   dar clases de artesanía
~~llevar a alguien al médico~~   trabajar como consejera
organizar papeles para un candidato político   ir a la residencia de ancianos que está en el centro
circular una petición

MODELO   You hear: Soy una persona muy generosa y muy paciente.
                         Tengo automóvil, hablo español e inglés, y estudio medicina.

            You write: *Puedes llevar a alguien al médico.*

1. _____

2. _____

3. _____

4. _____

5. _____

6. _____

La conciencia social (TEXTBOOK P. 153)

4-35 La conciencia social. Select whether the following statements are **Cierto** or **Falso,** based on the information in your text.

1. Podemos ver mucho interés en el servicio a la comunidad en los Estados Unidos, pero no tanto en los países hispanohablantes.　　Cierto　　Falso

2. No es posible demostrar tu interés en el servicio a la comunidad en tu trabajo si recibes un salario.　　Cierto　　Falso

3. Puedes demostrar tu conciencia social siendo (*by being*) entrenador/a para un equipo de fútbol de niños.　　Cierto　　Falso

4. En los Estados Unidos hay mucha necesidad de voluntarios para ayudar a los ancianos y a los niños.　　Cierto　　Falso

5. En un trabajo para un político no es posible demostrar tu conciencia social.　　Cierto　　Falso

6. En los países hispanohablantes no hay muchos voluntarios.　　Cierto　　Falso

7. Muchos hispanos sirven a sus comunidades cuando ven que otras personas necesitan su apoyo y ayuda.　　Cierto　　Falso

4-36 Una voluntaria. Look at the photograph and, using the questions below to guide and help you, write a description of the woman and the kind of volunteer work she does.

¿Cómo es físicamente? ¿Cómo piensas que es su personalidad? ¿Dónde está? ¿Qué hace para su comunidad? ¿Por qué piensas que ayuda a su comunidad de esa manera (*in that way*)?

_____

_____

_____

_____

_____

4-37 Tus actividades en tu comunidad.

Paso 1 Answer the following questions about yourself and your community.

1. En tu opinión, ¿cuáles son los grupos de personas en tu comunidad que necesitan ayuda?

_____

2. ¿Qué ayuda y apoyo necesitan esas personas?

_____

3. ¿Qué organizaciones en tu comunidad necesitan más voluntarios?

_____

4. ¿Con qué grupos de personas o con qué organizaciones trabajas como voluntario/a?

_____

5. ¿Qué haces con esas personas o en esas organizaciones? ¿Por qué lo haces?

_____

6. ¿Con qué grupos de personas o con qué organizaciones puedes trabajar como voluntario/a?

_____

7. ¿Qué puedes hacer para ayudar a esas personas y esas organizaciones?

_____

8. ¿Si no lo haces ahora, quieres trabajar como voluntario/a en el futuro? ¿Por qué o por qué no?

_____

9. ¿Crees que vas a trabajar como voluntario/a en el futuro? ¿Por qué o por qué no?

_____

Paso 2 Without referring to your answers in **Paso 1,** give a description of what you currently do and what you can do in order to serve your community. Mention also what you plan to do in the future to serve your community and why you would like to serve in that way.

8. Las expresiones afirmativas y negativas (TEXTBOOK P. 154)

4-38 Diferentes tipos de estudiante. For each statement, indicate to which type of student it corresponds.

1. Siempre va a todas sus clases.	desastroso	normal	perfecto
2. Nunca va a sus clases.	desastroso	normal	perfecto
3. Normalmente va a sus clases, pero a veces no puede ir porque está enfermo.	desastroso	normal	perfecto
4. Normalmente estudia mucho para sus clases, pero a veces no estudia.	desastroso	normal	perfecto
5. No puede estudiar porque tiene una vida social muy activa.	desastroso	normal	perfecto
6. Cuando tiene que hacer una presentación en grupo, nunca hace su parte.	desastroso	normal	perfecto
7. Cuando tú necesitas usar los apuntes de otra persona para estudiar, siempre prefieres usar los apuntes de esta persona porque son excelentes.	desastroso	normal	perfecto

4-39 En un pueblo de El Salvador. Marta is traveling around El Salvador and she is in a small town. Complete her conversation with Daniel, a man from the town, using the correct expressions.

ningún	nada	algunas	Siempre	algún	a veces	alguna	nadie	algo

Marta: Hola, buenas tardes. ¿Me puede decir si hay (1) _____ restaurante abierto ahora?

Daniel: Lo siento, pero en este momento no hay (2) _____ restaurante abierto; todos están cerrados.

Marta: ¿Sabe si hay (3) _____ tienda abierta para comprar

(4) _____ de comer?

Daniel: Señorita, lo siento, pero no hay (5) _____ para hacer en este pueblo

hasta las cinco de la tarde. En este momento no hay (6) _____ más

que yo en la calle; toda la gente del pueblo está en su casa.

Marta: ¡Qué curioso! ¿(7) _____ siguen este horario?

Daniel: No, (8) _____ en diciembre (9) _____
personas siguen otro horario.

Marta: Bueno, muchas gracias por su tiempo y su ayuda. Buenas tardes.

Daniel: Adiós.

9. Un repaso de ser y estar (TEXTBOOK P. 156)

4-40 ¿Cómo son mis amigos? Ana has very diverse friends. Complete the paragraph about them using the correct forms of **ser.**

Mis amigos (1) _____ de diferentes países del mundo. Carolina y Pablo

(2) _____ colombianos, Jorge y yo (3) _____

peruanos, Kiroko (4) _____ japonesa y Stephanie y Norbert

(5) _____ alemanes. Todos nosotros (6) _____

estudiantes muy buenos. Creo que todos mis amigos (7) _____ inteligentes y

simpáticos.

4-41 ¿Cómo están mis amigos? Some of Ana's friends are doing well, and others are not feeling very well at all. Complete the paragraph about how her friends are, using the correct forms of **estar.**

Quiero tener una fiesta en mi casa hoy, pero creo que no va a ser posible. Carolina

(1) _____ muy estresada porque tiene dos exámenes esta semana. Jorge y

Pablo van a (2) _____ muy cansados porque tienen que jugar al fútbol esta

tarde. Walter (3) _____ enfermo, así que no tiene ganas de ir a una fiesta.

Kiroko y su novio (4) _____ en Nueva York para ver una exposición

importante en un museo de arte, y Stephanie (5) _____ en Boston para un

concierto. Mi amigo Enrique y yo (6) _____ muy contentos, pero creemos

que va a ser imposible tener la fiesta. ¡Ahora yo (7) _____ triste!

4-42 ¿Quién es y dónde está? Isabel has a very international family and group of friends. Listen to her talk about some important people in her life and then, using the expressions in the word bank, indicate what each person's relationship to her is and where each person is.

su profesor	su hermana	el novio de su hermana	su tío
su tía	su prima	en Montevideo	en México, DF
en Madrid	en San Francisco	en Buenos Aires	en Sevilla

	¿QUIÉN ES?	¿DÓNDE ESTÁ?
1. Esteban		
2. Lina		
3. Rolando		
4. Javier		
5. Silvia		
6. Arantxa		

4-43 ¡Llegamos tarde! Alicia and Manolo are in a big hurry and need to leave in order to arrive to class on time. Complete their conversation with the correct forms of **ser** or **estar**.

Alicia: Oye, Manolo, tenemos que salir. ¿(1) _____ preparado o necesitas más tiempo?

Manolo: Sí, ahora salgo.

Alicia: Oye, Manolo, ¿(2) _____ bien? (3) _____ las ocho menos cuarto de la mañana y tenemos clase a las ocho en punto. ¡Tienes que darte más prisa!

Manolo: ¡Qué impaciente (4) _____, Alicia! ¿No puedes

(5) _____ un poco más paciente?

Alicia: ¡No, porque no quiero llegar tarde a la clase! ¿Dónde (6) _____? ¿En tu dormitorio?

Manolo: Sí, Luis y yo (7) _____ aquí; puedes venir si quieres.

Alicia: ¿Qué pasa, Manolo?

Manolo: (8) _____ triste porque no me gusta la ropa que tengo.

Alicia: Manolo, ¡(9) _____ muy guapo! Por eso no es importante tu ropa.

¿Verdad, Luis? ¡Pero creo que Manolo necesita (10) _____ más

puntual!

Escucha (TEXTBOOK P. 159)

4-44 La vida en mi pueblo.

Paso 1 Listen to Carmen's description of life in her town and then answer the questions. If necessary, listen more than once.

1. ¿Cuáles son tres ideas importantes que menciona Carmen?

_____

2. ¿Cómo ayudan las personas en su pueblo a otras personas?

_____

3. ¿Cómo son las fiestas (*holidays*) en su pueblo?

_____

Paso 2 Write three sentences explaining the main ideas of Carmen's description.

_____

_____

_____

Escribe (TEXTBOOK P. 160)

4-45 La ciudad o el pueblo de tu universidad.

Paso 1 Answer the following questions about the city or town where your university is located.

1. ¿Qué lugares interesantes hay en tu pueblo o en tu ciudad? ¿Cuánto cuesta ir a esos lugares?

_____

_____

2. ¿Cuál es tu lugar favorito del pueblo o de la ciudad? ¿Qué puedes hacer en ese lugar?

_____

_____

3. ¿A qué otros lugares interesantes puedes hacer excursiones desde tu pueblo o de tu ciudad? ¿Por qué son interesantes esos lugares? ¿Qué puedes hacer en esos lugares?

_____

_____

4. ¿Cuál es el mejor restaurante? ¿Qué tipo de comida sirven? ¿Cuánto cuesta la comida?

_____

_____

5. ¿Cuál es el mejor restaurante con comida que cuesta poco dinero? ¿Qué tipo de comida (china, italiana, etc.) sirven? ¿Cuánto cuesta la comida?

_____

_____

Paso 2 Imagine that you are talking with someone that is considering visiting your town or city. Use your answers from **Paso 1** to help you give an oral description of the most interesting and important places to visit.

4-46 Una guía para nuevos estudiantes. Now organize the information from **Paso 1** of activity 4-45 in order to create a tour guide of the town or city for new students.

Les presento mi país (TEXTBOOK PP. 161–163)

4-47 Honduras. Answer the questions about Alfonso Guillermo and Honduras, using the information from your text.

1. ¿De qué ciudad es Alfonso?

   _____

2. ¿Qué grupo indígena habita Honduras desde la época precolombina?

   _____

3. ¿Dónde están las ruinas más importantes que tienen en Honduras?

   _____

4. ¿Qué tipo de geografía ocupa más del 50% de Honduras?

   _____

5. ¿Cuál es la moneda oficial de Honduras?

   _____

6. ¿Cuál es el nombre original de Honduras?

   _____

7. ¿De dónde viene el nombre original de Honduras?

   _____

4-48 Guatemala. Complete the following statements about Itzel Fabiola and Guatemala, using the information from your text.

1. Itzel es de _____, Guatemala.

2. Itzel es parte del grupo étnico _____.

3. El nombre "Itzel" significa _____.

4. La geografía de Guatemala es _____.

5. En la ciudad de _____, hay ruinas mayas.

6. Unas estructuras arquitectónicas mayas que hay en Guatemala son las

   _____.

7. La moneda oficial de Guatemala es _____.

8. El calendario maya tiene _____ meses.

4-49 El Salvador. Answer the questions about Alba Violeta and El Salvador, using the information from your text.

1. ¿Cuántas costas tiene El Salvador?

   _____

2. ¿A qué playa de El Salvador puedes ir si te gustan los deportes acuáticos?

   _____

3. ¿Cuántas generaciones viven en la casa de Alba?

   _____

4. ¿Cuál es la moneda oficial de El Salvador?

   _____

5. ¿Qué usaban (*used to use*) los mayas desde la antigüedad como dinero?

   _____

6. ¿A quienes piden los salvadoreños ayuda médica?

   _____

Más cultura

4-50 Los barrios. Read the information about *barrios* or neighborhoods in Spanish-speaking places and then answer the questions using complete sentences.

- Un barrio es una parte de una ciudad o de un pueblo. En estas subdivisiones de las ciudades, frecuentemente los vecinos se conocen y se sienten identificados y unidos.

- Un barrio de una ciudad normalmente tiene muchas casas o edificios de apartamentos, una iglesia, y diferentes tiendas pequeñas donde la gente del barrio puede comprar comida y otras cosas necesarias.

- Muchas ciudades tienen barrios donde viven personas del mismo origen étnico o nacional. Por ejemplo, en muchas grandes ciudades como Nueva York y Washington DC, hay barrios chinos. En Nueva York también hay un barrio puertorriqueño muy importante. En Miami, hay un barrio cubano que se llama 'la pequeña Habana' y también hay otros barrios latinoamericanos. En Miami también hay un barrio que se llama 'el pequeño Haití'. Con la reciente inmigración de latinoamericanos y africanos a España, en muchas ciudades españolas ahora hay también barrios latinoamericanos y africanos.

- En algunas partes de algunos países, como Venezuela y los Estados Unidos, la palabra "barrio" puede tener connotaciones negativas, y referirse a zonas de las ciudades donde viven personas que no tienen mucho dinero y donde frecuentemente hay muchos problemas de crimen.

- En ciudades como Los Ángeles hay muchos problemas con la violencia de diferentes pandillas (*gangs*) y estos problemas tienen una fuerte relación con los diferentes barrios, o territorios de cada pandilla. Algunas personas asociadas con esas pandillas varían su forma de escribir la palabra barrio, y escriben "varrio". Esta variación demuestra que en español las letras *b* y *v* tienen el mismo sonido (*same sound*), y también demuestra que frecuentemente los jóvenes de las pandillas no tienen acceso a una educación formal en su lengua nativa.

1. ¿Qué es un barrio? ¿Existe el mismo concepto en inglés?

   _____

2. ¿Qué tiene un barrio de una ciudad, normalmente?

   _____

3. ¿Qué barrios étnicos existen en los Estados Unidos?

   _____

4. ¿En qué país hispanohablante hay ahora diferentes barrios étnicos, y por qué existen esos barrios?

   _____

5. Cuando la palabra "barrio" tiene un significado negativo, ¿a qué tipo de subdivisión de una ciudad se refiere?

   _____

6. ¿Quiénes escriben la palabra "varrio"? ¿Por qué escriben la palabra así?

   _____

4-51 Los lugares en los Estados Unidos con nombres de origen hispano. Read the text about the Spanish origin of many place names in the United States and then answer the questions using complete sentences.

- A través de sus nombres, muchos lugares de los Estados Unidos demuestran la herencia y la presencia histórica de los hispanos en este país. Muchos lugares empiezan como parte de los territorios españoles de la época colonial y posteriormente como parte de México. Por eso, conservan hasta hoy sus nombres hispanos originales.

- Algunos lugares tienen nombres que se relacionan con sus características geográficas. Montana, por ejemplo, se llama así porque es una zona muy montañosa. Las Vegas tiene su nombre porque en la época de expansión hacia el oeste (*west*) es una zona famosa por la fertilidad de su tierra (*land*). Colorado tiene su nombre por los colores de sus paisajes.

- El origen de los nombres de otros lugares de los Estados Unidos viene de la flora y fauna de la región. Así también son los casos de Alcatraz y Alameda. Algunas personas piensan que la Florida se llama así porque tiene muchas flores diferentes. Otras personas dicen que el origen del nombre del estado de la Florida es religioso, porque Juan Ponce de León llega allí el día de la Pascua Florida (*Easter Sunday*).

- Otros lugares tienen nombres que reflejan (*reflect*) las condiciones climáticas y meteorológicas de sus zonas. Nevada tiene su nombre por la nieve que cae en partes del estado. De la misma manera, el nombre de la Sierra Nevada también demuestra que esas montañas reciben mucha nieve.

- Muchos nombres de lugares fundados durante la época colonial tienen un origen religioso. Hay muchas ciudades que tienen nombres de santos (*saints*), como San Antonio, San Diego, y San Francisco. Otras ciudades tienen el nombre de la Virgen María. Este es el caso del nombre de la ciudad de Los Ángeles; su nombre completo es "El Pueblo de Nuestra Señora la Reina de los Ángeles del Río de Porciúncula". El nombre de la ciudad de Sacramento también es de origen católico.

- Otras ciudades tienen nombres de origen literario. Por ejemplo, California es un lugar ficticio de una novela.

- Finalmente, algunos nombres son el resultado de una combinación de la palabra original española y la pronunciación inglesa de ese nombre. Por eso, cuando los angloparlantes oyen "Cayo Hueso", poco a poco transforman ese nombre para crear el nombre actual de *Key West*.

1. ¿Por qué muchos lugares de los Estados Unidos tienen nombres de origen hispano?

   _____

2. Identifica cuatro lugares en los Estados Unidos cuyos (*whose*) nombres se asocian con las características geográficas de la zona.

   _____

3. Identifica dos lugares en los Estados Unidos que tienen nombres que vienen de las plantas y los animales de esa zona.

   _____

4. Identifica dos lugares en los Estados Unidos que tienen nombres que se refieren al clima de esos lugares.

   _____

5. Identifica tres lugares en los Estados Unidos que tienen nombres de origen religioso.

   _____

6. ¿Cuál es el nombre completo de la ciudad de Los Ángeles?

   _____

7. ¿De dónde viene el nombre de *Key West*?

   _____

4-52 El sistema métrico. Read the text about the metric system and then answer the questions using complete sentences.

- Como en los Estados Unidos, en todos los países del mundo hispano las personas que trabajan en las ciencias y en otros campos relacionados con las ciencias usan el sistema métrico. Pero a diferencia de los Estados Unidos, en la mayoría de estos países también usan el sistema métrico en la vida diaria.

- Cuando la gente habla de distancias largas y cuando usa automóviles, no habla de millas, sino de kilómetros. Cuando la gente habla de un campo de fútbol, no habla de yardas, sino que se refiere al campo en metros. Cuando habla de cosas más pequeñas, no las mide con pies (*feet*) y pulgadas (*inches*), sino que las mide con metros y centímetros. La gente no compra un galón de leche (*milk*) como en los Estados Unidos, sino que compra litros de leche.

- No es muy difícil hacer la conversión del sistema estadounidense al sistema métrico. Una milla es aproximadamente 1,5 kilómetros. Un metro es casi equivalente a una yarda (o a tres pies, porque una yarda tiene tres pies); un metro es un poquito más largo. Una pulgada tiene aproximadamente 2,5 centímetros. Hay aproximadamente cuatro litros en un galón.

- Un hombre alto que mide seis pies, cuatro pulgadas, en el mundo hispano tiene que decir que mide un metro, noventa y tres centímetros. Una mujer baja que mide cuatro pies, diez pulgadas, en los países hispanos tiene que decir que mide un metro, cuarenta y siete centímetros.

- Una persona que normalmente usa una báscula (*scale*) para medir su peso puede tener una experiencia muy divertida (o no muy divertida) cuando viaja de un país a otro. Un estadounidense que pesa 140 libras (*pounds*), solamente pesa 63,5 kilogramos. Pero un español que sabe que pesa solamente 90 kilos, puede tener un pequeño susto (*scare*) al ver su peso en los Estados Unidos— ¡200 libras!

1. ¿Qué sistema de medidas (*measuring*) usan los científicos de los países hispanos y de los Estados Unidos?

   _____

   _____

2. ¿Cuántos kilómetros hay en una milla?

   _____

3. ¿Cuántos centímetros hay en una pulgada?

   _____

4. ¿Cuántos metros hay en una yarda?

   _____

5. ¿Cuántos pies hay aproximadamente en un metro?

_____

6. ¿Aproximadamente cuántas libras hay en un kilo?

_____

4-53 Los teléfonos celulares. Read the following passage about usage of cell phones and then answer the questions using complete sentences.

• Como en los Estados Unidos, en muchos países del mundo hispano, los teléfonos celulares son muy populares. En algunos países se llaman teléfonos celulares, y en otros se llaman teléfonos móviles o simplemente "móviles".

• Los teléfonos celulares pueden hacer la vida mucho más conveniente para muchas personas que pasan tiempo con sus amigos en la calle. Si una persona pasa mucho tiempo por la tarde en la plaza central de su ciudad, o si le gusta pasear por las calles del centro de su pueblo, es mucho más fácil contactar a sus amigos y a su familia si tiene móvil.

• A algunas personas no les gustan los teléfonos celulares y piensan que nosotros tenemos una dependencia excesiva a la tecnología. A muchas personas no les gusta ver y oír a otras personas hablar por su móvil en público; piensan que es de mala educación (*bad manners*).

• En muchos países, los gobiernos ven que los teléfonos celulares pueden ser peligrosos (*dangerous*) si las personas no los usan de una manera responsable. Por ejemplo, en muchos países es ilegal usar el teléfono en el carro.

1. ¿Piensas que en los Estados Unidos los teléfonos celulares son muy populares?

_____

2. ¿Tienen muchos estudiantes de tu universidad teléfonos móviles? ¿Tienes uno?

_____

3. ¿Te gustan los teléfonos móviles? ¿Por qué o por qué no?

_____

4. ¿Te gusta cuando otras personas usan sus teléfonos celulares en público? ¿Por qué o por qué no?

_____

5. ¿Piensas que es buena idea usar el teléfono móvil en el carro? ¿Por qué o por qué no?

_____

6. ¿En tu ciudad o en tu estado, es legal usar el teléfono celular en el carro?

_____

Ambiciones siniestras

Episodio 4

Las cosas no son siempre lo que parecen

4-54 La lectura. Answer the questions about the episode of **Ambiciones siniestras,** using complete sentences.

1. ¿Por qué no pueden celebrar Marisol y Lupe?

   _____

2. ¿Cómo es la casa de los padres de Lupe?

   _____

3. ¿Cómo es el pueblo de Marisol?

   _____

4. ¿A quién le gusta hablar de su familia?

   _____

5. ¿Por qué tiene que salir Lupe?

   _____

6. ¿Qué hace Marisol cuando sale Lupe?

   _____

¿Quiénes son en realidad?

 4-55 ¿Quiénes somos en realidad? View the episode of **Ambiciones siniestras** and then indicate if the following statements are **Cierto** or **Falso**.

1. Cisco y Eduardo tienen que comprar cosas en el supermercado.	Cierto	Falso
2. Eduardo trabaja como voluntario en Centroamérica en diciembre.	Cierto	Falso
3. La organización de Eduardo ayuda a los ancianos.	Cierto	Falso
4. A Cisco le gusta la idea de servirle a la comunidad y trabajar como voluntario.	Cierto	Falso
5. Eduardo quiere saber qué son los códigos que tiene Cisco.	Cierto	Falso
6. Eduardo cree que Cisco es arrogante.	Cierto	Falso

4-56 ¿Qué ocurre? Using the following questions as a guide, write a brief paragraph expressing your ideas about interpersonal conflicts in this episode.

¿Cuáles son algunos de los conflictos que hay entre los personajes? ¿Cuáles son las causas de esos conflictos? ¿Qué efectos piensas que van a tener esos conflictos en el futuro?

_____

_____

_____

_____

_____

_____

_____

Experiential Learning Activity

4-57 La inmigración. Research the most recent census figures for the United States, focusing on how many immigrants are from Honduras, Guatemala, or El Salvador. Then delve further into the immigration issue and try to discover if their reasons for coming to the United States reflect the same kinds of attitudes or desires that fuel the much larger number of immigrants from Mexico. How are their motives different? How are they similar? What types of jobs do they typically find in the United States? Are their socio-economic or educational backgrounds different from those of the Mexican immigrants? What could explain the varied motivations of such an eclectic group of Hispanic immigrants searching for a new life in the United States?

Service Learning Activity

4-58 En la comunidad. Contact your community's United Way office or affiliate to get some information about the basic services offered in Spanish to the local Hispanic community. It might also be helpful to communicate with the closest office of the Salvation Army and/or your community's free soup kitchen. You should also include child and family advocacy agencies and any social service resources that might be of help to the Hispanic population. You will need to work together as a class to collect as much information as possible, double-check the data that you gather, and compile an official report in Spanish about those resources. Once you have turned in this information to your professor and he/she has had time to review the documents, create an electronic newsletter to print and distribute for free throughout different parts of your community with large Hispanic populations.

Heritage Learner Activity

4-59 Negocios hispanos.

Paso 1 Piensa en los tipos de negocios hispanos que hay en tu comunidad. ¿Hay tiendas, empresas, librerías, restaurantes? Ahora, imagínate que eres el/la dueño/a o gerente de algún negocio hispano que busca un dependiente bilingüe. En tu opinión, ¿cuáles son las características que necesita tener el dependiente para este puesto? Apúntalas aquí.

1. _____

2. _____

3. _____

4. _____

5. _____

Paso 2 Usando la construcción *ir* + *a* + **infinitivo** y, si es posible, verbos con cambio de raíz, formula cinco preguntas para entrevistar al aspirante (*candidate*) para este puesto bilingüe.

1. _____

2. _____

3. _____

4. _____

5. _____

5

¡A divertirse! La música y el cine

1. El mundo de la música (TEXTBOOK P. 172)

5-1 Artistas famosos. For each artist, fill in the blank with the name of the instrument or instruments he plays. If you are not familiar with any of the artists below, try looking them up in *Wikipedia* or *Google*.

| la trompeta | la guitarra | la batería | el piano |

1. John Mayer toca _____ y

   _____.

2. Miles Davis toca _____.

3. The Edge toca _____ y

   _____.

4. Dave Grohl toca _____ y

   _____.

5. Jimi Hendrix toca _____.

6. Louis Armstrong toca _____.

7. Jon Bon Jovi toca _____.

8. Stevie Wonder toca _____.

9. Arturo Sandoval toca _____.

5-2 Crucigrama. Complete the crossword puzzle with the correct words, according to each definition.

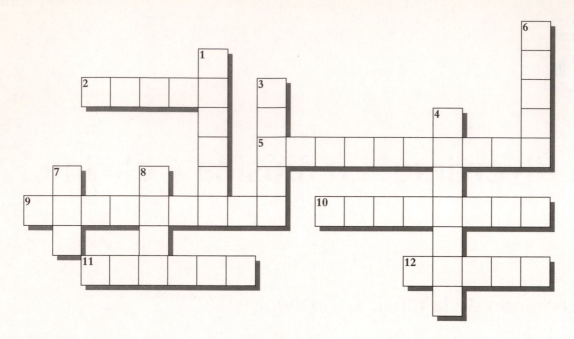

1. un instrumento de percusión que es muy importante en la música latina

2. las palabras que canta una persona en una canción

3. un instrumento muy grande que tiene teclas (*keys*) de color blanco y negro

4. lo que hacen los músicos muchas veces antes de dar sus conciertos para mejorar (*to improve*) sus habilidades con sus instrumentos y para poder dar buenos conciertos

5. un hombre que tiene todos los discos de un/a artista, que piensa que esa persona es un/a artista muy bueno/a y que quiere ir a todos sus conciertos

6. los componentes de cada pieza de música son la melodía, la letra y el...

7. sonido producido cuando vibran las cuerdas vocales

8. dar muchos conciertos en diferentes lugares es hacer una...

9. un evento musical que puede ser grande (y tener lugar en un estadio), o pequeño (y tener lugar en un bar); muchas veces cuesta dinero entrar para escuchar la música

10. la persona de un grupo de música que canta las canciones

11. crear un disco de música

12. género de música latina que tiene su origen en el caribe y que es muy popular por todo el mundo, pero especialmente en lugares como Cuba, Puerto Rico y la República Dominicana

5-3 Los músicos del conjunto Buena Vista Social Club. Listen to the information about Buena Vista Social Club and then select the category or categories in which the musical talent of each artist falls.

1. Rubén González	piano	trompeta	guitarra	batería	voz
2. Manuel "Puntillita" Licea	piano	trompeta	guitarra	batería	voz
3. Manuel "Guajiro" Mirabel	piano	trompeta	guitarra	batería	voz
4. Eliades Ochoa	piano	trompeta	guitarra	batería	voz
5. Omara Portuondo	piano	trompeta	guitarra	batería	voz
6. Pío Leyva	piano	trompeta	guitarra	batería	voz
7. Ibrahím Ferrer	piano	trompeta	guitarra	batería	voz
8. Compay Segundo	piano	trompeta	guitarra	batería	voz
9. Joachim Cooder	piano	trompeta	guitarra	batería	voz

5-4 Buena Vista Social Club. Listen to the story of how Buena Vista Social Club was formed, and then select whether the following affirmations are **Cierto** or **Falso.**

1. El proyecto de Buena Vista Social Club empieza en los años ochenta.	Cierto	Falso
2. El famoso baterista estadounidense, Ry Cooder, empieza el proyecto.	Cierto	Falso
3. El nombre "Buena Vista Social Club" se refiere a un barrio de La Habana y un club de baile de los años cuarenta.	Cierto	Falso
4. Cuando empieza el proyecto, muchos de los músicos son jóvenes.	Cierto	Falso
5. Cuando todos los artistas empiezan a ensayar, ven que todavía tienen muchas habilidades.	Cierto	Falso
6. En 1996, el conjunto saca el disco.	Cierto	Falso
7. En 1997 el disco recibe un premio Grammy.	Cierto	Falso
8. *Rolling Stone* incluye el disco en su lista de los mejores 50 discos de la historia.	Cierto	Falso
9. En 1999 Wim Wenders, un director norteamericano, hace un documental sobre el proyecto.	Cierto	Falso
10. La película genera $33.020.182.	Cierto	Falso

5-5 Las oraciones falsas. Listen once more, and for each false statement, rewrite the underlined part of the sentence in order to make it true. For the statements that were true, write "correct" in the space provided.

1. El proyecto de Buena Vista Social Club <u>empieza en los años ochenta</u>.

   _____

2. <u>El baterista estadounidense</u>, Ry Cooder, empieza el proyecto.

   _____

3. El nombre "Buena Vista Social Club" se refiere a <u>un barrio de La Habana y un club de baile</u> de los años cuarenta.

   _____

4. Cuando empieza el proyecto, muchos de los músicos <u>son jóvenes</u>.

   _____

5. Cuando todos los artistas empiezan a ensayar, <u>ven que todavía tienen muchas habilidades</u>.

   _____

6. <u>En 1996</u> el conjunto saca el disco.

   _____

7. <u>En 1997</u> el disco recibe un premio Grammy.

   _____

8. *Rolling Stone* incluye el disco en su lista de <u>los mejores 50 discos</u> de la historia.

   _____

9. En 1999 Wim Wenders, <u>un director norteamericano</u>, hace un documental sobre el proyecto.

   _____

10. La película genera $<u>33.020.182</u>.

   _____

5-6 Maná. Read the following text about the rock band Maná and then answer the questions below using complete sentences, as in the model.

Maná es un grupo de rock y sus miembros son algunos de los artistas mexicanos más populares en todo el mundo hispano. El comienzo de la banda data de (*dates from*) los años ochenta, cuando unos adolescentes forman un grupo, pero con otro nombre —"Sombrero Verde"— y deciden tocar las canciones de sus grupos de rock favoritos: los Beatles, los Rolling Stones, Led Zepplin, y The Police. En 1987, tres de los miembros de ese grupo —Fernando Olvera y los hermanos Ulises y Juan Diego Calleros— deciden formar una nueva banda con el nombre de "Maná". En el nuevo conjunto, Olvera sigue como vocalista, Ulises Calleros continúa como guitarrista y Juan Diego Calleros sigue con el bajo (*bass guitar*). El nuevo miembro del grupo es un joven baterista de origen cubano y colombiano, Alex González. Entre 1992 y 1994 César López "Vampiro" sustituye a Ulises Calleros con la guitarra, y desde (*since*) 1995 Sergio Vallín toca ese instrumento en la banda.

Desde 1987 el grupo ha tenido (*has had*) mucha actividad profesional. Maná tiene siete álbumes de canciones originales, otros dos discos —*Maná en vivo* y *Maná unplugged*— con grabaciones de sus conciertos, y una compilación titulada *Esenciales* de sus mejores canciones. Tiene también *Acceso total*, un DVD sobre la banda y su gira por el mundo. Sus dos discos recientes, *Revolución de amor* (2002) y *Amar es combatir* (2006) han tenido un éxito (*success*) internacional muy grande.

El estilo de música de Maná es realmente singular; el conjunto produce una música de rock auténtico que refleja la importancia de sus orígenes y su identidad hispanos. Igualmente singular es la conciencia social y ecológica del grupo, y su deseo de servirle al mundo. La letra de muchas de sus canciones tiene un fuerte mensaje de contenido (*content*) social o de protesta política. Desde 1995 el grupo apoya la fundación ecológica "Selva Negra". Con esta fundación el grupo financia muchos proyectos para proteger nuestro planeta.

MODELO   ¿De dónde son los músicos del grupo Maná?

Son de México. / Son mexicanos.

1. ¿Cómo se llama el grupo que forman cuando son adolescentes?

_____

2. ¿Cuándo forman el grupo Maná?

_____

3. ¿Cómo se llama el cantante del grupo?

_____

4. ¿Cómo se llama el baterista?

_____

5. ¿Cómo se llama la persona que toca la guitarra ahora?

_____

6. ¿Cómo se llama la persona que toca el bajo?

_____

7. ¿Cuántos discos tienen en total?

_____

8. ¿Qué tienen que comprar los aficionados de Maná si quieren saber más del grupo y ver partes de sus conciertos?

_____

9. ¿Por qué es especial el estilo de rock de Maná?

_____

10. ¿Cómo se llama la organización de protección ecológica de Maná?

_____

5-7 Investiga y escucha. Use the Internet to find Maná's official web site in order to listen to some of their music and/or view some of their videos. To get an idea of the wide array of songs that they have composed, you could also go to an online store that allows you to hear brief clips of the songs on their CDs.

Paso 1 After hearing at least some of three different songs, fill in and select the following information.

Canción 1

Título: _____

Ritmo: rápido alegre tranquilo suave lento

Estilo: rock latino apasionado bailable

Mi parte favorita de la canción: guitarra batería voz

Mi opinión de la canción: Me gusta mucho. Me gusta. Es buena.

No es muy buena. No me gusta. Es mala.

Canción 2

Título: _____

Ritmo: rápido alegre tranquilo suave lento

Estilo: rock latino apasionado bailable

Mi parte favorita de la canción: guitarra batería voz

Mi opinión de la canción: Me gusta mucho. Me gusta. Es buena.

No es muy buena. No me gusta. Es mala.

Canción 3

Título: _____

Ritmo: rápido alegre tranquilo suave lento

Estilo: rock latino apasionado bailable

Mi parte favorita de la canción: guitarra batería voz

Mi opinión de la canción: Me gusta mucho. Me gusta. Es buena.

No es muy buena. No me gusta. Es mala.

Paso 2 ¿Qué piensas de Maná? Using the information that you learned in activity **5-5** and that you compiled above, give your general opinion of the band.

MODELOS

Pienso que Maná es un grupo muy bueno. Creo que su estilo de música rock latino es muy interesante. Pienso que "Eres mi religión" es una buena canción porque me gusta mucho el ritmo. Me gusta especialmente la voz del cantante y el estilo apasionado de la canción. También me gusta mucho la canción… /

Pienso que Maná no es un grupo muy bueno. Su estilo de música es original, pero prefiero otros estilos de música. Pienso que "Eres mi religión" no es una canción muy buena porque me gusta más la música hip hop…

Pronunciación

Diphthongs and linking (TEXTBOOK P. 174)

5-8 Los diptongos.

Paso 1 Based on what you know about strong and weak vowels and how diphthongs are formed in Spanish, indicate **sí** if the word below contains a diphthong and **no** if it does not.

1. Europa	sí	no		6. feria	sí	no
2. europeo	sí	no		7. veo	sí	no
3. héroe	sí	no		8. fuego	sí	no
4. canción	sí	no		9. apasionado	sí	no
5. teatro	sí	no		10. poeta	sí	no

Paso 2 For each word that contains a diphthong, write the letters that make up the diphthong. For those that do not, write "no diphthong" in the space.

MODELO pianista *ia*

1. Europa _____

2. europeo _____

3. héroe _____

4. canción _____

5. teatro _____

6. feria _____

7. veo _____

8. fuego _____

9. apasionado _____

10. poeta _____

5-9 Los diptongos.

Paso 1 In each of the following words, write the vowels that, according to the rules you learned in **Capítulo 5**, could form diphthongs.

1. familia _____

2. ciudad _____

3. país _____

4. día _____

5. farmacia _____

6. oigo _____

7. oído _____

8. fantasía _____

9. sonreír _____

10. piano _____

Paso 2 Los diptongos y los hiatos. Listen to each of the following words and select whether the diphthong is present or if the two vowels are pronounced independently.

1. diptongo   vocales independientes

2. diptongo   vocales independientes

3. diptongo   vocales independientes

4. diptongo   vocales independientes

5. diptongo   vocales independientes

6. diptongo   vocales independientes

7. diptongo   vocales independientes

8. diptongo   vocales independientes

9. diptongo   vocales independientes

10. diptongo   vocales independientes

5-10 Los diptongos y los hiatos. Review your answers for activity **5-9** and, focusing on the words for which you heard two independently pronounced vowels, indicate what all of those words have in common.

_____

_____

_____

_____

_____

5-11 Enlaces entre palabras. Based on what you have learned in **Capítulo 5** about linking between words, select **sí** if each of the following word combinations should be linked and **no** if they should not.

1. esta armonía sí no		6. aquel conjunto sí no
2. esa canción sí no		7. las empresarias sí no
3. aquel grupo sí no		8. los pianistas sí no
4. este concierto sí no		9. los cantantes sí no
5. aquella banda sí no		10. este género sí no

Nombre: _____ Fecha: _____

5-12 Los diptongos y los enlaces.

Paso 1 For each of the sentences below, select the words that contain diphthongs.

1. Me encanta esta canción.

2. Ensayamos mucho antes de cada concierto.

3. Estas artistas son todas europeas.

4. En esta ciudad hay muchos aficionados de ese grupo.

5. Este es uno de los mejores pianistas del país.

6. Aquella chica va a cantar durante la feria.

Paso 2 For each of the sentences, indicate where linking between words could occur using dashes, as in the model.

MODELO   Aquel conjunto hace muchas giras.

Aquel conjunto-hace-muchas giras.

1. Me encanta esta canción.

_____

2. Ensayamos mucho antes de cada concierto.

_____

3. Estas artistas son todas europeas.

_____

4. En esta ciudad hay muchos aficionados a ese grupo.

_____

5. Este es uno de los mejores pianistas del país.

_____

6. Aquella chica va a cantar durante la feria.

_____

5-13 Los diptongos, los enlaces y la fluidez. Practice speaking with greater fluency by pronouncing the following sentences, paying special attention to the diphthongs within the words and to the appropriate linking between the words.

1. Me encanta esta canción.

2. Ensayamos mucho antes de cada concierto.

3. Estas artistas son todas europeas.

4. En esta ciudad hay muchos aficionados de ese grupo.

5. Este es uno de los mejores pianistas del país.

6. Aquella chica va a cantar durante la feria.

2. Los adjetivos demostrativos (TEXTBOOK P. 176)

5-14 ¿Qué disco compramos? Marta and Paco have a gift certificate to buy a new CD, but Marta would like to buy one CD and Paco has chosen a different one. Complete their dialogue with the correct forms of **este** and **ese**.

Marta: Paco, mira, ¡tengo el disco perfecto! (1) _____ disco es de mi

grupo favorito, Fito y los Fitipaldis.

Pablo: Marta, no quiero comprar (2) _____ disco, pero me gusta mucho

(3) _____ disco que tengo, que es el nuevo CD de Paulina

Rubio.

Marta: No podemos comprar un disco de (4) _____ artista. ¡Odio

(5) _____ música!

Pablo: Es evidente que tenemos que encontrar una solución. ¿Te gusta

(6) _____ música que oímos ahora, aquí en la tienda?

Marta: Sí, me gusta. Vamos a preguntar quién es y vamos a comprar

(7) _____ disco.

5-15 ¿Qué discos prefiere? Carlos loves music of all styles and genres, so it is always very difficult for him to decide which CDs to listen to. Complete the sentences with the correct forms of **este, ese,** and **aquel.**

¿Qué voy a escuchar ahora? (1) _____ disco de jazz es uno de mis favoritos,

pero (2) _____ disco de música rock que está allá (*over there*) también

me gusta mucho. (3) _____ disco de música clásica que está allí (*there*)

tiene música muy tranquila y eso es siempre bueno. Pero no, creo que prefiero escuchar a

(4) _____ música jazz que tengo aquí. Más tarde puedo escuchar

(5) _____ música clásica con mi novia y por la noche podemos escuchar

(6) _____ música rock durante la fiesta.

5-16 Operación triunfo. *Operación triunfo* is the Spanish equivalent of *American Idol*. Complete the following conversation between the judges about different candidates who aspire to being contestants on the show, by filling in the blanks with the appropriate form of the demonstrative adjectives **este, ese,** or **aquel.**

Marta: Creo que (1) _____ chico que acaba de cantar (*has just sung*)

tiene muchas habilidades. ¿Qué pensáis vosotros?

Juan: Estoy de acuerdo, pero pienso que (2) _____ chica rubia de ayer

por la tarde, de la canción de Shakira, tiene más talento que él. ¿Y tú, Jorge, qué crees?

Jorge: Pues, creo que (3) _____ decisión que tenemos que tomar va a

ser un poco complicada. Mi candidato favorito es (4) _____

chico del viernes pasado, el que cantó (*sang*) la canción de Elton John.

Marta: ¿(5) _____ joven? ¿Estás seguro? En mi opinión, no tiene ningún

talento y además, (6) _____ canción demuestra que no puede cantar.

Juan: Jorge, lo siento, pero estoy de acuerdo con Marta. (7) _____

chico no es ningún artista; ¡no puede cantar! ¿Qué piensas de la rubia de esta mañana?

Jorge: Me gusta. Creo que (8) _____ chica puede cantar bien.

Marta: Muy bien, pues, ahora tenemos una de nuestras finalistas!

3. Los pronombres demostrativos (TEXTBOOK P. 178)

5-17 Planes para el fin de semana. Carolina and Julieta are looking at the entertainment section of the newspaper and discussing their plans for the weekend. Listen to their conversation and then select whether the following statements are **Cierto** or **Falso.**

1. Julieta cree que el concierto de música árabe es una buena opción.   Cierto   Falso

2. A Julieta le gusta mucho la música de Los escarabajos.   Cierto   Falso

3. Carolina piensa que Los escarabajos son buenos músicos.   Cierto   Falso

4. Los Perros Verdes tocan todos los viernes en la biblioteca.   Cierto   Falso

5. Julieta y Carolina quieren ir al concierto de Los perros verdes.   Cierto   Falso

Nombre: _____ Fecha: _____

5-18 Grupos de música. Read the following text about Amaral and La oreja de Van Gogh, two Spanish bands, and then write which nouns each demonstrative pronoun is referring to or replacing.

Amaral y La oreja de Van Gogh son dos grupos muy populares en España hoy en día. Éstos[1] son dos buenos ejemplos de la música que muchos jóvenes españoles escuchan ahora. Tanto Amaral como La oreja de Van Gogh son grupos del norte de España. Éste[2] es de la ciudad de San Sebastián y aquél[3] es de la ciudad de Zaragoza.

Los dos artistas que forman el grupo Amaral son Eva Amaral y Juan Aguirre. Éste[4] tiene mucha experiencia como guitarrista, y su compañera como cantante y baterista. Las canciones que escriben son diversas. En éstas[5] las diferentes influencias musicales, que van desde el rock tradicional hasta la música psicodélica son evidentes.

Los integrantes de La oreja de Van Gogh son Amaia Montero, Pablo Menegras, Xabi San Martín, Álvaro Fuentes y Haritz Garde. Éstos[6] son amigos de la universidad que deciden empezar a tocar sus canciones favoritas. Rápidamente empiezan a escribir sus propias canciones originales, todas con una letra muy singular. Ésta[7] explora el mundo de la juventud y de las primeras experiencias con el amor y con el desamor.

1. _____   5. _____
2. _____   6. _____
3. _____   7. _____
4. _____

La música latina en los Estados Unidos (Textbook p. 179)

5-19 La música latina. For each paragraph of the reading in your textbook on Latin music in the United States, select the letter of the sentence that best describes the main idea.

1. Paragraph 1:

    a. Hay géneros de música latina muy populares en los Estados Unidos.

    b. Hay muchos intérpretes de música latina en los Estados Unidos.

    c. Hay muchos tipos (*types*) diferentes de música y de músicos latinos en los Estados Unidos.

    d. Hay muchos artistas latinos importantes en los Estados Unidos.

2. Paragraph 2:

   a. El rock es muy importante en la música latina en los Estados Unidos.

   b. El jazz es muy importante en la música latina en los Estados Unidos.

   c. El merenhouse, el rock latino, el rap en español, el jazz latino, el reggaetón y otros son tipos de música latina muy importantes en los Estados Unidos.

   d. Muchos nuevos tipos de música latina son el resultado de la evolución de la música latina.

3. Paragraph 3:

   a. Los países hispanohablantes tienen mucha influencia en la música latina.

   b. Los países hispanohablantes del Caribe tienen mucha influencia en la música latina.

   c. La herencia africana de los países hispanohablantes tiene mucha influencia en la música latina.

   d. Los hispanohablantes y los africanos forman parte de los ritmos, las melodías y la instrumentación de la música latina.

4. Paragraph 4:

   a. Néstor Torres es un artista popular que tiene mucho éxito.

   b. Néstor Torres es un flautista de jazz latino, ganador de un Grammy latino.

   c. Hay muchos artistas de hoy en día con un futuro muy prometedor.

   d. El futuro de la música latina es muy prometedor.

5-20 La música latina. Now answer the following questions about the important details in the reading in your textbook.

1. Identifica tres géneros de música latina que son populares en los Estados Unidos.

   _____

2. Identifica cuatro artistas que son representativos de estos géneros que el texto menciona.

   _____

3. Identifica cinco nuevos géneros de música latina que demuestran la influencia de otros géneros musicales.

   _____

4. ¿En qué aspectos de la música latina influyen los países del Caribe?

   _____

5. ¿Qué género de música toca Néstor Torres?

   _____

5-21 ¿Qué piensas tú? Based on what you have learned about different types of Latin music, briefly describe which genres you might want to learn more about and which ones you would not like to listen to and explain the reasons for your preferences.

MODELO   *Pienso que el jazz latino tiene que ser muy interesante porque me gusta mucho el jazz. Prefiero no escuchar el rap en español porque no me gusta el rap en inglés…*

4. Los adverbios (TEXTBOOK P. 180)

5-22 Opuestos. Match each word to its opposite.

1. rápidamente   a. difícilmente

2. fácilmente   b. tristemente

3. fuertemente   c. lentamente

4. nerviosamente   d. débilmente

5. felizmente   e. horriblemente

6. perfectamente   f. tranquilamente

5-23 ¿Cómo lo hacen? Complete the following sentences with the most appropriate adverb.

horriblemente   fácilmente   apasionadamente   constantemente
perfectamente   lentamente   pacientemente

1. La cantante del grupo canta algunas partes de la canción con mucha prisa. Ella necesita cantar esas partes más _____.

2. El guitarrista no tiene talento. Toca la guitarra _____.

3. Los artistas ensayan todos los días y saben todas las canciones. Tocan las canciones

   _____.

4. El profesor de piano tiene muchos años de experiencia. Sabe que no es fácil aprender a tocar un instrumento y entiende que todos cometen errores durante el proceso. Enseña a sus estudiantes

   _____.

5. El trompetista está muy motivado porque quiere tener mucho éxito en su profesión. Ensaya

   _____.

6. Esta es una canción muy sencilla (*simple*). Ella toca la canción

   _____.

7. Canta una canción de amor para su novio. Ella canta la canción

   _____.

5-24 ¿Qué piensas? Give your answers orally to the following questions, using complete sentences.

1. ¿Cómo piensas que canta Norah Jones?

2. ¿Cómo piensas que canta Marilyn Manson?

3. ¿Cómo piensas que habla español Shakira?

4. ¿Cómo piensas que toca la trompeta Arturo Sandoval?

5. ¿Cómo piensas que dan conciertos los Red Hot Chili Peppers?

6. ¿Cómo piensas que toca la guitarra Carlos Santana?

Nombre: _____ Fecha: _____

5. El presente progresivo (TEXTBOOK P. 182)

5-25 ¿Qué está pasando? For each person and place, using the correct forms of the verb **estar,** create a description of where each person is and what each person is most likely doing. Complete the sentences with the correct phrase from the word bank, using the present progressive form, as in the model.

~~mandar unas cartas~~   ver una película   sacar dinero del cajero
escribir correos electrónicos   preparar el almuerzo   dar un concierto
jugar al básquetbol   leer un libro

MODELO   Tú / la oficina de correos

Estás en la oficina de correos y estás mandando unas cartas.

1. Marta / el banco

_____

2. Julián y sus amigos / el gimnasio

_____

3. Yo / la biblioteca

_____

4. Tú / la cocina

_____

5. Mis amigos y yo / el cine

_____

6. Mario / el cibercafé

_____

7. Susana y su conjunto / el teatro

_____

5-26 ¿Qué están haciendo? For each situation, indicate what the person is doing in complete sentences, using the present progressive form and the phrases in the word bank.

~~comprar sus libros~~   grabar un disco   servir la comida   hacer una gira
dar un concierto   tocar la guitarra   almorzar

MODELO   Elena está en la librería durante la primera semana de clases en la universidad.

Elena está comprando sus libros.

1. Mario está en el restaurante donde trabaja. Está cerca de una mesa donde hay clientes y tiene unos platos en la mano.

_____

2. Paco y Javier están en su restaurante favorito y comen.

_____

3. Beyoncé está en un estadio muy grande enfrente de miles de personas.

_____

4. Algunos músicos están en un estudio de grabación.

_____

5. Mario está en su casa y tiene un instrumento musical en las manos.

_____

6. Un conjunto toca en una ciudad diferente todas las noches.

_____

5-27 ¿Qué están haciendo? Imagine that you are in the following places and situations and then tell what you and your friends are probably doing.

MODELO   Tus amigos y tú están en el centro comercial.

Si mis amigos y yo estamos en el centro comercial, probablemente estamos comprando nuestros CD y DVD favoritos.

1. Estás en un restaurante con muchos amigos.

2. Tus amigos y tú tienen una banda y van a diferentes ciudades para dar conciertos.

3. Estás en un club y tu músico/a favorito/a también está en el club.

4. Estás en el aparcamiento (*parking lot*) de un estadio y tu grupo de música favorito va a dar un concierto.

5. Estás con tus amigos en el garaje de tu casa y todos ustedes tienen un instrumento musical.

6. El mundo del cine (TEXTBOOK P. 185)

5-28 Películas y géneros. Look at the list of movies and then match each film with its correct genre. If you are not familiar with some of these films, try looking them up on *Wikipedia* or *Google*.

1. *La masacre de Texas 2*   a. película de misterio

2. *Grease*   b. película de acción

3. *La marcha de los pingüinos*   c. película musical

4. *El código Da Vinci*   d. película de guerra

5. *Piratas del Caribe*   e. película dramática

6. *El pianista*   f. película de terror

7. *Yo, yo mismo e Irene*   g. película de humor

8. *Salvar al soldado Ryan*   h. película documental

5-29 En el videoclub. You are with some friends who do not know very much about movies and they all need the help of your expertise and recommendations. For each person, choose the film that he/she will most likely enjoy.

1. Me gustan mucho las películas románticas. ¿Cuál de estas películas piensas que voy a preferir?

   a. *El club de la lucha* (*fight*)   c. *Escuela de rock*

   b. *Charlie y la fábrica de chocolate*   d. *Diario de Bridget Jones*

2. Me encantan las películas de acción. ¿Cuál de estas películas piensas que voy a preferir?

   a. *Jay y Bob El Silencioso* (*Silent Bob*)   c. *El pianista*
      contraatacan (*strike back*)
                                                 d. *Moulin Rouge*
   b. *Gladiador*

3. Quiero divertirme y reírme (*laugh*) esta noche y no quiero pensar en cosas serias. ¿Qué película piensas que tengo que sacar?

   a. *La lista de Schindler*   c. *Ciudad de Dios* (*God*)

   b. *Instinto básico*   d. *Escuela de rock*

4. Quiero divertirme esta noche con una película de acción. ¿Qué película recomiendas?

    a. *Indiana Jones, en busca del arca perdida* (*Raiders of the Lost Ark*)

    b. *El Show de Truman*

    c. *Million Dollar Baby*

    d. *El indomable Will Hunting*

5. También me gustan las películas de acción, especialmente las películas con elementos de ciencia ficción. ¿Qué película me recomiendas?

    a. *Yo soy Sam*

    b. *Mentiras verdaderas* (*True Lies*)

    c. *Matrix*

    d. *Freddy vs. Jason*

6. Quiero ver una buena película dramática. Me gustan especialmente las películas sobre la mafia, con un poco de acción.

    a. *Una verdad incómoda* (*An Inconvenient Truth*)

    b. *Radio*

    c. *Jay y Bob El Silencioso contraatacan*

    d. *Una historia del Bronx*

7. Me gustan las películas de terror. ¿Qué película recomiendas?

    a. *Freddy vs. Jason*

    b. *¿Conoces a Joe Black?*

    c. *American Pie*

    d. *No es otra estúpida película americana* (*Not Another Teen Movie*)

8. Soy un activista ecológico y quiero ver una buena película documental esta noche. ¿Qué película recomiendas?

    a. *Una historia del Bronx*

    b. *Instinto básico*

    c. *¿Conoces a Joe Black?*

    d. *Una verdad incómoda*

5-30 ¿Qué piensas de las películas? Rate some of the films you have seen, and give your opinion for each of the following questions.

MODELO   ¿Cuál es la mejor película dramática?

Pienso que la mejor película dramática es Una historia del Bronx.

¿Qué película dramática te gusta más?

De las películas dramáticas, me gusta más Una historia del Bronx.

1. ¿Cuál es la mejor película de humor?

2. ¿Qué película romántica te gusta más?

3. ¿Qué película documental te gusta más?

4. ¿En tu opinión, cuál es la mejor película de acción?

5. ¿Cuáles son algunas películas que no te gustan mucho?

6. ¿Cuál es tu película favorita?

La influencia hispana en el cine norteamericano (TEXTBOOK P. 187)

5-31 Los actores hispanos. Based on the information in the reading in your textbook, write the names of the actors under the correct category in the table.

ACTORES HISPANOS IMPORTANTES DURANTE LOS AÑOS CINCUENTA	ACTORES HISPANOS IMPORTANTES DESPUÉS DE LOS AÑOS CINCUENTA	ACTORES HISPANOS IMPORTANTES DE AHORA

5-32 La influencia hispana en el cine norteamericano. Based on the information in the reading, write the main idea of the passage in your own words.

_____

_____

7. Los números ordinales (TEXTBOOK P. 188)

5-33 El Teatro Nacional Rubén Darío. You are with a friend visiting the *Teatro Nacional Rubén Darío*. Tell your friend what is happening by completing the sentences, as in the models.

Nombre: _____ Fecha: _____

MODELOS   Las personas que están en la planta baja *dan un concierto.* /
El empresario está *en la planta baja.*

1. Esas personas que están en el primer piso _____

2. Esas personas que están en el segundo piso _____

3. El tamborista está _____

4. El baterista está _____

5. El estudio de grabación está _____

6. El estudio de ensayo está _____

7. La sala de conciertos está _____

5-34 Alejandro Amenábar en el cine y la música. Listen to the following report about the accomplishments of Alejandro Amenábar, the Spanish-Chilean director and composer. Based on what you hear, place the following films in the correct column and in chronological order.

Los otros Nadie conoce a nadie La lengua de las mariposas
Mar adentro Luna Allanamiento de morada
Abre los ojos Tesis Himenóptero

PELÍCULAS DE LAS QUE ES EL DIRECTOR	PELÍCULAS PARA LAS QUE COMPONE LA MÚSICA
1.	1.
2.	2.
3.	3.
4.	4.
5.	5.
6.	6.
	7.
	8.
	9.

5-35 Las diez mejores. Do you love films? Do you adore music? Choose one of the two—the one that you feel most passionately about.

Paso 1 Write your top ten films or songs of all time.

1. _____ 6. _____

2. _____ 7. _____

3. _____ 8. _____

4. _____ 9. _____

5. _____ 10. _____

Paso 2 Now give your list, using ordinal numbers.

MODELO   *La primera película en mi lista es* Matrix. *La segunda película es* Gladiador. *La tercera película en mi lista es…*

La primera canción en mi lista es "Survivor" y la segunda canción es "Hey Ya"…

8. *Hay que* + infinitivo (TEXTBOOK P. 189)

5-36 ¿Cuál es tu secreto? Your friends are having some problems that you do not have to deal with, so they need your advice. For each problem, use the expression **hay que** and the appropriate verb in the infinitive to help your friends improve their situations. Be sure to use the phrases in the word bank.

> buscar tiempo para descansar todos los días
>
> estudiar un poco todos los días, comer bien, dormir bien y hacer ejercicio
>
> hablar con el profesor o buscar un buen tutor
>
> organizar los papeles, las responsabilidades y el tiempo
>
> ~~salir con los amigos cuando invitan a personas que no conoces~~
>
> hablar de los problemas personales para buscar soluciones

MODELO   Soy una persona bastante tímida y es muy difícil para mí conocer gente.

Hay que salir con los amigos cuando invitan a personas que no conoces.

1. Estoy muy triste porque siempre tengo problemas con mi novio/a. Otras parejas nunca tienen todos los problemas que tenemos nosotros.

   _____

2. Estoy muy estresado/a porque tengo muchos exámenes. Otros estudiantes tienen exámenes también, pero no están tan (*so*) estresados.

   _____

3. No estoy bien porque nunca tengo tiempo para descansar; solamente trabajo y estudio. Sé que otros estudiantes también trabajan y estudian como yo, pero ellos no están tan cansados.

   _____

4. No entiendo nada en mi clase de microeconomía. La clase es difícil... creo que soy inteligente y que puedo entender los conceptos, ¡pero no sé cómo!

   _____

5. No saco buenas notas porque muchas veces completo mis proyectos tarde y nunca puedo encontrar nada. ¡Siempre lo pierdo todo!

5-37 ¿Qué hay que hacer? In order to reach certain goals, one must do certain things. Listen to each question and then give your strategy for reaching it, using expressions with **hay que + infinitivo**.

MODELO   Para ganar (*to win*) la lotería, ¿qué hay que hacer?

Para ganar la lotería, hay que tener mucha suerte.

1. _____

2. _____

3. _____

4. _____

5. _____

6. _____

9. Los pronombres de complemento directo y la "a" personal (TEXTBOOK P. 190)

5-38 ¿A qué se refiere? Yolanda and her friends are planning to see a movie this weekend, and they have invited one of your friends to go with them. Your friend is having difficulty understanding Yolanda's e-mail and needs your help. Read the message and then write the noun that each direct object pronoun is referring to.

Hola, Karen:

El viernes todos mis amigos y yo vamos a ver la nueva película de mi actor favorito. La[1] estrenan este fin de semana en el cine que está cerca de la universidad —aquél que tiene quince salas diferentes. ¿Lo[2] conoces? Yo tengo las entradas para mi novio y para mí porque las[3] venden en el Internet. Puedes comprar entradas para ti y para tus amigos así; si necesitas mi ayuda para comprarlas[4], te la[5] doy encantada.

Bueno, eso es todo por el momento. Si tienes preguntas, estoy aquí. Solamente me las[6] tienes que escribir en un mensaje de correo electrónico, pues ya sabes que lo[7] voy a contestar muy rápidamente porque siempre estoy conectada.

Un abrazo,

Yolanda

1. _____   5. _____

2. _____   6. _____

3. _____   7. _____

4. _____

5-39 En el cine. Read Yolanda's message one more time in order to answer the following questions. In your responses, omit the subjects and use the correct direct object pronouns in order to avoid unnecessary repetition. Be sure to follow the model exactly.

MODELO   ¿Van a ver la nueva película de acción Yolanda y sus amigos?

Sí, la van a ver.

1. ¿Estrenan los cines la película este fin de semana?

_____

2. ¿Tiene el cine que está cerca de la universidad quince salas diferentes?

_____

3. ¿Tiene Yolanda dos entradas para la película?

_____

4. ¿Puedes comprar las entradas en el Internet?

_____

5. ¿Lee el correo electrónico muy frecuentemente Yolanda?

_____

5-40 Los famosos. Listen to the questions about famous people in the recording and film industries, and then answer each question using the appropriate direct object pronoun. Be sure to follow the model exactly.

MODELO   ¿Graba discos Beyoncé?

Sí, los graba.

1. _____
2. _____
3. _____
4. _____
5. _____
6. _____
7. _____
8. _____
9. _____
10. _____

Escucha (TEXTBOOK P. 193)

5-41 Antes de escuchar. Look at the photo and then answer the questions that follow.

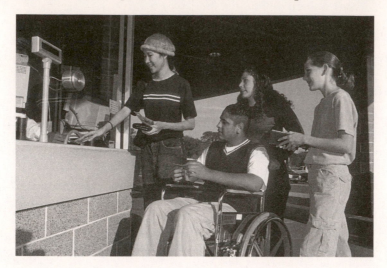

1. ¿Cuántas personas hay en la foto? _____

2. ¿Qué relación hay entre los jóvenes? ¿Son una familia? ¿Son amigos?

    _____

3. ¿Dónde están? _____

4. ¿Qué hace la persona detrás de (*behind*) la ventana?

    _____

5. ¿Qué hacen los jóvenes? _____

6. ¿En qué momento del día están? ¿Es por la mañana, por la tarde, o por la noche?

    _____

7. ¿Qué mes del año puede ser (más o menos)? _____

Nombre: _____ Fecha: _____

5-42 Al escuchar. Listen to the conversation and try to figure out the gist of what the speakers are saying. Then, listen again and indicate if the following affirmations are **Cierto** or **Falso.**

1. Los jóvenes quieren ver una película que el cine estrena hoy.   Cierto   Falso

2. Muchas personas quieren ver la película a las cuatro.   Cierto   Falso

3. Para recibir el descuento especial para estudiantes,
   hay que demostrar que eres estudiante con un documento.   Cierto   Falso

4. Los jóvenes tienen clase mañana.   Cierto   Falso

5. Los jóvenes reciben el descuento al final.   Cierto   Falso

5-43 Después de escuchar. Complete the following statements about the conversation. If necessary, listen one more time.

1. Los jóvenes quieren ver la película a la(s)

   a. 13:00.   c. 15:00.

   b. 14:00.   d. 16:00.

2. Los jóvenes son

   a. estudiantes.   c. identidades.

   b. descuentos.   d. hispanos.

3. Los jóvenes no pueden

   a. llamar a sus padres.   c. ver la película.

   b. comprar entradas.   d. demostrar que son estudiantes.

4. La señora piensa que los jóvenes son

   a. guapos.   c. honestos.

   b. chicos.   d. antipáticos.

5. Los jóvenes tienen que pagar

   a. $13,00.   c. $15,00.

   b. $14,00.   d. $17,00.

Escribe (TEXTBOOK P. 194)

5-44 Una reseña de un disco.

Paso 1 As you did before in preparation for writing your film review, now think of a CD that you particularly like. Answer the following questions about the CD.

1. ¿Cómo se llama el artista / el grupo?

   _____

2. ¿Es su primer disco? ¿Su segundo disco? ¿Su tercer disco?

   _____

3. ¿Cómo se llama el disco?

   _____

4. ¿Qué estilo de música es?

   _____

5. ¿Qué temas hay en la letra de las canciones?

   _____

   _____

6. ¿Cuántas canciones tiene?

   _____

7. ¿Cuáles son las mejores canciones?

   _____

   _____

8. ¿A quiénes les va a gustar este disco? ¿A quiénes no les va a gustar? ¿Por qué?

   _____

   _____

Paso 2 Now, using your answers from **Paso 1** as well as additional information about the artist and the music, write a review of the CD.

_____

_____

_____

_____

_____

Les presento mi país (TEXTBOOK PP. 195–197)

5-45 Nicaragua, Costa Rica y Panamá. Based on the information in your textbook, select whether the following statements are **Cierto** or **Falso.**

1. Mískito es un idioma que hablan en Nicaragua.   Cierto   Falso

2. La capital de Panamá es Managua.   Cierto   Falso

3. En Nicaragua hay muchos volcanes.   Cierto   Falso

4. Costa Rica tiene fuerzas militares muy importantes.   Cierto   Falso

5. Nicaragua tiene muchos parques nacionales.   Cierto   Falso

6. Costa Rica tiene un importante canal.   Cierto   Falso

7. La artesanía de los indígenas es importante en Costa Rica y en Panamá.   Cierto   Falso

Más cultura

5-46 ¿Quedamos para salir? Read the following information about movie going and other customs related to socializing in the Spanish-speaking world, and then answer the questions.

- En muchos lugares hispanohablantes, es menos frecuente la costumbre de quedar con los amigos para ver la televisión o para ver una película en la casa de una persona.

- Como en muchos lugares angloparlantes, en muchos lugares del mundo hispano es común quedar con los amigos para salir a ver una película, o quedar para ir a un concierto o para ir al teatro. Muchos hispanos dicen que "viven en la calle" y estas costumbres relacionadas con sus actividades y sus interrelaciones sociales demuestran la preferencia por pasar mucho tiempo en espacios públicos.

- Cuando la gente de los países hispanohablantes habla de sus planes, se refiere a "las cuatro de la tarde" o "las diez de la noche"; sin embargo, en la mayoría de estos países, hay muchos horarios oficiales con el sistema de veinticuatro horas. Por ejemplo, en el cine, el horario de proyección de una película normalmente no indica 1:00, 4:30, 6:00, 7:30, o 9:00, sino 13:00, 16:30, 18:00, 19:30, o 21:00.

- Después de una película, un concierto o una obra de teatro, en el mundo hispanohablante es muy común ir a tomar algo para charlar o hablar sobre el evento. Las personas intercambian sus opiniones y sus ideas sobre las habilidades de los artistas y sobre las ideas que un evento artístico comunica.

- Entre los más jóvenes, la costumbre de "salir por ahí" con todos los amigos es más popular que la costumbre de salir solamente en pareja. Muchas veces hay parejas de novios dentro de los grupos de amigos, pero en vez de salir solos, prefieren salir en grupo.

1. ¿Por qué crees que muchas personas prefieren ver películas en casa con sus amigos en los Estados Unidos?

   _____

   _____

2. ¿Por qué crees que muchas personas prefieren salir a ver películas en el cine con sus amigos en muchos países hispanohablantes?

   _____

   _____

3. Usando el sistema de veinticuatro horas, ¿cómo se escribe 1:00 P.M.? ¿Cómo se escribe 10:00 P.M.? ¿Cómo se escribe 5:00 P.M.?

   _____

   _____

4. Aparte del mundo hispanohablante, ¿dónde más usan el sistema de veinticuatro horas?

   _____

   _____

5. ¿Qué ventajas hay con el uso del sistema de veinticuatro horas? ¿Qué desventajas hay?

   _____

   _____

6. ¿Qué piensas de la costumbre de salir para tomar algo y hablar sobre una película o un concierto?

   _____

   _____

7. ¿Sales más frecuentemente en grupo con todos tus amigos o con solamente una persona? ¿Cuál de las dos opciones prefieres? ¿Por qué?

   _____

   _____

Ambiciones siniestras

Episodio 5

La búsqueda de Eduardo

5-47 La lectura. Select the correct answers to the following questions about this episode of **Ambiciones siniestras.** For each question, more than one answer may be correct.

1. ¿A quiénes piensa Cisco que debe llamar?

   a. A los amigos de Eduardo

   b. A los compañeros de clase

   c. A la policía

   d. A los padres de Eduardo

2. ¿Cómo puede entrar Cisco en el correo electrónico de Eduardo?

   a. Sabe la contraseña (*password*).

   b. Encuentra la contraseña.

   c. Sabe mucho de computadoras.

   d. Tiene mucha suerte.

3. ¿Qué tipo de grupo toca esta noche en la universidad de Cisco?

   a. Un grupo cuyo (*whose*) cantante toca la guitarra muy bien

   b. Un grupo local que tiene grabaciones fenomenales

   c. Un grupo que siempre tiene buenos programas de música

   d. Un grupo muy famoso en todo el mundo

4. ¿Con quién va al concierto Cisco?

   a. Va solo.

   b. Va con Eduardo.

   c. Va con su primo Manolo.

   d. Va con la chica guapísima de su clase de economía.

5. ¿Por qué no quiere dormir Cisco?

   a. Está pensando en Eduardo.

   b. Está pensando en la chica guapísima.

   c. Está pensando en su primo.

   d. Está pensando en el concierto.

Se conocen

 5-48 El video. Indicate whether or not each finalist shares each piece of information about himself or herself.

Cisco:

1. ¿Donde vive?   sí   no

2. ¿De donde es?   sí   no

3. ¿Donde estudia?   sí   no

4. ¿Lo que estudia?   sí   no

Alejandra:

5. ¿Donde vive?   sí   no

6. ¿De donde es?   sí   no

7. ¿Donde estudia?   sí   no

8. ¿Lo que estudia?   sí   no

Manolo:

9. ¿Donde vive?   sí   no

10. ¿De donde es?   sí   no

11. ¿Donde estudia?   sí   no

12. ¿Lo que estudia?   sí   no

Marisol:

13. ¿Donde vive?   sí   no

14. ¿De donde es?   sí   no

15. ¿Donde estudia?   sí   no

16. ¿Lo que estudia?   sí   no

Lupe:

17. ¿Donde vive?   sí   no

18. ¿De donde es?   sí   no

19. ¿Donde estudia?   sí   no

20. ¿Lo que estudia?   sí   no

Nombre: _____ Fecha: _____

5-49 ¿Qué pasa en el episodio? View the episode again and then answer the following questions.

1. ¿Cómo está Marisol cuando el episodio empieza?

_____

2. ¿Qué hacen Marisol y Lupe antes de la videoconferencia?

_____

3. ¿Qué hacen Manolo y Alejandra antes de la videoconferencia?

_____

4. ¿A qué hora empieza la videoconferencia?

_____

5. ¿Qué confiesa Manolo a Alejandra antes de ir a su casa?

_____

6. ¿Qué le dice Manolo a Alejandra sobre Eduardo?

_____

7. ¿Quiénes quieren llamar a la policía?

_____

5-50 ¿Qué piensas? Answer the following questions about this episode and what you imagine is to come in the next episodes.

1. ¿Qué piensas que ocurre con Alejandra? ¿Dónde piensas que está? ¿Con quién(es) crees que está? ¿Por qué crees que desaparece?

   _____

   _____

   _____

   _____

2. ¿Qué piensas que va a pasar en los próximos episodios? ¿Qué van a hacer Cisco, Manolo, Marisol y Lupe? ¿Qué va a ocurrir con ellos?

   _____

   _____

   _____

   _____

Nombre: _____ Fecha: _____

Experiential Learning Activity

5-51 En la televisión. Visit a web site with free broadband internet television from over three hundred different countries, including several in the Spanish-speaking world. Even if there are no stations specifically from Nicaragua, Costa Rica, or Panamá on the web site of your choice, you should still be able to get an idea of who the biggest television and/or movie stars are, as well as the names of many famous musicians. Then follow up by researching some of the most famous programs shown on Univisión such as *Cristina* and *Sábado Gigante*, among others. How are the television ads that address a Spanish-speaking audience in the United States similar to and/or different from ads in Spanish-speaking countries? How can you explain those differences and similarities?

Service Learning Activity

5-52 El cine. Ask your library to order copies of Pedro Almodóvar's *Women on the Verge of a Nervous Breakdown (Mujeres al borde de un ataque de nervios)* and/or his newest film, *Volver.* Watch either or both films and prepare information to present to an audience that is likely to be completely unfamiliar with Hispanic films. It would be helpful to have a handout ready that explains some of the cultural practices shown in the film(s) that differ from those experienced by a non-Hispanic audience. Be sure to point out that many of the household items pictured in *Women on the Verge of a Nervous Breakdown* are quite dated now, but the themes presented and the humor are fairly universal. Try to create not only respect but also excitement for the many riches to be found in contemporary Hispanic film. It's all about making others aware!

Heritage Learner Activity

5-53 La música.

Paso 1 Contesta las siguientes preguntas.

1. ¿Qué género de música te gusta escuchar?

   _____

2. ¿Tocan tú o alguien en tu familia algún instrumento? ¿Cuál(es)?

   _____

3. ¿Te gusta cantar?

   _____

4. ¿Te gusta la música latina de los Estados Unidos? ¿Qué canciones o grupos prefieres?

_____

_____

_____

Paso 2 En este capítulo hemos aprendido el vocabulario de ciertos géneros de música: el jazz, la música clásica, la ópera, la música popular, el rock, la salsa. En México existe un género que originalmente proviene de España: **el corrido.** Lee la información sobre **el corrido** y contesta la siguiente pregunta.

El corrido mexicano y el romance español provienen de la tradición oral. El corrido es descendiente del romance viejo (forma poética española). Las colecciones de romances se llaman romanceros. Los españoles trajeron sus tradiciones orales a Nuevo México, Texas, y Colorado.

El romance es a veces poesía cantada que expresa sentimientos. Es de verso octosilábico, o sea, consta de ocho sílabas. Sin embargo, el corrido es una forma mexicana. Se parece al romance porque también tiene ocho sílabas o más. El romance puede ser épico, sobre hazañas heroicas (*heroic deeds*), o lírico, sobre sentimientos y relaciones amorosas. El corrido trata de los mismos asuntos, con más detalle (*in more detail*).

¿Cuáles serían algunos temas de nuestra sociedad actual (*current*) que pudieran inspirar un corrido?

_____

_____

_____

_____

Ahora investiga en el Internet sobre el concepto del **corrido** y busca cuáles son los instrumentos que se usan típicamente. Luego, haz una lista de los instrumentos.

_____

_____

_____

_____

_____

_____

6

¡Sí, lo sé!

6-1 Las descripciones. Your friend from Spanish class is having difficulty recalling the meaning of all of the adjectives that you have learned throughout this course. Help out by selecting the word in each group that refers to a negative or unfavorable characteristic.

1. guapo   aburrido   divertido   interesante

2. simpática   inteligente   pésima   generosa

3. bueno   cómico   antipático   bonito

4. malo   hábil   estupendo   sorprendente

5. impresionante   creativa   joven   perezoso

6. graciosa   importante   irresponsable   creativa

 6-2 La familia de Olga.

Paso 1 Listen as Olga describes her family, and select all the words you hear.

alto   atléticos   juegan

trabajador   interesantes   repitiendo

guapos   aburrido   estudioso

inteligente   veinte   éxito

delgadas   simpáticos   bueno

cómico   perezoso   divertidos

Paso 2 Now select the family member(s) that each adjective characterizes. If you need to, listen to her description again.

1. trabajador/a	Olga	Carlos	Susana	Pablo	Alicia
2. perezoso/a	Olga	Carlos	Susana	Pablo	Alicia
3. responsable	Olga	Carlos	Susana	Pablo	Alicia
4. irresponsable	Olga	Carlos	Susana	Pablo	Alicia
5. inteligente	Olga	Carlos	Susana	Pablo	Alicia
6. atlético/a	Olga	Carlos	Susana	Pablo	Alicia
7. divertido/a	Olga	Carlos	Susana	Pablo	Alicia
8. simpático/a	Olga	Carlos	Susana	Pablo	Alicia
9. guapo/a	Olga	Carlos	Susana	Pablo	Alicia
10. joven	Olga	Carlos	Susana	Pablo	Alicia

6-3 Las mujeres y los hombres. Your friend from another Spanish class is going over some notes from a class in which the teacher described two famous people—Spanish actress Paz Vega and Spanish director and composer Alejandro Amenábar. Unfortunately, his notes are a mess and it is difficult to tell which adjectives his professor used to describe each person. Look at the descriptions below, and use your knowledge of Spanish grammar to figure out which person(s) they apply to. Select the letter of the correct answer.

1. bonita

    a. Paz Vega

    b. Alejandro Amenábar

    c. Paz Vega y Alejandro Amenábar

    d. No se sabe.

2. morenos

    a. Paz Vega

    b. Alejandro Amenábar

    c. Paz Vega y Alejandro Amenábar

    d. No se sabe.

3. interesante

    a. Paz Vega

    b. Alejandro Amenábar

    c. Paz Vega y Alejandro Amenábar

    d. No se sabe.

4. guapo

    a. Paz Vega

    b. Alejandro Amenábar

    c. Paz Vega y Alejandro Amenábar

    d. No se sabe.

5. tiene muchas habilidades

    a. Paz Vega

    b. Alejandro Amenábar

    c. Paz Vega y Alejandro Amenábar

    d. No se sabe.

6. escribe canciones para muchas películas

    a. Paz Vega

    b. Alejandro Amenábar

    c. Paz Vega y Alejandro Amenábar

    d. No se sabe.

7. inteligente

    a. Paz Vega

    b. Alejandro Amenábar

    c. Paz Vega y Alejandro Amenábar

    d. No se sabe.

8. delgados

    a. Paz Vega

    b. Alejandro Amenábar

    c. Paz Vega y Alejandro Amenábar

    d. No se sabe.

9. alta

   a. Paz Vega

   b. Alejandro Amenábar

   c. Paz Vega y Alejandro Amenábar

   d. No se sabe.

10. hacen películas en España y también en los Estados Unidos

   a. Paz Vega

   b. Alejandro Amenábar

   c. Paz Vega y Alejandro Amenábar

   d. No se sabe.

6-4 Tablas incompletas. Your friend from your Spanish class is having difficulty recalling all of the different verb forms. Help him/her out by completing the verb charts.

SER			
SINGULAR		**PLURAL**	
yo	(1)	nosotros	(3)
tú	(2)	vosotros	sois
él, ella, usted	es	ellos, ellas, ustedes	son

TENER			
SINGULAR		**PLURAL**	
yo	(4)	nosotros	(6)
tú	tienes	vosotros	tenéis
él, ella, usted	(5)	ellos, ellas, ustedes	(7)

GUSTAR			
SINGULAR		**PLURAL**	
a mí	(8)	a nosotros	(9)
a ti	te gusta/n	a vosotros	os gusta/n
a él, ella, usted	le gusta/n	a ellos, ellas, ustedes	(10)

Nombre: _____   Fecha: _____

6-5 Las formas de los verbos. Another friend from your Spanish class is having even more difficulty recalling all of the verb forms, but he is taking a different approach. He has a list of verbs and pronouns that he wants to use to talk about himself and his family. Help him out by completing the lists of forms for each verb.

	YO	NOSOTROS	ÉL/ELLA	ELLOS/ELLAS
1. ser				
2. estar				
3. tener				
4. gustar				
5. querer				
6. empezar				
7. pedir				
8. poder				
9. almorzar				
10. vivir				

Nombre: _____   Fecha: _____

6-6 **Las vacaciones.** Listen as Sofía and her friends discuss their plans for the break, and then complete the statements about their preferences, as in the model.

MODELO   África quiere visitar otro lugar durante las vacaciones porque aquí

hace mucho frío.

1. Para las vacaciones, África piensa que pueden ir a _____.

2. Para las vacaciones, Mario cree que pueden ir a _____.

3. Para las vacaciones, Sofía quiere ir a _____.

4. Sofía está estudiando dos países centroamericanos en su clase de _____.

5. África piensa que en Honduras pueden _____.

6. Mario cree que pueden _____.

7. Sofía quiere _____.

8. Mañana Mario va a _____.

9. Esta tarde Sofía va a _____.

10. Ahora África va a _____.

6-7 Tú y tus amigos. Think about yourself and your own close friends and prepare to talk about yourselves.

Paso 1 Jot down as many notes as possible with basic information that will help you as you create your description.

	YO	AMIGO/A 1	AMIGO/A 2	AMIGO/A 3
¿Cómo es físicamente?				
¿Cómo es su personalidad?				
¿Cuáles son las cualidades más importantes de la persona?				
¿Cuántos años tiene?				
¿Dónde estudia?				
¿En qué año de sus estudios está (primero, segundo, etc.)?				
¿Qué estudia?				
¿Qué le gusta hacer cuando tiene tiempo libre?				
¿Qué va a hacer durante las vacaciones?				

Paso 2 Now use the information above and the useful expressions below to write a description of yourself and your friends, your favorite pastimes, and your vacation plans for the next break. Write at least fifteen sentences.

y	*and*	tampoco	*neither*	entonces	*then*
también	*also*	en contraste	*in contrast*	después	*after*
pero	*but*	primero	*first*	luego	*later on*

_____

_____

_____

_____

_____

_____

_____

_____

_____
_____
_____
_____
_____
_____

6-8 Now talk about yourself and your friends, your physical characteristics and personality traits, and your pastimes and interests. If necessary, refer to your notes in **Paso 1** of activity **6-7,** but try to give your description fluidly and naturally, speaking for at least three minutes.

6-9 ¿Sabes dónde está? Maribel is a new transfer student at school and does not know her way around very well. Listen to her conversation with Adriana and then select the letter of the correct answer to each of the following questions.

1. Maribel está…

   a. confundida.

   b. perdida.

   c. dormida.

   d. pedida.

2. Maribel _____ el departamento de ciencias.

   a. busca

   b. sabe dónde está

   c. no ve

   d. le pide ayuda a

3. El departamento de ciencias…

   a. es pequeño.

   b. es enorme y moderno.

   c. está cerca del Edificio Central.

   d. no tiene mucha luz (*light*) natural.

4. El departamento de filosofía…

   a. está en la cafetería.

   b. es donde trabaja el tío de Adriana.

   c. está lejos del gimnasio.

   d. no está cerca del edificio de ciencias.

5. La oficina del profesor Rubio…

   a. está en un edificio moderno.

   b. tiene muchas ventanas.

   c. está en el Edificio Central.

   d. es la número 375.

Nombre: _____ Fecha: _____

6-10 La librería. Marta and Javier are in the bookstore looking for school supplies. Listen to their conversation with the salesperson and then answer the following questions using complete sentences. In your answers, use direct object pronouns to replace the direct objects.

MODELO   ¿Tienen el libro de matemáticas en la librería?

Sí, lo tienen. / No, no lo tienen.

1. ¿Tienen bolígrafos de color verde en la librería?

   _____

2. ¿Quieren comprar Marta y Javier unos lápices?

   _____

3. ¿Quién necesita una mochila?

   _____

4. ¿Quién ve al Dr. Ibáñez?

   _____

5. ¿Van a comer Marta y Javier unas hamburguesas antes de su clase?

   _____

6. ¿A qué hora tienen Marta y Javier la clase de literatura?

   _____

6-11 El consejero. Maribel has finished her science class and has found the office of her advisor, Profesor Rubio. Listen to their conversation about her requirements and study plan, and then complete the following statements using the information that you hear and the expressions **tener que** and **hay que.**

1. Maribel _____ tomar _____ créditos en esta universidad.

2. En la universidad _____ tomar _____ clases de idiomas.

3. En la universidad _____ tomar _____ clases de ciencias.

4. Después de este año, Maribel _____ tomar _____ clase(s) de ciencias.

5. Para hacer la especialidad de filosofía, _____ tomar

    _____ créditos.

6. El semestre que viene, Maribel _____ tomar la clase de filosofía

    _____.

6-12 El horario de Fabio. Fabio is a busy student with lots of responsibilities. He is so busy, he needs to include time for sleep in his planner. Look at the following excerpt from his weekly schedule and then answer the questions, using complete sentences.

MODELO   ¿Qué va a hacer a las once el domingo?

A las once, *va a jugar al fútbol.*

	LUNES	MARTES	MIÉRCOLES	JUEVES	VIERNES	SÁBADO	DOMINGO
8:00	tomar café	dormir	tomar café	dormir	tomar café	dormir	dormir
9:00	clase de economía	tomar café	clase de economía	tomar café	clase de economía	dormir	dormir
9:30		trabajar		trabajar		tomar café	tomar café
10:00	clase de biología		clase de biología		clase de biología	estudiar en la biblioteca	jugar al fútbol
11:00	clase de literatura		clase de literatura		clase de literatura		
12:00	almorzar		almorzar		almorzar		
13:00	hacer la tarea	almorzar	hacer la tarea	almorzar	hacer la tarea	almorzar	almorzar con los amigos
14:00	clase de español	clase de arte	clase de español	clase de arte	clase de español	estudiar en la biblioteca	
15:00	trabajar		trabajar		trabajar	hacer ejercicio en el gimnasio	descansar
15:30		hacer la tarea y estudiar		hacer la tarea y estudiar			

Nombre: _____ Fecha: _____

1. ¿Qué va a hacer el domingo a las nueve y media?

   El domingo a las nueve y media, _____

2. ¿Qué va a hacer el martes a las diez y cuarto?

   El martes a las diez y cuarto, _____

3. ¿Qué va a hacer el sábado a las ocho de la mañana?

   El sábado a las ocho, _____

4. ¿Qué va a hacer el viernes a la una y cuarto?

   El viernes a la una y cuarto, _____

5. ¿Qué va a hacer el lunes a las tres y media?

   El lunes a las tres y media, _____

6. ¿Qué va a hacer el sábado a las tres y cuarto?

   El sábado a las tres y cuarto, _____

6-13 Más ayuda con los verbos. Your friend from your Spanish class has written a paragraph about himself and his life at school, but is unsure about how accurately he is using different verb forms.

Paso 1 Select the words in his description that he intended to be verb forms.

Yo so un estudiante en una universidad muy grande. Teno muchas clases muy interesantes, me gusto mucho mis clases. Conoco a muchas personas en mis clases y sabo cómo se llaman todos. Mis amigos y yo juegamos al fútbol todos los días. Yo prefiro el fútbol americano, pero mis amigos tenen otras preferencias. Los fines de semana yo siempre salo con mis amigos. Este fin de semana vamos a bailamos mucho en una fiesta.

Paso 2 Now correct the erroneous verb forms in his description.

Yo so[1] un estudiante en una universidad muy grande. Teno[2] muchas clases muy interesantes, me gusto[3] mucho mis clases. Conoco[4] a muchas personas en mis clases y sabo[5] cómo se llaman todos. Mis amigos y yo juegamos[6] al fútbol todos los días. Yo prefiro[7] el fútbol americano, pero mis amigos tenen[8] otras preferencias. Los fines de semana yo siempre salo[9] con mis amigos. Este fin de semana vamos a bailamos[10] mucho en una fiesta.

1. _____   6. _____
2. _____   7. _____
3. _____   8. _____
4. _____   9. _____
5. _____   10. _____

6-14 Tu vida en la universidad. Prepare to give a description of yourself and your life at school.

Paso 1 Jot down your responses to the following questions in order to trigger as many ideas as possible.

1. ¿Es este tu primer año en la universidad? ¿El segundo? ¿El tercero?

   _____

2. ¿Cuántas clases tomas? ¿Qué clases tomas?

   _____

3. ¿Cuáles son tus clases favoritas? ¿Por qué te gustan?

   _____

4. ¿Cuáles son las clases que no te gustan? ¿Por qué no te gustan?

   _____

5. ¿Dónde vives? ¿En una casa? ¿En un apartamento? ¿En una residencia?

   _____

6. ¿Vives solo/a o con otra(s) persona(s)? ¿Tienes compañeros(as) de cuarto o de casa? ¿Te gusta(n) esta(s) persona(s)? ¿Por qué o por qué no?

_____

7. ¿Te gusta el lugar donde vives? ¿Por qué o por qué no?

_____

8. ¿Conoces a muchas personas en tu universidad? ¿Cómo son?

_____

9. ¿Trabajas? Si trabajas, ¿dónde? ¿Te gusta tu trabajo? ¿Por qué o por qué no?

_____

10. ¿Haces ejercicio frecuentemente? ¿Por qué o por qué no? Si haces ejercicio, ¿qué ejercicio haces? ¿Dónde? ¿Cuándo?

_____

11. ¿Qué te gusta hacer cuando tienes tiempo libre?

_____

12. ¿Qué otros aspectos de tu vida en la universidad, además de (besides) tus estudios, son muy importantes para ti?

_____

Paso 2 Now, using your notes from **Paso 1**, write a thorough description of your life at the university. You should write at least fifteen sentences in a cohesive paragraph.

_____

_____

_____

_____

_____

_____

_____

_____

6-15 Now, give an oral description of your life at the university. If necessary, use your notes from **Paso 1** of activity **6-14.** Try to speak for at least four minutes about yourself, your classes, your responsibilities, and what you do during your free time.

6-16 ¿Dónde están? For each statement about what the family member is doing, select the location in the house that most logically corresponds.

1. Mi hermana está preparando la comida en

   a. la cocina.

   b. el altillo.

   c. el jardín.

   d. la oficina.

2. Mi padre está organizando sus papeles en

   a. el garaje.

   b. la cocina.

   c. el baño.

   d. la oficina.

3. Mi hermano está trabajando en su automóvil en

   a. el garaje.

   b. la cocina.

   c. el jardín.

   d. la oficina.

4. Mi madre tiene una conversación por teléfono muy importante y muy privada con mi tía en

   a. el garaje.

   b. el jardín.

   c. el dormitorio.

   d. el altillo.

5. Voy a salir esta noche a un restaurante romántico con mi novio; me estoy preparando en

   a. el sótano.

   b. el cocina.

   c. el jardín.

   d. el baño.

6. Mi hermano está buscando fotos antiguas y otros recuerdos (*mementos*) de la familia en

   a. la cocina.

   b. el altillo.

   c. el jardín.

   d. el baño.

6-17 Una casa interesante. Your friend is working part-time at a real estate agency. Just as you stop by to visit, she receives a phone call from one of the agent's clients. Look below at the answers that she gives and write the question that the client asked.

1. _____

   Tiene cuatro dormitorios.

2. _____

   Tiene dos baños.

3. _____

   No, no tiene sótano.

4. _____

   Sí, tiene un altillo muy grande.

5. _____

   Sí, el jardín es grande también.

6. _____

   Pueden aparcar (*park*) dos automóviles en el garaje.

7. _____

   Cuesta cuatrocientos setenta y cinco mil dólares.

8. _____

   Está en el centro del pueblo.

9. _____

   Es un barrio muy tranquilo.

10. _____

   Puede visitar la casa por la mañana o por la tarde, si quiere.

6-18 Cómo viven los famosos. Imagine you are the guest host of *Lifestyles of the Rich and Famous*. You need to prepare to conduct an interview of a famous person that you find particularly interesting. First choose the person that you would like to interview, and then list at least ten questions that you will ask the person about his or her lifestyle and home.

Persona famosa: _____

1. _____

2. _____

3. _____

4. _____

5. _____

6. _____

7. _____

8. _____

9. _____

10. _____

6-19 Entrevista con un famoso. Imagine that you are going to interview the famous person. In order to prepare for the interview, practice asking the questions that you wrote above, out loud.

6-20 Por la ciudad. Associate each place with the activities that people normally do there.

1. la oficina de correos

2. el supermercado

3. la plaza

4. el cine

5. la iglesia

6. el cajero automático

7. el museo

8. el club

9. el almacén

10. el restaurante

a. Bailamos toda la noche.

b. Compro comida para cocinar.

c. Saca dinero para comprar cosas.

d. Estudiamos obras de arte.

e. Ven películas.

f. Practican su religión.

g. Almuerzan con los amigos.

h. Compran ropa y otras cosas para la familia.

i. Camino y hablo con mis amigos.

j. Les mando cartas a mis amigos.

6-21 Servicio a la comunidad. Listen to each statement about people's different talents and abilities, and then write the letter of the best way for each person to serve his/her community.

1. _____

2. _____

3. _____

4. _____

5. _____

6. _____

a. Puedes circular una petición.

b. Puedes dar un concierto benéfico y usar el dinero para financiar proyectos sociales.

c. Puedes visitar a los ancianos en una residencia.

d. Puedes dar clases de artesanía.

e. Puedes hablar a favor de una causa importante en tu comunidad.

f. Puedes trabajar en un campamento de niños.

6-22 Tu comunidad. Prepare to describe some of the challenges that your community faces and some of the ways that you can help your community face those challenges.

Paso 1 Answer the following survey questions about your community.

1. ¿Hay problemas de crimen?   sí   no

2. ¿Hay problemas de violencia?   sí   no

3. ¿Hay problemas con las drogas ilegales?   sí   no

4. ¿Hay una división grande entre los ricos y los pobres?   sí   no

5. ¿Hay personas que no tienen casa en tu comunidad?   sí   no

6. ¿Hay personas con hambre?   sí   no

7. ¿Tienen todos los niños acceso a buenos tutores para ayudarles
   con su tarea?   sí   no

8. ¿Hay muchas personas en tu comunidad que necesitan ayuda?   sí   no

9. ¿Hay muchas organizaciones no-gubernamentales (*NGOs*) y
   organizaciones sin fines lucrativos (*non-profit*) en tu comunidad?   sí   no

10. ¿Te gusta la idea de ayudarles a otras personas u organizaciones?   sí   no

Paso 2 Write a description of your community and the current challenges it faces. Then describe what you and your friends currently do to serve others in your community, and what you plan to do in the future in order to contribute as well. Write a minimum of fifteen sentences.

_____

_____

_____

_____

_____

_____

_____

_____

_____

_____

_____

6-23 Servicio a nuestra comunidad. Using your answers from activity **6-22,** talk about your community and how you and other members work to serve and create a better environment for everyone. Try to speak for at least two minutes.

6-24 Los músicos y los actores. For each musician or actor, select the letter of the genre that is most closely associated with him or her. If you are unfamiliar with any of these people, try looking them up on your favorite search engine.

1. Jim Carrey hace

   a. películas de terror.

   b. películas de humor.

   c. documentales.

   d. películas de ciencia ficción.

2. Britney Spears canta

   a. música jazz.

   b. música latina.

   c. música rock.

   d. música popular.

3. Arturo Sandoval toca

   a. música jazz.

   b. música clásica.

   c. música rock.

   d. música popular.

4. Robert De Niro hace

   a. películas dramáticas.

   b. películas de ciencia ficción.

   c. películas musicales.

   d. películas documentales.

5. Plácido Domingo canta

   a. música jazz.

   b. música rock.

   c. ópera.

   d. música popular.

6. Julia Roberts hace

   a. películas de ciencia ficción.

   b. películas musicales.

   c. películas románticas.

   d. películas de terror.

7. Ozzy Osbourne canta

   a. música jazz.

   b. música latina.

   c. música popular.

   d. música rock.

Nombre: _____ Fecha: _____

6-25 La música y el cine. Complete the following crossword puzzle.

1. *Salvar al soldado Ryan* es una película de _____.
2. Un género de película que no es ficción es un _____.
3. Las palabras de una canción son la _____.
4. Arturo Sandoval es un _____ de jazz latino muy importante.
5. Eric Clapton es un _____ de rock muy famoso.
6. La cosa en el cine sobre el que (*on which*) proyectan las películas es la _____.
7. Un músico rock que toca un instrumento de percusión es el _____.
8. El género de película en que uno no sabe qué ocurre hasta el final es una película de _____.
9. Una música que canta las canciones es la _____.
10. El primer día que el cine proyecta una película, el cine la _____.
11. Para dar un concierto de música clásica, muchas veces es necesario tener una _____ de músicos.
12. Un instrumento de percusión que usan frecuentemente en el jazz latino es el _____.
13. La protagonista de una película es una _____.
14. Un género muy popular y también muy importante de música caribeña es la _____.
15. La cosa que tienes que comprar para entrar en el cine es una _____.

6-26 Un concierto en el Zócalo. Imagine that you are studying abroad in México City, and that one of your favorite bands is giving a concert in the Zócalo. Imagine that you are at the concert. Look at the picture below and describe the Zócalo plaza, the Cathedral, the concert, the music and the environment around you in general.

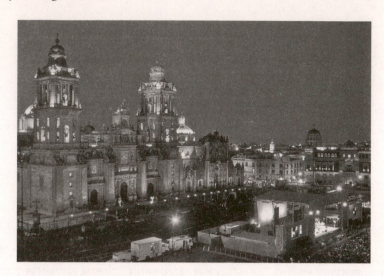

_____

_____

_____

_____

_____

_____

_____

_____

_____

Nombre: _____ Fecha: _____

6-27 La geografía. Complete the charts with basic information about each country you have studied so far.

Paso 1

	MÉXICO	**ESPAÑA**	**HONDURAS**	**GUATEMALA**
región del mundo	Norteamérica	(1) _____	(2) _____	Centroamérica
país(es) con el (los) que tiene frontera	Belice y (3) _____	Andorra, (4) _____ y Francia	Guatemala, (5) _____, y Nicaragua	(6) _____, Belice, Honduras y El Salvador
costa(s)	El Pacífico y el Caribe	El Cantábrico, el (7) _____ y el Mediterráneo	El Pacífico y el (8) _____	El Caribe y el (9) _____
capital	(10) _____	Madrid	(11) _____	(12) _____

Paso 2

	EL SALVADOR	**NICARAGUA**	**COSTA RICA**	**PANAMÁ**
región del mundo	Centroamérica	Centroamérica	Centroamérica	Centroamérica
país(es) con los que tiene frontera	Honduras y (1) _____	Honduras y (2)	Nicaragua y (3) _____	(4) _____ y Colombia
costa(s)	El (5) _____	El (6) _____ y el Caribe	El Pacífico y el (7) _____	El (8) _____ y el Caribe
capital	(9) _____	(10) _____	(11) _____	(12) _____

6-28 Las culturas de los países hispanohablantes. Based on what you have learned about the cultures of Spanish-speaking countries, indicate if the following statements are **Cierto** or **Falso.**

1. En los países hispanohablantes muchas personas, especialmente las mujeres, se saludan con un besito.   Cierto   Falso

2. Con personas hispanohablantes, hay que usar la forma "usted" para hablar con un anciano que no conoces.   Cierto   Falso

3. En el mundo hispanohablante, un niño tiene dos apellidos: el primero de su madre y el segundo de su padre.   Cierto   Falso

4. En muchos países hispanohablantes, el deporte nacional es el fútbol.   Cierto   Falso

5. Michelle Bachelet es la primera mujer que sirve como presidenta de Chile.   Cierto   Falso

6. En muchos lugares del mundo hispanohablante no existe el mismo espíritu del voluntariado que en los Estados Unidos; las personas que necesitan ayuda tienen que buscarla en organizaciones internacionales.   Cierto   Falso

7. Como en muchos otros géneros de música, la música latina está evolucionando; ahora existen muchos nuevos géneros que son el resultado de esa evolución.   Cierto   Falso

8. Los actores y las actrices hispanos son muy importantes hoy en día en el cine estadounidense. Antes de los años ochenta, no había (*there were not*) actores hispanos importantes en el cine de este país.   Cierto   Falso

6-29 Una visita al mundo hispanohablante. Read the following scenario and then write a description of your dream trip to a Spanish-speaking country, using a minimum of twelve sentences.

Tienes la oportunidad de hacer un viaje (*trip*) por México y Centroamérica, pero puedes visitar solamente tres países. ¿Qué países vas a visitar? ¿Por qué vas a visitarlos? ¿Qué vas a hacer en cada país si el dinero no importa?

_____

_____

_____

_____

_____

_____

_____

_____

_____

_____

Experiential Learning Activity

6-30 En el supermercado. Go to a local supermarket that is part of a large chain of stores, such as Food Lion, Pathmark, or Wal-Mart. Take at least $5.00 with you to buy a variety of items such as fresh fruit or vegetables, canned goods, boxed goods, or anything else you would normally purchase. When you arrive at the check-out lanes, choose the U-Scan or self-checkout to ring up your own products. Most of the self-checkout scanners now offer the possibility of choosing either English or Spanish as the language; once you get to that point, choose *Spanish*. There are pictures for every item in case you aren't familiar with the words; you will hear some pre-recorded spoken Spanish and learn vocabulary visually. As a follow-up to this activity, report to the rest of your class how much each item cost and what the total was, all in Spanish.

Service Learning Activities

6-31 Todos juntos. Offer to accompany campus tour guides whenever there are Spanish speakers among the parents or grandparents of prospective students and other visitors.

6-32 ¿Te puedo ayudar? Go individually or with a classmate to a local Mexican restaurant, and find out if anyone working there or their children need help with English. If so, offer to tutor one or two other people in English in exchange for 15 minutes of practice in Spanish each session. Inquire about the needs of other local Hispanics as well.

Heritage Learner Activity

6-33 La identidad hispana.

Paso 1 Entre los hispanos hay varios términos de identidad que se usan en los Estados Unidos: por ejemplo, *Hispanic, Latino, Mexican, Mexican-American, Chicano, Spanish*, entre otros. De acuerdo a tu opinión, define estos términos. Incluye dos otros términos que conozcas.

1. Hispanic:

   _____

   _____

2. Latino:

   _____

   _____

3. Mexican:

   _____

   _____

4. Mexican-American:

   _____

   _____

5. Chicano:

   _____

   _____

6. Spanish:

   _____

   _____

7. _____

   _____

8. _____

   _____

Paso 2 Teniendo en cuenta tus respuestas, escribe un párrafo en el que describes quién eres tú. Usa adjetivos descriptivos, y los verbos **ser, estar** y **gustar** en el presente del indicativo.

_____

_____

_____

_____

_____

_____

_____

_____

_____

_____

B

Introducciones y repasos

1. Para empezar (TEXTBOOK P. 224)

B-1 ¿Cómo te llamas? Marta and Enrique are meeting each other for the first time. Complete their conversation with the correct words.

tal	me llamo	mediodía	estás	otoño
te llamas	martes y jueves	soy	Me gusta	Igualmente

Enrique: Hola, (1) _____ Enrique. ¿Cómo (2) _____ tú?

Marta: (3) _____ Marta. Encantada, Enrique.

Enrique: (4) _____.

Marta: ¿Cómo (5) _____?

Enrique: Muy bien, gracias. Y tú, ¿qué (6) _____?

Marta: Muy bien. (7) _____ mucho esta clase; creo que es muy interesante.

Enrique: Yo también creo que es muy interesante. El profesor es muy bueno. Es el profesor de mi

clase del (8) _____ pasado.

Marta: También me gusta mucho el horario. Para mí las clases de los (9) _____
son mejores que las clases de los lunes, miércoles y viernes.

Enrique: Sí, y la hora también es ideal. No es demasiado temprano por la mañana, ni demasiado

tarde. Me gustan mucho las clases que son al (10) _____.

Marta: Aquí está el profesor. ¡Hablamos más después de la clase!

Enrique: Perfecto.

2. La familia (TEXTBOOK P. 224)

B-2 Las familias. Listen to the beginning of each statement about family relationships and then choose the letter of the correct ending.

1. a. abuela
    b. hermana
    c. madre
    d. hija
    e. nieta

2. a. abuela
    b. hermana
    c. madre
    d. hija
    e. nieta

3. a. abuela
    b. hermana
    c. madre
    d. hija
    e. tía

4. a. abuela
    b. hermana
    c. madre
    d. hija
    e. nieta

5. a. abuelo
    b. hermano
    c. padre
    d. hijo
    e. nieto

6. a. abuelo
    b. hermano
    c. padre
    d. hijo
    e. nieto

7. a. abuelo
    b. hermano
    c. padre
    d. hijo
    e. tío

8. a. abuelo
    b. hermano
    c. padre
    d. hijo
    e. nieto

3. El verbo *tener* (Textbook p. 225)

B-3 Mi familia. Complete Marta's description of her family by filling the blanks with the correct forms of the verb **tener.**

Mi familia es muy grande: yo (1) _____ cuatro hermanos y tres hermanas, y

nosotros (2) _____ muchísimos primos. Mi madre (3) _____ seis

hermanos y mi padre (4) _____ nueve. Todos mis tíos (5) _____ un/a

esposo/a y también (6) _____ hijos. Creo que yo (7) _____ mucha

suerte porque nosotros (8) _____ una relación muy buena con nuestros primos y tíos.

¿Y tú? ¿(9) _____ una familia grande o pequeña? ¿Ustedes

(10) _____ una buena relación?

4. El singular y el plural (Textbook p. 225)

B-4 Las clases y la universidad. Listen to each word. If the word is in the singular, change it to its plural form, and if it is in the plural, change it to its singular form.

MODELO   You hear: madres

You write: *madre*

1. _____   4. _____

2. _____   5. _____

3. _____   6. _____

5. El masculino y el femenino (Textbook p. 225)

B-5 ¿Masculino o femenino? Listen to each word and then select whether it is masculine or feminine.

MODELO   You hear: problema

You select: *masculino*

1. masculino   femenino   5. masculino   femenino

2. masculino   femenino   6. masculino   femenino

3. masculino   femenino   7. masculino   femenino

4. masculino   femenino   8. masculino   femenino

6. Los artículos definidos e indefinidos (TEXTBOOK P. 226)

B-6 En la librería de la universidad. Complete the conversation that Marisol and Lupe have in the university bookstore with the correct definite and indefinite articles. Be careful to use the correct forms of number and gender.

Marisol: Hola, Lupe, ¿qué tal?

Lupe: Muy bien, ¿y tú? ¿Qué haces aquí?

Marisol: Necesito (1) _____ libros y materiales para mis clases.

Lupe: ¿Qué cosas? Conozco muy bien toda la librería; te puedo ayudar a encontrarlos.

Marisol: Gracias, Lupe. Pues, necesito (2) _____ novela *Cien años de soledad* para

la clase de literatura latinoamericana. También necesito (3) _____ libro

para mi clase de ciencias, y tengo que comprar dos libros para mi clase de antropología.

Lupe: Eso es fácil. (4) _____ sección de español está aquí, y

(5) _____ secciones de ciencias y antropología están allí. ¿Y dices que

también necesitas comprar (6) _____ materiales? ¿Qué materiales?

Marisol: Para mi clase de literatura, necesito (7) _____ diccionario, y para la clase

de matemáticas (8) _____ calculadora.

Lupe: (9) _____ diccionarios están aquí, y (10) _____

calculadoras están allí.

7. Los adjetivos posesivos y descriptivos (Textbook p. 226)

B-7 Mi familia. Complete the description of Lina's family with the correct possessive pronouns.

| Mis | nuestra | sus | Mi | tus | Nuestros | Su | tu |

Tengo una familia que me gusta mucho. (1) _____ hermanos Gregorio y

Ángela son muy buenos hermanos y son muy divertidos también. (2) _____

hermana está casada y tiene dos hijos. (3) _____ esposo se llama Carlos y

(4) _____ hijos se llaman Carolina y Fernando.

(5) _____ padres son muy buenas personas; ellos vienen de familias mucho

más grandes. Por eso, ¡(6)_____ familia extendida (*extended*) es enorme!

¿Y (7) _____ familia? ¿Tienes una familia grande o pequeña? ¿Te gustan

(8) _____ familiares?

B-8 ¿Cómo son? Now listen as Lina talks about some of her family members, and then select the letters of the adjectives that correspond to each person.

1. Gregorio es…
   a. trabajador
   b. inteligente
   c. paciente
   d. responsable
   e. simpático

2. Su padre es…
   a. trabajador
   b. inteligente
   c. generoso
   d. paciente
   e. simpático

3. Ángela es…
   a. trabajadora
   b. inteligente
   c. paciente
   d. responsable
   e. simpática

4. Carolina es…
   a. trabajadora
   b. inteligente
   c. paciente
   d. responsable
   e. simpática

5. Fernando es…
   a. trabajador
   b. inteligente
   c. paciente
   d. responsable
   e. simpático

6. Su madre es…
   a. trabajadora
   b. inteligente
   c. paciente
   d. responsable
   e. simpática

8. Las materias y las especialidades (TEXTBOOK P. 226)

 B-9 ¿Qué estudió? Listen to the statements about what one person believes some famous people studied and then indicate if each statement is logical or illogical.

1. lógico   ilógico

2. lógico   ilógico

3. lógico   ilógico

4. lógico   ilógico

5. lógico   ilógico

6. lógico   ilógico

7. lógico   ilógico

 B-10 ¿Qué le recomiendas? Listen to the statements about each person's interests and strengths and then match each name to the most related major field of study.

1. Pablo   a. informática

2. Guillermo   b. administración de empresas

3. Diana   c. biología

4. Josefa   d. pedagogía

5. Valentino   e. psicología

6. Agustina   f. derecho

7. Pedro   g. idiomas

9. La sala de clase (TEXTBOOK P. 227)

B-11 ¿Qué tienen que usar? For each situation, select the letter(s) of the common classroom object(s) the person should use.

1. Necesito escribir una composición durante mi clase de español.
   a. un bolígrafo
   b. una mochila
   c. una pizarra
   d. una pared
   e. papel

2. Necesito hacer la tarea para mi clase de español.
   a. una ventana
   b. una puerta
   c. un lápiz
   d. mi cuaderno
   e. el libro

3. Necesito hacer una actividad en grupo que está en el libro durante mi clase de español.
   a. unos compañeros
   b. una ventana
   c. una pared
   d. el libro
   e. una pizarra

4. Necesito estudiar para un examen en la clase de español.
   a. una mochila
   b. una pared
   c. el libro
   d. los apuntes
   e. una calculadora

5. Necesito tomar el examen en mi clase de español.
   a. una ventana
   b. un bolígrafo
   c. un lápiz
   d. mi cuaderno
   e. el examen

10. Presente indicativo de verbos regulares (TEXTBOOK P. 227)

B-12 La vida de Teresa. Look at the pictures of Teresa. Then, using the verbs and the useful expressions below, create a narration about a typical day in her life.

| tomar | hablar | comer | llegar | trabajar | preguntar | regresar |

Expresiones útiles

| primero | después | a continuación | entonces |
| finalmente | por la mañana | por la tarde | por la noche |

_____

_____

_____

_____

_____

_____

_____

B-13 ¿Qué hacen los estudiantes? Complete the sentences, using the correct forms of the verbs in parentheses and the most logical expressions from the word bank. You may use each expression only once.

muchas novelas	por teléfono muy frecuentemente
para los exámenes en la biblioteca	composiciones en clase
en una residencia estudiantil	en la cafetería todos los días

1. Julia (comer) _____.

2. Tú (estudiar) _____.

3. Carmen y Marta (vivir) _____.

4. Nosotros (escribir) _____.

5. Usted (leer) _____.

6. José y Ana (hablar) _____.

11. La formación de preguntas y las palabras interrogativas
(TEXTBOOK P. 228)

B-14 ¿Qué preguntan? Match each question to its appropriate response.

1. ¿Cuántos estudiantes hay en la clase?

2. ¿Dónde está el libro?

3. ¿Por qué estudian español?

4. ¿Tienes muchas clases este semestre?

5. ¿Cómo hablan los profesores?

6. ¿Cuándo tiene ella su clase?

7. ¿Quién es la mujer que está en la sala de clase?

8. ¿Te gusta la clase de español?

a. Porque es interesante y muy divertido.

b. Los martes y jueves, a las nueve y media.

c. Sí, mucho.

d. La profesora.

e. En la mochila.

f. Veintidós.

g. Más rápidamente que nosotros.

h. No, solamente cuatro.

B-15 ¿Y tú? A new friend from your Spanish class would like to know more about you.

Paso 1 Answer his questions using complete sentences.

MODELO   You hear: ¿Cuántos hermanos tienes?

You write: *Tengo un hermano.*

1. _____

2. _____

3. _____

4. _____

5. _____

Paso 2 Now write five questions that you would like to ask your friend.

1. ¿ _____?

2. ¿ _____?

3. ¿ _____?

4. ¿ _____?

5. ¿ _____?

12. Los números 1–1.000 (TEXTBOOK P. 229)

B-16 Las rebajas (*discounts*). Listen as Margarita and Laura discuss some items that are on sale at the store and write the price of each item in numerals below.

1. la computadora portátil $_____

2. una novela de la lista del *New York Times* $_____

3. la cámara digital $_____

4. un paquete de 15 cuadernos $_____

5. el reproductor mp3 $_____

13. El verbo *estar* (TEXTBOOK P. 230)

B-17 ¿Dónde están? Listen to what the people are doing and complete each sentence with the correct form of **estar** and with the place from the word bank where they most likely are. You may use each expression only once.

en el laboratorio	en el gimnasio	en la cafetería
en la sala de clase	en la residencia estudiantil	en el apartamento de mis amigos

1. Carolina y yo _____.

2. Lina y Sole _____.

3. Alfredo _____.

4. Yo _____.

5. Tú _____.

6. Manuel y usted _____.

14. Emociones y estados (TEXTBOOK P. 230)

B-18 ¿Cómo están? Read each statement and select the response(s) that most logically describe(s) how the people are feeling. Be careful to choose responses that use the correct forms of the verb **estar.**

1. Recibe una F en un examen importante.
   a. Está triste.
   b. Estás triste.
   c. Estoy preocupado/a.
   d. Está preocupado.
   e. Está contento.

2. Vas al hospital porque necesitas ver a un médico.
   a. Estás contento/a.
   b. Están enfermos.
   c. Estamos felices.
   d. Estás enfermo/a.
   e. Estás feliz.

3. Corren por dos horas y regresan a su casa a las once de la noche.
   a. Están contentos.
   b. Están enfermos.
   c. Están cansados.
   d. Estamos contentos.
   e. Estamos cansados.

4. Su novia habla con otro chico muy guapo.
   a. Está nervioso.
   b. Está feliz.
   c. Está enojado.
   d. Está aburrido.
   e. Está contento.

5. Tu clase no es interesante porque el profesor es monótono.
   a. Estás feliz.
   b. Estamos enojados.
   c. Estás aburrido/a.
   d. Están aburridos.
   e. Están felices.

6. Preparan una presentación muy interesante y reciben una buena nota.
   a. Están aburridos.
   b. Estamos enojados.
   c. Están enojados.
   d. Están contentos.
   e. Estás feliz.

15. En la universidad (TEXTBOOK P. 230)

B-19 ¿Qué haces por el campus? Match each place on campus with the activity that you most associate with it.

1. la biblioteca

a. jugar al fútbol

2. la cafetería

b. correr y hacer ejercicio

3. el estadio

c. comprar libros

4. la librería

d. estudiar y leer

5. el centro estudiantil

e. comer y hablar con los amigos

6. el gimnasio

f. tener reuniones (*meetings*) con las organizaciones de estudiantes

16. El verbo *gustar* (TEXTBOOK P. 231)

B-20 ¿Qué te gusta? Select whether you like or dislike each of the following things. Be careful to choose the correct form of the verb **gustar.**

	ME GUSTA	ME GUSTAN	NO ME GUSTA	NO ME GUSTAN
1. La música *hip hop*				
2. La música *rock*				
3. Las novelas de amor				
4. Las novelas de misterio				
5. Las películas de terror				
6. Las películas de acción				
7. El fútbol americano				
8. El básquetbol				

B-21 ¿Qué les gusta?

Paso 1 Using complete sentences and the correct forms of the verb **gustar,** answer the following questions about yourself, your friends, and your family.

MODELO   ¿Te gusta hacer ejercicio?

Sí, me gusta hacer ejercicio. / No, no me gusta hacer ejercicio.

1. ¿Te gusta estudiar?

   _____

2. ¿A tu padre le gusta escuchar música?

   _____

3. ¿A tu madre le gusta leer?

   _____

4. ¿A tus amigos les gustan las fiestas?

   _____

5. ¿Te gustan los libros?

   _____

Nombre: _____ Fecha: _____

6. ¿A tus abuelos les gustan las computadoras?

_____

7. ¿Te gusta escribirles mensajes a tus amigos?

_____

8. ¿Te gustan los teléfonos celulares?

_____

Paso 2 Now give an oral description of some of the things that you, your family, and your friends like and dislike.

17. Los deportes y los pasatiempos (TEXTBOOK P. 231)

B-22 Los atletas y los equipos. For each athlete or team, select the letter of the sport that they practice. If you are not familiar with these people, try looking them up on your favorite search engine.

1. Lance Armstrong…
   a. juega al básquetbol.
   b. juega al béisbol.
   c. juega al fútbol.
   d. monta en bicicleta.
   e. juega al tenis.

2. Los Red Sox…
   a. juegan al básquetbol.
   b. juegan al béisbol.
   c. juegan al fútbol americano.
   d. montan en bicicleta.
   e. juegan al tenis.

3. Los Bulls…
   a. juegan al básquetbol.
   b. juegan al béisbol.
   c. juegan al fútbol americano.
   d. montan en bicicleta.
   e. juegan al tenis.

4. Tiger Woods…
   a. juega al básquetbol.
   b. juega al béisbol.
   c. juega al fútbol.
   d. monta en bicicleta.
   e. juega al golf.

5. David Beckham…
   a. juega al básquetbol.
   b. juega al béisbol.
   c. juega al fútbol.
   d. monta en bicicleta.
   e. juega al tenis.

6. Los Yankees…
   a. juegan al básquetbol.
   b. juegan al béisbol.
   c. juegan al fútbol.
   d. montan en bicicleta.
   e. juegan al tenis.

7. Rafael Nadal…
   a. juega al básquetbol.
   b. juega al béisbol.
   c. juega al fútbol.
   d. monta en bicicleta.
   e. juega al tenis.

8. Los Patriots…
   a. juegan al básquetbol.
   b. juegan al béisbol.
   c. juegan al fútbol americano.
   d. montan en bicicleta.
   e. juegan al tenis.

B-23 ¿Qué deportes y pasatiempos te gustan? Complete the following sentences about your favorite sports and pastimes at different times of the year.

1. En el verano, me gusta _____.

2. En el otoño, me gusta _____.

3. En el invierno, me gusta _____.

4. En la primavera, me gusta _____.

18. La casa (TEXTBOOK P. 232)

B-24 ¿Qué parte de la casa? Complete the following statements with the appropriate words from the bank.

| el garaje | el jardín | la sala | el dormitorio | el primer piso |
| el sótano | la planta baja | el altillo | la cocina | la oficina |

1. Mi madre trabaja en _____.

2. Mi padre y mi madre preparan la comida en _____.

3. Mis amigos y yo jugamos al fútbol en _____.

4. El espacio debajo de (*under*) la planta baja es _____.

5. Mi familia y yo vemos la televisión en _____.

6. Mi cama y la de mi hermana están en _____.

7. El carro de nuestra familia está en _____.

8. Mis hermanos y yo tenemos muchas cosas viejas (*old*) en _____.

9. Los dormitorios de nuestra casa están en _____.

10. En nuestra casa, la cocina y la sala están en _____.

B-25 Mi vivienda. Describe the place where you currently live.

Paso 1 Answer the following questions about where you live.

1. ¿Vives en una residencia, en un apartamento o en una casa?

   _____

2. ¿Vives solo/a o vives con otras personas?

   _____

3. ¿Cuántos pisos tiene el edificio donde vives?

   _____

4. ¿Cuántos dormitorios tiene? ¿Cuántas personas viven en el edificio?

   _____

5. ¿Cuántos baños tiene?

   _____

6. ¿Cómo es tu dormitorio?

   _____

7. ¿Tiene tu vivienda sala?

   _____

8. ¿Tiene cocina?

   _____

9. ¿Cuáles son las partes de tu vivienda que te gustan?

   _____

10. ¿Qué partes no te gustan?

   _____

Paso 2 Now give an oral description of the main characteristics of the place where you live, the people with whom you live and what you like and dislike about it. You may use your answers from **Paso 1** as a springboard, but you should not simply read the sentences.

19. Algunos verbos irregulares (TEXTBOOK P. 233)

B-26 ¿Qué hacen? Complete each sentence with the correct forms of the verbs and with the appropriate expressions from the word bank. Be careful; you may use each expression only once.

los fines de semana a bailar y a tomar algo	a muchas personas en mi universidad
la televisión dos o tres horas a la semana	sacar buenas notas si estudias mucho
que necesitamos estudiar todos los días	a mi casa para jugar al fútbol

1. Mis amigos (venir) _____.

2. Mi hermano (ver) _____.

3. Mi madre (decir) _____.

4. Mis amigos y yo (salir) _____.

5. Tú (poder) _____.

6. Yo (conocer) _____.

B-27 La vida de Marta y sus amigos. Complete the following description about Marta and her friends with the correct forms of the appropriate verbs. You may use each verb only once.

poder	ver	venir	querer	salir	ser	hacer	tener

Aunque (*Even though*) mis amigos y yo (1) _____ muchas

responsabilidades, (2) _____ personas divertidas. Por ejemplo, todos los días

yo (3) _____ a la universidad muy temprano porque mi primera clase es a las

ocho de la mañana. Cuando (4) _____ de esa clase normalmente voy a la

cafetería, donde (5) _____ tomar un café y hablar con mis amigos antes de ir

a mis otras clases o a la biblioteca para estudiar. Por las tardes después de trabajar, normalmente paso

un poco de tiempo en el gimnasio, donde (6) _____ ejercicio con mis amigos.

Por la noche a veces nosotros (7) _____ una película o un programa de

televisión en mi casa. Todos nosotros (8) _____ estudiar, aprender, sacar

buenas notas y trabajar, pero sabemos que es posible pasarlo bien (*have fun*) a veces.

20. Hay (Textbook p. 234)

B-28 ¿Qué hay en tu universidad? Answer the following questions about your university using **sí** or **no** along with the expression **hay.** Be sure to follow the sentence structure of the model exactly.

MODELO   ¿Hay profesores simpáticos?

Sí, hay profesores simpáticos. / No, no hay profesores simpáticos.

1. ¿Hay un gimnasio moderno?

   _____

2. ¿Hay buena comida en la cafetería?

   _____

3. ¿Hay un estadio grande?

   _____

4. ¿Hay clubes sociales como *fraternities* y *sororities*?

   _____

5. ¿Hay más de mil estudiantes?

   _____

6. ¿Hay muchas fiestas los fines de semana?

   _____

21. Los muebles y otros objetos de la casa (Textbook p. 234)

B-29 ¿Qué hay en la casa? Look at the picture, listen to the questions about the different items that are in the house, and then choose the letter(s) of the correct answer(s).

1. a. una
   b. dos
   c. tres
   d. cuatro
   e. cinco

2. a. una
   b. dos
   c. tres
   d. cuatro
   e. cinco

3. a. uno
   b. dos
   c. tres
   d. cuatro
   e. cinco

4. a. en el comedor
   b. en un dormitorio
   c. en la cocina
   d. en la sala
   e. no hay uno en la casa

5. a. en el comedor
   b. en un dormitorio
   c. en la cocina
   d. en la sala
   e. no hay uno en la casa

6. a. en el comedor
   b. en un dormitorio
   c. en la cocina
   d. en la sala
   e. no hay uno en la casa

7. a. unos cuadros
   b. una ventana
   c. una mesa
   d. un inodoro
   e. unas sillas

B-30 ¿Qué hay en tu dormitorio?

Paso 1 Make a list of several pieces of furniture and items that you have in your room.

_____

_____

_____

_____

_____

Paso 2 Using the expressions **hay** and **tengo,** write a brief description of what is in your room and the possessions you have, following the model closely.

MODELO   *En mi dormitorio hay una cama, un tocador y un pequeño refrigerador. También tengo una colcha y dos almohadas para mi cama. Hay una mesa y una silla en mi dormitorio. En la mesa tengo una computadora…*

_____

_____

_____

_____

_____

_____

22. Los quehaceres de la casa y los colores (TEXTBOOK P. 235)

B-31 ¿Qué hay en la cocina? Look at the painting of the kitchen and then answer the questions based on the colors you imagine to be in the room.

1. ¿De qué colores son las paredes? _____

2. ¿De qué color es el piso? _____

3. ¿De qué colores es el mantel (*tablecloth*) que está sobre la mesa?

   _____

4. ¿De qué color son las ventanas? _____

5. ¿De qué color es la puerta? _____

6. ¿Qué colores hay en las sillas? _____

7. ¿Qué colores hay en el mueble grande que está en el rincón (*corner*)?

   _____

8. ¿De qué color es la lámpara? _____

B-32 ¿Cómo es la pintura? Look at the painting of the kitchen again and, using your answers from activity **B-31** and the useful expressions below, write a description of the painting and the room that it might depict.

Expresiones útiles			
la pintura	*the painting*	oscuro	*dark (shade of a color)*
el estilo	*the style*	claro	*light (shade of a color), pastel*
el tono	*the tone*	alegre	*cheerful*
contemporáneo	*contemporary*		

_____

_____

_____

_____

_____

_____

_____

_____

_____

B-33 ¿Cuáles son sus responsabilidades en casa? Look at the picture of Juan's family and complete the sentences using the correct forms of the correct verbs and the appropriate expressions from the word bank, following the model. You may only use each verb and each expression once.

pasar	la comida
~~ayudar~~	la aspiradora
lavar	la cama
hacer	~~a nuestra hermana pequeña~~
sacar	los platos
preparar	la basura

MODELO   Mi hermana está en su dormitorio y le *ayuda a nuestra hermana pequeña*.

1. Estoy en mi dormitorio y _____.

2. En la cocina, mi abuela _____.

3. Mi padre también está en la cocina y _____.

4. En la sala, mi madre _____.

5. Mi hermano está en el jardín porque _____.

23. Unas expresiones con *tener* (TEXTBOOK P. 236)

B-34 ¿Cómo están? Look at the pictures and then using expressions with **tener,** indicate how each person is feeling. Be careful to use the correct forms of the verb.

Tú   Lázaro   Nosotros

Usted   Yo   Aida

1. Tú   _____.

2. Lázaro   _____.

3. Nosotros   _____.

4. Usted   _____.

5. Yo   _____.

6. Aida   _____.

24. Los números 1.000–100.000.000 (Textbook p. 237)

B-35 ¿Cuánto cuesta estudiar en la universidad? Listen as Marta and her friends discuss college tuition and write the amount each person pays per year.

MODELO   You hear José say: Pago treinta y cinco mil dólares al año.

You write: José $ *35.000,00*

1. Marta $_____

2. Juan y Sara $_____

3. Carolina $_____

4. Alicia $_____

5. Carlos $_____

6. José Miguel $_____

25. Los lugares (Textbook p. 237)

B-36 ¿Dónde podemos…? Complete the crossword puzzle with the correct places.

Horizontal
1. En este lugar podemos sacar dinero.
6. En este lugar nos podemos conectar al Internet y leer nuestro e-mail.
7. En este lugar podemos comprar comida.

Vertical
2. En este lugar de la ciudad hay muchas tiendas, restaurantes y plazas. También hay mucha gente.
3. En este edificio grande, podemos comprar muchas cosas.
4. En este lugar podemos practicar nuestra religión.
5. En este lugar podemos tomar algo con los amigos.
6. En este lugar podemos ver una película.
8. En este lugar podemos mandar cartas.

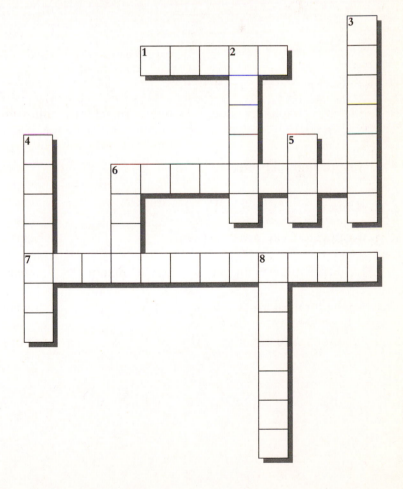

26. *Saber* y *conocer* **and the personal** *a* (TEXTBOOK P. 238)

B-37 ¿Lo sabes?

Paso 1 Select whether the following forms of **saber** and **conocer** are correct or incorrect.

1. Sabamos hablar español.   correcto   incorrecto

2. Conoco muy bien el centro de la ciudad.   correcto   incorrecto

3. ¿Sabes el nombre del profesor?   correcto   incorrecto

4. Sabo tocar el piano.   correcto   incorrecto

5. ¿Conoses a muchos estudiantes en tu clase?   correcto   incorrecto

Paso 2 For the forms that are incorrect, write the correct form. For the forms that are correct, write an "X" in the space provided.

1. _____   4. _____

2. _____   5. _____

3. _____

B-38 Más usos de saber y conocer. Select if the following uses of **saber** and **conocer** are correct or incorrect.

1. Conocemos al profesor.   correcto   incorrecto

2. ¿Sabes este libro de García Márquez?   correcto   incorrecto

3. Conocen el campus muy bien.   correcto   incorrecto

4. ¿Conoce que hay un nuevo bar en la ciudad?   correcto   incorrecto

5. ¿Sabe mi número de teléfono?   correcto   incorrecto

6. ¿Conoce a mi mejor amiga?   correcto   incorrecto

Nombre: _____   Fecha: _____

27. ¿Qué tienen que hacer? (TEXTBOOK P. 238)

B-39 ¿Qué tienen que hacer? Imagine that you are a mentor for new students at your university.

Paso 1 Brainstorm and list the things that you think every first-year student absolutely must know, must be familiar with and must do before their first year is over.

TIENEN QUE SABER…	TIENEN QUE CONOCER…	TIENEN QUE HACER…
_____	_____	_____
_____	_____	_____
_____	_____	_____
_____	_____	_____
_____	_____	_____
_____	_____	_____

Paso 2 Now write an e-mail to one of the students that you are mentoring, and using the expression **tener que + infinitivo**, tell her about some of the important things that she needs to know, describe some of the things that she needs to become familiar with, and mention some of the fun things that she definitely has to do during her first year.

_____

_____

_____

_____

_____

B-40 Los ritos del primer año. Imagine that you work at the campus radio station and that your co-workers heard about the great ideas you shared with the student that you are mentoring. They have now asked you to prepare a brief spot about must-dos for first-year students. Using your notes from activity **B-39,** create and record your radio spot.

28. Los verbos con cambio de raíz (TEXTBOOK P. 239)

B-41 Un día en la universidad. Complete the following description about a typical day at school for Adriana using the correct **yo** and **nosotros** forms of the appropriate verbs.

| almorzar | empezar | pedir | encontrar | volver | entender | jugar | preferir |

Soy una estudiante normal, y mi vida en la universidad no es muy interesante. Por la mañana,

(1) _____ llegar a la universidad temprano, porque si nosotros no llegamos

temprano, entonces no (2) _____ un espacio donde estacionar el carro. Después, mis

amigos y yo (3) _____ el día estudiando (*studying*) un poco en la biblioteca. Si yo no

(4) _____ todos los conceptos de mis clases, entonces les

(5) _____ ayuda a mis profesores. Al mediodía, mis amigos y yo

(6) _____ en la cafetería. Después de nuestras clases, normalmente

(7) _____ al fútbol. Y finalmente, a las seis o las siete de la tarde, yo

(8) _____ a mi casa.

B-42 ¿Y tú? Describe a typical day for you at school.

Paso 1 Answer the following questions about your own routine.

1. ¿A qué hora empiezas tu día?

    _____

2. ¿Cómo prefieres comenzar el día?

    _____

3. ¿Cuándo tienes clase?

    _____

4. ¿Cuándo y dónde prefieres estudiar?

    _____

5. Cuando no entiendes algo, ¿a quién(es) le(s) pides ayuda?

    _____

6. ¿A qué hora, dónde y con quién(es) almuerzas?

    _____

7. ¿Qué haces después de tus clases?

    _____

8. ¿Juegas un deporte con un equipo de la universidad o con tus amigos?

    _____

9. ¿A qué hora vuelves a tu casa, tu apartamento o tu residencia?

    _____

10. ¿Qué otros detalles son importantes para un día típico de tu vida en la universidad?

    _____

    _____

    _____

Paso 2 Using your notes from **Paso 1**, give an oral description of a typical day for you at school.

29. El verbo *ir* e *ir* + *a* + infinitivo (TEXTBOOK P. 240)

B-43 ¿Adónde vas? Using complete sentences, answer the following questions about your favorite places in different situations.

MODELO   Cuando quieres comer algo rápidamente, ¿adónde vas?

Voy a la cafetería.

1. Cuando tienes ganas de descansar (*relax*), ¿adónde vas?

_____

2. Cuando quieren tener una comida especial, ¿adónde van tú y tus amigos?

_____

3. Cuando quieren celebrar un evento muy importante, ¿adónde van tú y tu familia?

_____

4. Cuando necesitas concentrarte y estudiar mucho para un examen importante, ¿adónde vas?

_____

5. Cuando quieren salir un viernes por la noche, ¿adónde van tú y tus amigos?

_____

6. Cuando tienes ganas de divertirte (*have fun*), ¿adónde vas?

_____

7. Durante el verano, ¿adónde vas?

_____

B-44 ¿Qué van a hacer? Imagine that you and your best friend are planning to study in Mexico or Central America next year. Review the information in **Capítulos 2, 4,** and **5** about the different countries.

Paso 1 You are going to study abroad and your best friend will also study in another country. List the two places where you each will study, as well as some of the things that you are going to do and see there.

Voy a estudiar en

_____

Voy a visitar

_____

_____

_____

Voy a

_____

_____

_____

_____

Mi amigo/a va a estudiar en

_____

Mi amigo/a va a visitar

_____

_____

_____

Mi amigo/a va a

_____

_____

_____

_____

Paso 2 Using your notes above, write your friend an e-mail about your plans for next year. Discuss what you plan to do in the place where you are studying, invite your friend to come visit you, and tell him or her about the things that the two of you will do together, if that is possible. You could also mention that you would like to visit him or her in the other country, as well as the things that you would like to see and do there.

_____

_____

_____

_____

_____

_____

B-45 Nuestros planes para el año que viene. Using the information and ideas that you noted in activity **B-44,** give an oral description of the wonderful year that you and your friend have ahead of you.

30. Trabajos y servicios voluntarios (TEXTBOOK P. 241)

B-46 Asociaciones. Read each expression and put it in its most logical category.

repartir comidas

circular una petición

ser consejero/a

apoyar a un candidato

hacer una excursión con los ancianos

darles clases de artesanía a los chicos

llevar a alguien al médico

visitar una residencia para ancianos

usar una canoa

dormir en una tienda de campaña

UN CAMPAMENTO DE NIÑOS	UNA CAMPAÑA POLÍTICA	PERSONAS MAYORES

31. Las expresiones afirmativas y negativas (Textbook p. 242)

B-47 Normas. Imagine that you are a mentor for a new first-year student who is having difficulty adjusting to life at school.

Paso 1 Formulate ideas to help your friend organize his time and school responsibilities by filling in the following chart with things that he should always do, things that he should never do and things that it is a good idea to do at times.

SIEMPRE TIENES QUE...	A VECES PUEDES...	NUNCA DEBES...

Paso 2 Formulate some ideas to help your friend fit in by filling in this chart with things that, in your view, everyone at your school does, things that some students do, and things that nobody does.

TODOS LOS ESTUDIANTES...	ALGUNOS ESTUDIANTES...	NINGÚN ESTUDIANTE...

B-48 Recomendaciones para nuevos estudiantes. Imagine that the student from activity **B-47** that you mentored had such great success during his/her year at the university, that you have been asked to share your insights with the entire incoming class of new students.

Paso 1 Using your notes from activity **B-47,** create a flyer to distribute to students during orientation.

Paso 2 Using your notes from activity **B-47** and your flyer from **Paso 1,** design a radio spot reaching out to first-year students who are having similar difficulties, to air on your campus radio station. Then record yourself delivering your radio spot.

32. Un repaso de *ser* y *estar* (TEXTBOOK P. 242)

B-49 Ayuda con los idiomas. A friend from your Spanish class put an ad in the school paper to find a Spanish conversation partner and she received a response.

Paso 1 Complete the message she received with the correct forms of the verbs **ser** and **estar.**

Me llamo Arturo y mi hermano y yo (1) _____ argentinos. Yo

(2) _____ aquí en esta universidad para estudiar derecho, y mi hermano

(3) _____ estudiante de medicina. Nosotros (4) _____

un poco preocupados porque necesitamos ayuda con el inglés. Yo (5) _____

simpático y responsable; mi hermano (6) _____ inteligente y trabajador. Creo

que nosotros podemos ayudarte con el español también. ¿(7) _____ tú

paciente? Si te gusta este trato (*this arrangement*) y (8) _____ contenta con la

idea, por favor, contesta este mensaje.

Un saludo,

Arturo

Paso 2 For each time that you used **ser** or **estar** in Paso 1, choose the appropriate reason below.

1. a. aspectos de la personalidad
   b. identidad de las personas
   c. la nacionalidad o el lugar de origen
   d. sentimientos, emociones, condiciones o características que pueden variar o cambiar
   e. el lugar

2. a. aspectos de la personalidad
   b. identidad de las personas
   c. la nacionalidad o el lugar de origen
   d. sentimientos, emociones, condiciones o características que pueden variar o cambiar
   e. el lugar

3. a. aspectos de la personalidad
   b. identidad de las personas
   c. la nacionalidad o el lugar de origen
   d. sentimientos, emociones, condiciones o características que pueden variar o cambiar
   e. el lugar

4. a. aspectos de la personalidad
   b. identidad de las personas
   c. la nacionalidad o el lugar de origen
   d. sentimientos, emociones, condiciones o características que pueden variar o cambiar
   e. el lugar

5. a. aspectos de la personalidad
   b. identidad de las personas
   c. la nacionalidad o el lugar de origen
   d. sentimientos, emociones, condiciones o características que pueden variar o cambiar
   e. el lugar

6. a. aspectos de la personalidad
   b. identidad de las personas
   c. la nacionalidad o el lugar de origen
   d. sentimientos, emociones, condiciones o características que pueden variar o cambiar
   e. el lugar

7. a. aspectos de la personalidad
   b. identidad de las personas
   c. la nacionalidad o el lugar de origen
   d. sentimientos, emociones, condiciones o características que pueden variar o cambiar
   e. el lugar

8. a. aspectos de la personalidad
   b. identidad de las personas
   c. la nacionalidad o el lugar de origen
   d. sentimientos, emociones, condiciones o características que pueden variar o cambiar
   e. el lugar

33. El mundo de la música (TEXTBOOK P. 243)

 B-50 Categorías. Listen to each word and then select the category to which it belongs.

1. género   instrumento   músico

2. género   instrumento   músico

3. género   instrumento   músico

4. género   instrumento   músico

5. género   instrumento   músico

6. género   instrumento   músico

7. género   instrumento   músico

8. género   instrumento   músico

B-51 Crucigrama. Complete the crossword puzzle with the correct words.

1. un instrumento de percusión y de teclado que es blanco y negro
2. un grupo de músicos que toca música clásica
3. un género de música que viene del Caribe y que es muy bailable
4. la persona en un conjunto que canta
5. las palabras que cantamos en una canción
6. un instrumento de percusión que es muy importante en la música afrocubana
7. cuando un conjunto da conciertos en diferentes lugares
8. cuando un grupo toca su música para otras personas

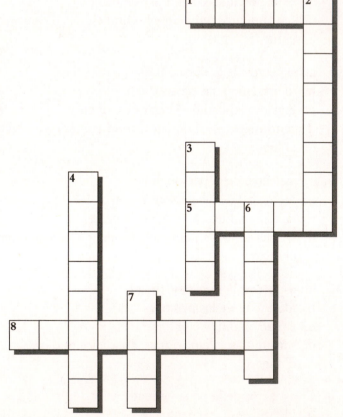

34. Los adjetivos y pronombres demostrativos (TEXTBOOK P. 244)

B-52 Manu Chao. Read the following selection about Manu Chao. Then write the word that each demonstrative adjective modifies or the word each demonstrative pronoun replaces.

Manu Chao es un cantante de origen español, aunque nacido (*born*) en Francia. El nombre real de este[1] músico de gran talento es José Manuel Thomas Arthur Chao. El padre de éste[2] se llama Antonio Chao, y en 1956, emigró (*emigrated*) a Francia para huir (*flee*) de la dictadura (*dictatorship*) de Francisco Franco en España. Por esta[3] razón (y también por otras razones), Manu Chao tiene una identidad multicultural. La música de éste también demuestra una diversidad cultural que va más lejos que esas[4] dos culturas de origen. Chao tiene un fuerte interés en las culturas africanas y latinoamericanas, y los ritmos que vienen de la música de esos[5] países son evidentes en su propia música. Ésta[6] tiene características muy variadas en cada canción de este[7] artista, por la variedad de instrumentos y estilos con los que experimenta constantemente. La letra de sus canciones demuestra las preocupaciones sociales y políticas de Chao. Éstas[8] incluyen un compromiso con la defensa de los derechos (*rights*) humanos y con los derechos de las personas más pobres y necesitadas del mundo.

1. _____   5. _____

2. _____   6. _____

3. _____   7. _____

4. _____   8. _____

35. Los adverbios (TEXTBOOK P. 244)

B-53 ¿Cómo lo hacen? Complete each sentence by changing the appropriate adjective into its correct adverb form.

rápido	atento	perfecto	paciente	inmediato	lento

1. Cuando voy a un concierto, no me gusta la gente que habla y que interrumpe la música. Prefiero

   estar con personas que se concentran en la música y que escuchan la música _____.

2. Creo que todos los miembros de mi banda favorita tienen mucho talento; pienso que tocan sus

   instrumentos _____.

3. Las canciones de amor de mi grupo favorito son canciones muy tranquilas con ritmos muy suaves.

   Normalmente tocan esas canciones _____.

4. A veces no entiendo la letra porque los cantantes hablan y cantan _____.

5. Después de comprar el disco, lo abro en ese instante porque quiero escucharlo en mi coche

   _____.

6. Si no tengo prisa para tener un nuevo disco, entonces espero (*wait*) _____ porque así lo puedo comprar a un precio mejor.

36. El presente progresivo (TEXTBOOK P. 245)

B-54 ¿Qué están haciendo? Complete the sentences describing what the people in the picture are doing. Choose the correct expression from the word bank and use the correct present progressive form of each verb.

leer libros	entrar en el restaurante	escuchar música
comer en el restaurante	escribir una carta	estudiar para un examen

1. María _____.

2. Carmen y Alejandro _____.

3. Pedro _____.

4. Pedro también _____.

5. Los miembros de la familia García _____.

6. La familia Lewis _____.

37. El mundo del cine (Textbook p. 246)

B-55 Tus películas y actores favoritas. Based on your own personal preferences, answer the following questions using complete sentences.

1. ¿Cuál es tu película favorita?

   _____

2. ¿Quién es tu actor favorito? ¿Qué tipo de películas hace?

   _____

3. ¿Quién es tu actriz favorita? ¿Qué tipo de películas hace?

   _____

4. ¿Quién es la mejor actriz para una película dramática?

   _____

5. ¿Quién es el mejor actor para una película de acción?

   _____

6. ¿Te gustan los documentales? ¿Por qué o por qué no?

   _____

7. ¿Te gustan las películas musicales? ¿Por qué o por qué no?

   _____

8. ¿Qué películas prefieres, las películas de terror o las películas románticas? ¿Por qué?

   _____

9. ¿Qué películas te gustan más, las películas de misterio o las películas de guerra? ¿Por qué?

   _____

10. ¿Qué tipo de películas prefieres, las películas de humor o las películas de ciencia ficción?
    ¿Por qué?

   _____

38. Los números ordinales (TEXTBOOK P. 246)

B-56 Tus prioridades en la vida. Think about your goals and dreams in life.

Paso 1 Make a list of about ten things that you would like to do or accomplish during your lifetime.

_____

_____

_____

_____

_____

Paso 2 Using ordinal numbers from **primero/a** up to **décimo/a,** organize your goals in order of their importance to you. To talk about your priorities you should use the word **prioridad,** to discuss your goals you should use the word **meta,** and if you choose to talk about your dreams, you should use the word **sueño.**

MODELOS   *Mi primera prioridad es conocer otras culturas. Mi segunda meta es… /*
           Mi primer sueño es ser actor. Mi segundo sueño es…

_____

_____

_____

_____

_____

39. *Hay que* + **infinitivo** (TEXTBOOK P. 247)

B-57 ¿Qué hay que hacer? Using the expressions from the bank and the correct forms of **hay que** and **tener que,** write what people must do in order to reach the goals below, as in the model. You may use each expression only once.

MODELOS Para tener el honor de un disco de oro (*gold*) en los Estados Unidos, *hay que vender quinientos mil discos.* /
Si quiero ganar un premio Viewer's Choice, *tengo que tener muchos aficionados.*

> ensayar mucho todos los días
> tener aficionados en diferentes ciudades
> vender un millón de discos
>
> ser muy buena actriz
> leer y escribir todos los días
> tener muchas habilidades y ser muy popular

1. Para tener el honor de un disco de platino, (hay que)

   _____.

2. Si mi grupo y yo queremos dar un buen concierto, (tener que)

   _____.

3. Para aprender a crear buena letra para las canciones, (hay que)

   _____.

4. Si quiero ganar un premio Óscar, (tener que)

   _____.

5. Para poder hacer una gira, (hay que)

   _____.

6. Si quieres ganar un premio Grammy, (tener que)

   _____.

40. Los pronombres de complemento directo (TEXTBOOK P. 247)

B-58 Tus preferencias. Answer the questions about your preferences and practices related to music and movie going using complete sentences, according to the model. In order to avoid unnecessary repetition, substitute the correct direct object pronouns for the direct objects.

MODELO   ¿Escribes canciones durante tu tiempo libre?

              Sí, las escribo. / No, no las escribo.

1. ¿Compras discos en el Internet?

    _____

2. ¿Bajas (*Do you download*) música del Internet?

    _____

3. ¿Tienes todos los discos de tu grupo favorito?

    _____

4. ¿Da conciertos frecuentemente tu grupo favorito?

    _____

5. ¿Sabes tocar la guitarra?

    _____

6. ¿Te gusta escuchar música rock frecuentemente?

    _____

7. ¿Te gusta ver películas de terror?

    _____.

41. Ambiciones siniestras (TEXTBOOK P. 248)

B-59 ¿Quiénes son y qué pasó? Using complete sentences, answer the following questions about the events that have happened so far in **Ambiciones siniestras.**

1. ¿Cuál es la especialidad de Marisol?

   _____

2. ¿Qué piensa Marisol de Lupe?

   _____

3. ¿Cuáles son las especialidades de Lupe?

   _____

4. ¿De dónde es Manolo?

   _____

5. ¿Cómo se llama la chica que le gusta mucho a Manolo?

   _____

6. ¿De dónde es Cisco?

   _____

7. ¿Cómo se llama el compañero de apartamento de Cisco?

   _____

8. ¿De qué concurso son todos los estudiantes finalistas?

   _____

Service Learning Activities

B-60 En la escuela. Contact a local kindergarten or preschool group and take some of your friends from Spanish class with you to visit them. Set up sessions with the teacher in order to teach days, months, seasons, the numbers 1-30, and a few other major topics from your textbook that you have covered so far.

B-61 Tu presentación. Contact your local Ruritan, Lions, or Jaycees organization and ask if they would be interested in having you give a presentation on Central America. Explain that it might be a way to help the community members better understand the backgrounds and needs of the varied Hispanic population in your area and those that will likely arrive in the next 10 to 15 years. Be sure to talk about the varied cultural backgrounds and indigenous populations, keying in on how many different types of Hispanics tend to be lumped together under the stereotypical label of "Spanish speakers". Point out the variety of foods and dialects, and also mention the socio-economic impacts that are still visible today from the remnants of Hurricane Mitch.

Heritage Learner Activity

B-62 ¿Quién eres?

Paso 1 Durante los primeros días del semestre los estudiantes se van conociendo poco a poco. Escribe una breve descripción de ti mismo/a para que te conozcan tus compañeros de clase. Incluye la siguiente información: nombre, edad, ciudad natal, orígenes culturales, familia, estudios y gustos.

_____

_____

_____

_____

Paso 2 En este capítulo, hemos repasado los artículos definidos e indefinidos que indican el género de los sustantivos. Sin embargo, ciertos sustantivos que terminan en "-a" o "-ma" provienen del griego y son masculinos. Primero, estudia la siguiente lista. Luego, escribe cinco oraciones, incorporando cinco sustantivos de la lista.

el clima	el problema	el sofá	el dilema	el sistema
el día	el programa	el idioma	el poema	
el mapa	el tema	el drama	el tranvía	

1. _____

2. _____

3. _____

4. _____

5. _____

7

¡A comer!

1. La comida (TEXTBOOK P. 252)

7-1 ¿Qué tipo de comida es? Match each food or beverage with the general food group or category to which it belongs.

1. el atún   a. una bebida con cafeína

2. el pollo   b. unos mariscos

3. la naranja   c. un ave

4. el café   d. una bebida con alcohol

5. el maíz   e. un postre

6. el vino   f. una fruta

7. los camarones   g. una carne

8. el helado   h. un pescado

9. el jugo   i. una verdura

10. hamburguesa   j. una bebida que viene de una fruta

7-2 ¿Qué deben comer? Imagine that you are a nutrition major and that you are out to lunch with friends. Each friend has different dietary needs. For each person, choose the letter of the most appropriate selection from the menu.

1. Soy atleta y necesito alimentos con muchas proteínas.

   a. la ensalada especial con camarones

   b. el bistec con arroz y verduras

   c. el perro caliente con papas fritas

2. Yo estoy muy delgado y necesito subir de peso (*weight*).

   a. el arroz con pollo

   b. la ensalada especial con camarones

   c. el plato de verduras variadas

3. Yo estoy un poco gordo y quiero perder peso.

   a. el salmón con verduras

   b. el pollo frito con papas fritas

   c. la hamburguesa con queso

4. Soy vegetariano.

   a. el plato especial de mariscos con verduras

   b. el arroz con pollo

   c. el plato especial de verduras a la parrilla

5. Me encantan las verduras; no me gustan ni el pescado ni los mariscos.

   a. el atún

   b. los espaguetis con tomate y cebolla

   c. la ensalada de camarones

6. Me gustan las verduras y el pescado, y tengo alergia a los productos lácteos (*dairy*).

   a. la ensalada de atún con queso de cabra (*goat*)

   b. los espaguetis con camarones, tomate y cebolla

   c. el pastel con helado

7-3 Una comida especial. Elena and Marcos are going to the supermarket. Listen to their conversation and then select all the words you hear.

verduras	camarones	fruta	postre
maíz	bistec	pera	torta
frijoles	atún	tomate	pastel
cebolla	pollo	limones	helado
lechuga	pescado	naranjas	galleta
arroz	mariscos	manzanas	melones

7-4 ¿Qué tienen que comprar? Listen to the conversation between Elena and Marcos again and select whether they have each item and do not need more, if they do not have it and need to purchase it, or if they do not have enough of the item and need to purchase more of it.

	A. LO TIENEN Y NO NECESITAN MÁS.	B. NO LO TIENEN Y TIENEN QUE COMPRAR.	C. TIENEN UN POCO, PERO NECESITAN COMPRAR MÁS.
1. arroz	a.	b.	c.
2. cebolla	a.	b.	c.
3. verduras para la paella	a.	b.	c.
4. camarones	a.	b.	c.
5. maíz	a.	b.	c.
6. atún	a.	b.	c.
7. fruta	a.	b.	c.
8. naranjas	a.	b.	c.
9. melón	a.	b.	c.
10. limones	a.	b.	c.

Nombre: _____ Fecha: _____

7-5 ¿Qué van a comer? Listen to the conversation one more time and complete the following sentences based on what you heard.

1. Marcos quiere preparar una paella; los ingredientes principales de la paella son verduras,

   _____, y _____.

2. A Elena le gusta preparar la paella con dos _____.

3. Elena y Marcos van a beber _____ con su comida.

4. Marcos y Elena van a poner lechuga, tomate _____,

   _____, y _____ en la ensalada mixta.

5. De postre, a Elena y Marcos les gusta comer _____.

7-6 Tus comidas favoritas. Think of some of your own favorite foods.

Paso 1 List, in Spanish, as many of the foods that you like in their appropriate categories.

CARNES Y AVES	PESCADOS Y MARISCOS	VERDURAS	FRUTAS	BEBIDAS	POSTRES Y DULCES

Paso 2 Now give an oral description of some of your favorite foods and the times of day when you like to eat them.

MODELO   *Mi fruta favorita es la naranja y normalmente como una naranja con el desayuno. Me gusta comer cereales por la mañana también. Mi cereal favorito es Cocoa-Krispies, porque me gusta mucho el chocolate…*

Nombre: _____   Fecha: _____

Pronunciación

The letters *r* and *rr* (Textbook p. 253)

7-7 ¿Qué letras tiene la palabra? Listen to each word and select the letters you hear.

1. r   rr   r y rr   6. r   rr   r y rr

2. r   rr   r y rr   7. r   rr   r y rr

3. r   rr   r y rr   8. r   rr   r y rr

4. r   rr   r y rr   9. r   rr   r y rr

5. r   rr   r y rr   10. r   rr   r y rr

7-8 ¿Quién habla? Listen to each statement, and based on the person's pronunciation of the letters **r** and **rr,** indicate if the person is a native speaker of Spanish or English.

1. hispanohablante   angloparlante   4. hispanohablante   angloparlante

2. hispanohablante   angloparlante   5. hispanohablante   angloparlante

3. hispanohablante   angloparlante   6. hispanohablante   angloparlante

7-9 Las comidas. Listen to the pronunciation of the following dishes and practice pronouncing them yourself. Then give your own best pronunciation of each dish.

1. arroz con frijoles negros

2. refrescos y cervezas

3. perros calientes y papas fritas

4. carne a la parrilla

5. arroz con camarones y otros mariscos

6. torta con frutas variadas

7-10 La comida y los refranes. Listen to the pronunciation of each popular saying relating to food and practice reciting them yourself. Then give your own best pronunciation of each saying.

1. Boca que se abre, o quiere dormir o se muere de hambre.

2. Por dinero baila el perro, y por pan, si se lo dan.

3. Barriga vacía, corazón sin alegría.

4. De la mar el salmón y de la tierra el jamón.

5. Come y bebe, que la vida es breve.

6. Beber con medida alarga la vida.

Las comidasen el mundo hispano (TEXTBOOK P. 256)

7-11 Las comidas en el mundo hispano. For each phrase about food and eating habits, select whether it typically applies to the morning, midday or evening meal for people in Spanish-speaking countries. There may be more than one correct answer.

1. un café y unos panes	desayuno hispano	almuerzo hispano	cena hispana
2. una comida ligera	desayuno hispano	almuerzo hispano	cena hispana
3. una comida muy fuerte	desayuno hispano	almuerzo hispano	cena hispana
4. a las dos	desayuno hispano	almuerzo hispano	cena hispana
5. toda la familia come en casa simultáneamente	desayuno hispano	almuerzo hispano	cena hispana
6. a las diez o las once de la noche	desayuno hispano	almuerzo hispano	cena hispana

7-12 Comparaciones culturales. Based on what you have learned about meals and mealtimes in the Spanish-speaking world, compare and contrast your own customs with those of many Spanish-speaking cultures.

Paso 1 Fill in the following Venn diagram with basic information about your own practices and those of Spanish-speaking cultures. In the area on the left, write in practices that are unique to you and that are not common in Spanish-speaking cultures, and fill the area on the right with practices that are common in Spanish-speaking cultures, but that are not part of your normal routine. Finally, in the space in the middle, write in the practices that you share with Spanish-speaking cultures.

Nuestras prácticas

Mis prácticas

Las prácticas en
el mundo hispano

Paso 2 Using the information in your diagram, give an oral comparative description of your practices and those of Hispanic cultures.

MODELO   *Algunas de mis prácticas son similares a las prácticas de las culturas hispanas. Yo tomo un café y como unos panes por la mañana, y esto es un desayuno común en muchos lugares hispanohablantes. También tenemos prácticas diferentes. Por ejemplo, yo como mi comida grande a las siete y ellos comen su comida grande a las dos de la tarde…*

2. Repaso del complemento directo (TEXTBOOK P. 257)

7-13 ¿Quién lo hace? Look at the pictures and then answer the questions that follow using direct object pronouns and following the sentence structure of the model exactly.

MODELO   ¿Quién organiza los platos y los tenedores?

Ana los organiza.

Hilda y Ramiro

Ana

Jorge y Roberto

Pedro, Carlos y Mirta

Lola

Federico

César

1. ¿Quién(es) limpia(n) la sala? _____

2. ¿Quién(es) compra(n) las bebidas? _____

3. ¿Quién(es) cocina(n) la comida? _____

4. ¿Quién(es) trae(n) los CDs? _____

5. ¿Quién(es) pone(n) la mesa? _____

6. ¿Quién(es) barre(n) la terraza? _____

7-14 Nuestras dietas. For their nutrition class, Marta and Ángela have to interview each other in order to compare and contrast their diets. Read their conversation and write the words that each direct object pronoun is substituting.

Marta:	La primera pregunta es sobre la fruta. ¿Cuántas veces al día comes fruta?
Ángela:	La[1] como por lo menos tres veces al día. ¿Y tú?
Marta:	Yo, un mínimo de cuatro veces al día.
Ángela:	¿Y las ensaladas? ¿Comes ensalada todos los días?
Marta:	Sí, las[2] como todos los días y frecuentemente dos veces al día. ¿Y tú?
Ángela:	Todos los días no, pero por lo menos cuatro veces a la semana.
Marta:	¿No te gustan las verduras?
Ángela:	Me encantan, pero las[3] prefiero cocinadas (*cooked*) en lugar de crudas. ¿Sabes?
Marta:	Sí, pero es muy importante comerlas[4] crudas también.
Ángela:	Bueno, la siguiente pregunta es sobre las proteínas. ¿Comes carne?
Marta:	Sí la[5] como, pero no frecuentemente. Prefiero comer frijoles.
Ángela:	También los[6] como y me gustan, pero prefiero no comerlos[7] tan frecuentemente; me gustan más la carne y el pollo.

1. _____

2. _____

3. _____

4. _____

5. _____

6. _____

7. _____

7-15 ¿Deben comerlo, o no? Listen to each statement about people's dietary restrictions and, using the appropriate direct object pronouns, indicate if they should or should not eat the food mentioned. Be sure to follow the model exactly.

MODELO   You hear: Tengo mucho sueño y necesito dormir. ¿Debo tomar un café?

You write: *No, no lo* debes tomar.

1. _____ debes comer.   4. _____ debes comer.

2. _____ deben comer.   5. _____ debes comer.

3. _____ debes comer.   6. _____ puedes tomar.

7-16 Tus comidas. Answer the following questions based on your own habits, preferences, and skills. Be sure to use direct object pronouns in your answers, following the model exactly.

MODELO   ¿Tomas café todos los días?

Sí, lo tomo todos los días. / No, no lo tomo todos los días.

1. ¿Comes fruta todos los días? _____

2. ¿Desayunas el cereal todos los días?_____

3. ¿Preparas el almuerzo todos los días? _____

4. ¿Te gusta comer helado en verano? _____

5. ¿Puedes beber cerveza legalmente? _____

6. ¿Sabes preparar enchiladas? _____

3. El pretérito (TEXTBOOK P. 258)

 7-17 ¿Qué pasa y cuándo? Listen to each statement and based on what you know about verb forms, select the time frame in which the event belongs and who is doing (or did or is going to do) or is most closely associated with the action.

		¿CUÁNDO?			¿QUIÉN(ES)?	
1.	pasado	presente	futuro	yo	él/ella	ellos
2.	pasado	presente	futuro	yo	él/ella	ellos
3.	pasado	presente	futuro	yo	él/ella	ellos
4.	pasado	presente	futuro	yo	él/ella	ellos
5.	pasado	presente	futuro	yo	él/ella	ellos
6.	pasado	presente	futuro	yo	él/ella	ellos
7.	pasado	presente	futuro	yo	él/ella	ellos
8.	pasado	presente	futuro	yo	él/ella	ellos
9.	pasado	presente	futuro	yo	él/ella	ellos
10.	pasado	presente	futuro	yo	él/ella	ellos

7-18 Preguntas y respuestas. Match each question with its most appropriate response.

1. ¿Comiste la manzana?

2. ¿Compramos el pollo ayer?

3. ¿Preparé el desayuno?

4. ¿Compraste la torta?

5. ¿Preparó la comida?

6. ¿Almorzaste pollo?

a. Sí, lo almorcé.

b. Sí, lo compramos.

c. Sí, la preparó.

d. Sí, la comí.

e. Sí, la compré.

f. Sí, lo preparaste.

7-19 Karlos Arguiñano. Karlos Arguiñano is a famous chef from the Basque country in northern Spain. Complete the following paragraph about him using the correct **él** form of the appropriate verbs in the preterit.

escribir	comprar	estudiar	empezar
terminar	abrir	comenzar	

Karlos Arguiñano (1) _____ en una escuela culinaria en el norte de España.

Cuando (2) _____ sus estudios, (3) _____ a

trabajar en el Hotel María Cristina, un hotel muy prestigioso en la ciudad de San Sebastián.

Después de muchos años (4) _____ un edificio histórico muy bonito en la

playa, donde ahora tiene el Hotel-Restaurante Karlos Arguiñano. Once años después

(5) _____ su propia escuela culinaria para compartir sus conocimientos con

otros cocineros. Durante ese tiempo también (6) _____ varios libros de

cocina con sus recetas (*recipes*) más populares, y (7) _____ a hacer un

programa de televisión que tiene mucho éxito.

7-20 Preparativos para un almuerzo especial. Alma and her sister Paz decided to prepare a special
meal for some friends using one of Arguiñano's recipes. Complete Alma's description of their experience
using the correct **nosotros, yo,** and **ella** forms of the appropriate verbs.

decidir	comprar	lavar	sacudir	limpiar
volver	sacar	pasar	salir	invitar

El viernes, Paz y yo (1) _____ hacer una comida especial en nuestro

apartamento. Nosotras (2) _____ a cuatro amigos a venir el sábado a

cenar con nosotras. El viernes por la tarde, (3) _____ para ir al mercado y

comprar comida. Nosotras (4) _____ un poco de carne, unos mariscos y

muchas verduras frescas. Después de ir al mercado, (5) _____ a casa.

El viernes por la noche, nosotras (6) _____ la casa. En la sala, yo

(7) _____ el polvo y Paz (8) _____ la aspiradora.

En la cocina, Paz (9) _____ los platos y finalmente yo

(10) _____ la basura.

7-21 Un almuerzo especial. Now complete Alma's description of the meal that she and Paz prepared and their experience during lunch, using the correct forms of the appropriate verbs in the preterit.

ofrecer	almorzar	llegar	preparar	empezar
comer	cocinar	salir	beber	jugar

El sábado por la mañana, Paz (1) _____ una ensalada y yo

(2) _____ la carne. A la una menos cuarto, Paz (3) _____

para comprar pan y yo (4) _____ a preparar los mariscos. Nuestros amigos

(5) _____ a nuestra casa a la una y media. Todos nosotros

(6) _____ vino blanco y (7) _____ un poco de queso.

A las dos y cuarto, nosotros (8) _____ los mariscos, la carne y la ensalada.

De postre, Paz y yo les (9) _____ a nuestros amigos una torta de chocolate.

Después de almorzar, nosotros (10) _____ al Pictionary. ¡Qué divertido!

7-22 Preguntas personales. Alma would like to know about what you and your friends do for fun when you get together. Answer her questions about what you did last week using complete sentences.

MODELO   ¿Invitaste a tus amigos a tu casa? Si los invitaste, ¿cuándo? ¿A quiénes invitaste? ¿Qué hicieron?

Sí, invité a mis amigas Sara y Carmen a mi casa el domingo por la tarde para ver una película. / No, no invité a mis amigos a mi casa.

1. ¿Cocinaste una comida para tus amigos? Si la cocinaste, ¿dónde? ¿Cuándo? ¿Qué cocinaste?

_____

_____

2. ¿Comieron juntos tú y tus amigos? Si comieron, ¿dónde? ¿Cuándo? ¿Qué comieron?

_____

_____

3. ¿Prepararon una fiesta tú y tus amigos? Si la prepararon, ¿dónde? ¿Cuándo? ¿Con quiénes?

_____

_____

4. ¿Conociste a algún amigo de tus amigos? Si lo conociste, ¿dónde? ¿Cuándo?

_____

5. ¿Saliste por la noche con tus amigos? Si saliste, ¿qué día? ¿Adónde fueron?

_____

6. ¿Salieron a comer a un restaurante tú y tus amigos? Si salieron, ¿cuándo? ¿En qué restaurante

comieron? _____

7. ¿Jugaste un juego con tus amigos? Si jugaste, ¿dónde? ¿Cuándo? ¿Qué jugaron?

_____

8. ¿Jugaron un deporte tú y tus amigos? Si jugaron, ¿dónde? ¿Cuándo? ¿Qué deporte?

_____

9. ¿Tocaron música tú y tus amigos? Si tocaron, ¿Cuándo? ¿Qué instrumentos? ¿Qué tipo de música tocaron?

_____

10. ¿Escribieron una canción? Si la escribieron, ¿qué tipo de canción es?

_____

7-23 Mis actividades más interesantes. Think about the most interesting things that you did last week.

Paso 1 Make a list of the most memorable things that you did each day.

Día 1: _____

Día 2: _____

Día 3: _____

Día 4: _____

Día 5: _____

Día 6: _____

Día 7: _____

Paso 2 Using your list in **Paso 1** for support, give an oral description of the most fun and interesting things that you did over the past week.

4. La preparación de las comidas (TEXTBOOK P. 263)

7-24 ¿Cómo preparan la comida? Match each food or way of preparing food to the description that most closely corresponds to it.

1. sushi	a. preparado en agua muy caliente
2. a la barbacoa	b. preparado con aceite muy caliente
3. cocido	c. preparado a la parrilla
4. poco hecho	d. preparado al horno, a una temperatura alta
5. asado	e. preparado crudo
6. frito	f. no crudo, pero cocinado durante poco tiempo

7-25 Parejas lógicas. For each word, select the letter of its most logical pair.

1. aceite y
   a. café
   b. azúcar
   c. leche
   d. vinagre

2. pan y
   a. mostaza
   b. mantequilla
   c. leche
   d. vinagre

3. café con
   a. mostaza
   b. mantequilla
   c. leche
   d. vinagre

4. sal y
   a. mostaza
   b. leche
   c. azúcar
   d. pimienta

5. tostada y
   a. mermelada
   b. mayonesa
   c. salsa de tomate
   d. leche

6. perro caliente con
   a. sal
   b. pimienta
   c. leche
   d. mostaza

Capítulo 7 ¡A comer! 309

7-26 Asociaciones. In each group of words, select the one that does not belong.

1. azúcar   leche   café   crudo

2. mostaza   mayonesa   helado   salsa de tomate

3. hervida   asada   cocida   mermelada

4. pimienta   mantequilla   tostada   mermelada

5. aceite   vinagre   mayonesa   dura

6. sal   dulce   postre   azúcar

La comida hispana (TEXTBOOK P. 265)

7-27 ¿Qué comidas hispanas conoces? There are many Hispanic restaurants throughout the world, and many specialize in the unique foods that are popular in the specific countries and regions of the people who own the restaurant. Take a moment and think about your own experiences eating in such places.

Paso 1 Write down as many foods of the Hispanic world with which you are familiar. For each food, if you know the country or region where the food is commonly prepared, write that as well. If you do not know, then simply place a question mark in that space.

COMIDA	PAÍS / REGIÓN DE ORIGEN
_____	_____
_____	_____
_____	_____
_____	_____
_____	_____
_____	_____
_____	_____

Paso 2 For any foods whose country or region of origin you are unsure about, use the Internet to find out where that food is commonly prepared and eaten. Then fill in those spaces above.

7-28 Las comidas en el mundo hispano. Although there are some similarities among the food that is frequently prepared and eaten in different Spanish-speaking places, there are also many regional differences. Based on the information in your textbook, select the place or places in which each food is common.

COMIDAS

1. las parrilladas	España	México	El Caribe	Centroamérica	Suramérica
2. las empanadas	España	México	El Caribe	Centroamérica	Suramérica
3. las comidas africanas	España	México	El Caribe	Centroamérica	Suramérica
4. los frijoles	España	México	El Caribe	Centroamérica	Suramérica
5. la fabada	España	México	El Caribe	Centroamérica	Suramérica
6. los chiles	España	México	El Caribe	Centroamérica	Suramérica
7. los mariscos	España	México	El Caribe	Centroamérica	Suramérica
8. el arroz	España	México	El Caribe	Centroamérica	Suramérica
9. el gazpacho	España	México	El Caribe	Centroamérica	Suramérica
10. las enchiladas	España	México	El Caribe	Centroamérica	Suramérica

5. Unos verbos irregulares en el pretérito (TEXTBOOK P. 266)

7-29 Crucigrama. Complete the crossword puzzle with the correct forms of the verbs in the **pretérito.**

1. ellos, decir

2. nosotros, poder

3. yo, ir

4. tú, traer

5. ellos, saber

6. ellos, dormir

7. nosotros, tener

8. ella, querer

9. yo, poner

10. tú, ser

11. yo, hacer

12. ella, venir

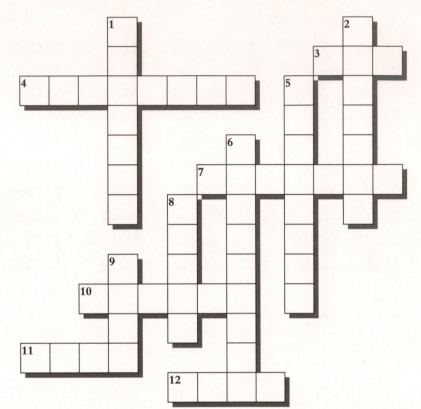

7-30 Preguntas y respuestas. Match each question to its most appropriate response.

1. ¿Condujiste a la fiesta ayer?

2. ¿Trajimos aquí las bebidas para la fiesta?

3. ¿Viste la torta de chocolate que prepararon?

4. ¿Estuvieron en el restaurante ayer?

5. ¿Tuvieron tiempo para comprar la comida?

6. ¿Hicieron mucha comida para la fiesta?

7. ¿Dormiste mucho después de la fiesta?

8. ¿Pudo ir a la fiesta ayer?

a. Sí, y también comí un poco; ¡qué deliciosa!

b. Sí, y la trajimos ahora.

c. Sí, fuimos mi amiga y yo en mi coche.

d. Sí, hicimos suficiente para más de veinte personas.

e. Sí, y se las di a Margarita.

f. No, fue imposible porque hoy tuvo tres exámenes.

g. No, fuimos a cenar allí la semana pasada.

h. Sí, ¡pude descansar diez horas!

Nombre: _____ Fecha: _____

7-31 La fiesta sorpresa para Saúl. Emilia organized a surprise party for her boyfriend Saúl. Listen as she tells her sister about the party and then select whether the following statements are **Cierto** or **Falso**.

1. La fiesta estuvo muy divertida.   Cierto   Falso

2. Hicieron la fiesta en la casa de Rocío.   Cierto   Falso

3. Emilia, Miguel y Rocío pusieron las decoraciones.   Cierto   Falso

4. Rocío preparó la torta.   Cierto   Falso

5. Emilia hizo la carne.   Cierto   Falso

6. Miguel llevó el vino y la cerveza.   Cierto   Falso

7. Unos amigos hicieron ensaladas.   Cierto   Falso

8. Unos amigos llevaron arroz con verduras.   Cierto   Falso

9. Emilia llevó pan y otras comidas muy ricas.   Cierto   Falso

10. Bailaron mucho durante la fiesta.   Cierto   Falso

7-32 La fiesta para Saúl. Listen to Emilia's conversation with her sister again and complete the following statements about Saúl's surprise party using the correct forms of the appropriate verbs.

traer	decir	ir	hacer
poder	ser	tener	

Todos los amigos de Emilia y Saúl (1) _____ a la casa de Miguel para la

fiesta. La fiesta (2) _____ una sorpresa para Saúl. Emilia y sus amigos

(3) _____ muchas cosas, como preparar la comida, poner decoraciones y

organizar la música para la celebración. Emilia (4) _____ mucha suerte

porque sus amigos (5) _____ mucha comida a la fiesta. Gracias a los amigos

de Emilia que son músicos, todos (6) _____ bailar toda la noche. Adriana le

(7) _____ a Emilia: "Puedes hacer una fiesta para mí también."

Nombre: _____ Fecha: _____

7-33 Una fiesta divertida. Think about a party or important social event that you went to in the past that was particularly fun or memorable.

Paso 1 Answer the questions below in complete sentences.

1. ¿Cuándo y dónde fue la fiesta?

_____

2. ¿Quién organizó la fiesta?

_____

3. ¿Tuvo mucha ayuda de otras personas?

_____

4. ¿Quién preparó la casa o el lugar donde hicieron la fiesta?

_____

5. ¿A qué hora empezó la fiesta?

_____

6. ¿Cuántas personas fueron a la fiesta?

_____

7. ¿Qué hicieron tú y tus amigos durante la fiesta?

_____

8. ¿A qué hora terminó la fiesta?

_____

9. ¿Quién(es) tuvo (tuvieron) que limpiar después de la fiesta? ¿Cuándo limpiaron?

_____

10. ¿Qué aspecto de la fiesta te gustó más?

_____

Paso 2 Without consulting the sentences that you wrote for **Paso 1**, think about your answers to the questions and give an oral description of the party that you went to.

6. En el restaurante (Textbook p. 271)

7-34 Los restaurantes y las comidas. Complete the crossword puzzle with the correct words relating to eating in restaurants.

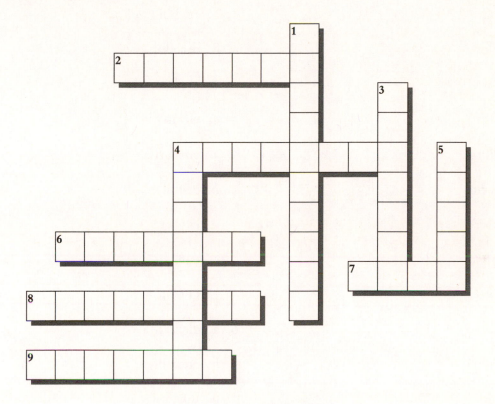

Vertical

1. lo que usamos para estar limpios cuando comemos

3. el dinero extra que los clientes le dan a la persona que sirve la comida

4. el hombre que sirve la comida en el restaurante

5. el recipiente que usamos para servir la comida

Horizontal

2. la persona que come en el restaurante

4. el utensilio que usamos para cortar (*to cut*) el bistec

6. el utensilio que usamos para comer sopa

7. el recipiente donde ponemos las bebidas para beberlas

8. la mujer que cocina la comida en el restaurante

9. el utensilio que usamos para comer las verduras, la carne, el pollo y muchas otras comidas

Capítulo 7 ¡A comer! **315**

7-35 ¿Qué usamos para comer...? For each food and beverage you hear, select the items you need to eat or drink it. More than one answer may be correct.

1. a. la taza

   b. cuchillo

   c. tenedor

   d. cuchara

   e. el plato

2. a. cuchillo

   b. cucharita

   c. tenedor

   d. la taza

   e. el plato

3. a. cucharita

   b. cuchillo

   c. tenedor

   d. cuchara

   e. el plato

4. a. cucharita

   b. cuchillo

   c. tenedor

   d. el plato

   e. el vaso

5. a. cucharita

   b. cuchillo

   c. la taza

   d. cuchara

   e. el plato

6. a. cucharita

   b. cuchillo

   c. tenedor

   d. cuchara

   e. el plato

7-36 Asociaciones. Match each word to the phrase with which it most logically corresponds.

1. tenedor

2. vaso

3. camarero

4. taza

5. propina

6. cuchara

7. mantel

8. servilletas

9. cocinero

10. cuenta

a. Decidimos darle un dieciocho por ciento a la camarera.

b. La cena nos costó más de 100 dólares.

c. Quiero proteger la mesa del comedor; por eso siempre la cubro (*cover*) durante las comidas.

d. Pedí la sopa de mariscos; por eso tuvo que traerme un utensilio especial.

e. Le pedimos más pan.

f. Pedí una cerveza, pero no me gusta beberla de la botella.

g. Después de cenar, bebimos té.

h. Sus especialidades son el pescado y los mariscos.

i. Comimos alitas (*wings*) de pollo y costillas (*ribs*) de cerdo con salsa de barbacoa, no usamos ni tenedores ni cuchillos, y después tuvimos que limpiarnos las manos muy bien.

j. Para comer la torta, me trajo una cuchara, pero prefiero usar otro utensilio y se lo pedí al camarero.

7-37 Tus restaurantes favoritos. Think of your three favorite local restaurants.

Paso 1 Answer the following questions about your favorite restaurants.

	RESTAURANTE 1	RESTAURANTE 2	RESTAURANTE 3
1. ¿Cuáles son tus restaurantes favoritos?			
2. ¿Son restaurantes formales o informales?			
3. ¿Son caros o baratos?			
4. ¿Qué tipo de comida sirven (italiana, árabe, tailandesa, japonesa...)?			
5. ¿Es necesario reservar una mesa allí?			
6. ¿Tienen manteles en las mesas? Si los tienen, ¿son de papel o de tela (*cloth*)?			
7. ¿Tienen servilletas de papel o de tela?			
8. ¿Cómo son los camareros?			
9. ¿De dónde son los cocineros?			
10. ¿Cuáles son sus especialidades?			

Paso 2 Using your notes from above and your other knowledge about the restaurants, create radio advertisements for two of them. In your ad, you should give a general description of the restaurants, the kinds of foods that they serve, and any other information that you think will entice people to go there.

Escucha (TEXTBOOK P. 274)

7-38 Una cena romántica. Margarita and Adriano are in a restaurant having a romantic dinner. Before listening, think about the context and use that to anticipate the things that you will likely hear in their conversation with their server. Also, look ahead at the comprehension questions below to help you anticipate the content of their conversation. Finally, listen to the conversation and answer the following questions.

1. ¿Qué ingredientes tiene la ensalada de la casa?

   a. queso

   b. verduras variadas

   c. mariscos

   d. tomate

   e. huevo duro

2. ¿Qué ingredientes tiene la salsa del atún?

   a. queso

   b. tomate

   c. cebolla

   d. aceite de oliva

   e. patatas

3. ¿Con qué sirven el bistec?

   a. queso

   b. patatas

   c. salsa

   d. verduras

   e. ensalada

4. ¿Qué postres ofrecen?

   a. helado

   b. torta de vainilla

   c. pastel de manzana

   d. torta de chocolate

   e. fruta

5. ¿Qué pidió Margarita?

   a. pescado

   b. postre

   c. carne

   d. pollo

   e. mariscos

6. ¿Qué pidió Adriano?

   a. ensalada

   b. postre

   c. carne

   d. pollo

   e. mariscos

7-39 ¿Y ustedes, qué van a pedir? Imagine that you and a friend are going to go to the same restaurant that Margarita and Adriano went to in activity **7-38.**

Paso 1 From the dishes that you heard described, decide what you and your friend are most probably going to order. If necessary, listen to the conversation again.

Yo _____

Mi amigo/a _____

Paso 2 Now imagine that you are in the restaurant and that you are ordering for the two of you. Record yourself telling the server what each of you would like to eat. If necessary, listen to the conversation again in order to hone in on the expressions that each person uses in order to communicate what they would like to eat.

Escribe (Textbook p. 275)

7-40 Una comida inolvidable (*unforgettable*). Think about the last time that you had a particularly memorable experience eating out in a restaurant or at a friend's home. What about the experience was unique and made it especially memorable?

Paso 1 Think about the experience and organize your ideas using the following questions.

1. ¿Cuándo ocurrió? _____

2. ¿En qué restaurante o en qué casa fue? _____

3. ¿Quiénes fueron? _____

4. ¿Qué comieron? _____

5. ¿Qué bebieron? _____

6. ¿Qué hicieron? _____

Paso 2 Using your notes above, write a well-organized paragraph to describe what happened.

_____

_____

_____

_____

_____

_____

7-41 Una fiesta. Just as in many English-speaking places, in many Spanish-speaking places people get together often for parties. Look at the image of the people who went to the potluck dinner party. Describe the people, the possible relationships between them, and the occasion for the party. Use the questions below to guide you.

¿Cuándo hicieron la fiesta?

¿Por qué hicieron la fiesta?

¿Dónde la hicieron?

¿Quiénes fueron a la fiesta?

¿Qué comida cocinó cada persona o cada familia para la fiesta?

¿Qué bebieron durante la fiesta?

¿Qué hicieron después de comer?

_____

_____

_____

_____

_____

_____

_____

_____

Les presento mi país (TEXTBOOK PP. 276–277)

7-42 ¿Qué sabes de Chile y Paraguay? Based on the information in your textbook, select whether the following statements are **Cierto** or **Falso**.

1. Gino Breschi Arteaga vive cerca del Océano Pacífico.   Cierto   Falso

2. Las fronteras naturales de Chile son el Océano Pacífico al oeste y Los
   Andes al este.   Cierto   Falso

3. Chile mide aproximadamente ciento ochenta kilómetros de largo.   Cierto   Falso

4. En Chile hay zonas desérticas y también hay zonas con mucha nieve y frío.   Cierto   Falso

5. Las onces es el baile nacional de Chile, inspirado en el rito de cortejo del
   gallo y la gallina.   Cierto   Falso

6. Muchos paraguayos hablan la lengua indígena de los guaraníes.   Cierto   Falso

7. Ahora la mayoría de los paraguayos son mestizos.   Cierto   Falso

8. Los conquistadores españoles ayudaron y protegieron a los indígenas.   Cierto   Falso

9. El tereré es una bebida fría muy popular en Paraguay.   Cierto   Falso

10. El ñandú es el baile nacional de Paraguay.   Cierto   Falso

Más cultura

7-43 Las comidas favoritas. Read the following information about favorite foods in different Spanish-speaking regions and then answer the questions below.

• Como hay mucha diversidad en los lugares angloparlantes del mundo respecto a las comidas y los platos favoritos, en diferentes lugares del mundo hispanohablante la gente demuestra también una variedad de preferencias para diferentes comidas.

• Muchas de las preferencias de un grupo de personas se relacionan con (*are related to*) los productos y alimentos que vienen de esas regiones y que los agricultores pueden cultivar allí. Por ejemplo, en diferentes lugares de América Latina, alimentos como el tomate, el maíz y el chocolate son importantísimos. Estas comidas no llegaron a Europa hasta después de la Conquista española, y hoy son muy importantes en algunos países europeos también.

• El concepto de la comida rápida es uno que en la mayoría de los lugares hispanohablantes se asocia con la cultura y la economía estadounidenses. Sin embargo, no es difícil encontrar restaurantes como McDonald's, Burger King y Pizza Hut en muchas ciudades del mundo hispanohablante. Éstos normalmente sirven algunos de los platos más típicos de las cadenas (*chains*) que están en los Estados Unidos.

- Una diferencia importante entre los menús de los restaurantes de comida rápida en los Estados Unidos y los menús de los mismos restaurantes que están en otros países es la adaptación cultural. Muchos restaurantes incluyen en sus menús y en sus comidas típicas los ingredientes favoritos de esas regiones.

1. Identifica unos platos y/o unas comidas que son típicos en tu región, pero que no son muy típicos en otras regiones de los Estados Unidos.

   _____

   _____

   _____

2. ¿Cuáles son algunos alimentos que tienen su origen en Norteamérica? ¿Te gustan estos alimentos? ¿Los comes frecuentemente?

   _____

   _____

   _____

3. ¿Dónde tienen su origen los restaurantes de comida rápida? ¿Te gusta la comida rápida? ¿Por qué o por qué no?

   _____

   _____

   _____

4. ¿Por qué crees que muchos restaurantes norteamericanos que están en países hispanohablantes intentan adaptar sus menús a la cultura de ese lugar?

   _____

   _____

   _____

5. ¿Crees que los restaurantes internacionales en tu ciudad sirven comida totalmente auténtica, o piensas que también adaptan sus comidas a las preferencias norteamericanas?

   _____

   _____

   _____

7-44 La compra. Read the following information about grocery shopping in different Spanish-speaking places and then answer the questions that follow.

- Hay diferentes tipos de comercios donde la gente puede comprar comida en el mundo hispanohablante. El tipo de tienda más grande se llama **hipermercado,** el tipo más pequeño se llama simplemente **mercado** y el otro tipo de tienda se llama **supermercado.**

- Los hipermercados normalmente son tiendas muy grandes donde la gente puede comprar todo tipo de alimentos y productos para la casa y para la familia, de carne a libros. Muchas personas van al hipermercado una vez al mes, o cada dos o tres semanas para hacer una compra en cantidades (*quantities*) grandes de productos que pueden durar mucho tiempo y que consideran básicos, como el aceite, el vinagre, el azúcar, la harina, los frijoles y productos para limpiar la casa.

- En el mercado de la ciudad o en las tiendas del barrio, la gente puede comprar alimentos frescos todos los días. Mucha gente hace la compra de las comidas frescas todos los días o una vez a la semana. El mercado normalmente está en un lugar central de la ciudad, y allí diferentes personas le venden sus productos de carne, pescado, fruta y verduras directamente al público. La gente también puede comprar estas comidas en el barrio. Puede encontrar carne y aves en la carnicería, puede comprar pescado y mariscos en la pescadería, y puede comprar fruta y verduras en la frutería.

- Los supermercados son más grandes que estas pequeñas tiendas especializadas, y mucho más pequeños que los hipermercados. Normalmente están situados dentro de los barrios, y es más fácil llegar al supermercado que al hipermercado. Tienen más productos que las tiendas pequeñas, pero normalmente tienen precios más altos también.

- Otra parte fundamental para la compra todos los días es el pan. En muchos barrios hay panaderías y pastelerías que preparan pan y pasteles. Muchas familias tienen la costumbre de comprar una barra (*loaf*) de pan todos los días.

1. ¿Qué tipo de tiendas hay en tu ciudad para comprar comida?

    _____

    _____

    _____

2. ¿Qué ventajas (*advantages*) tienen los hipermercados?

    _____

    _____

    _____

3. ¿Qué ventajas tienen los mercados?

_____

_____

_____

4. ¿Qué ventajas tienen los supermercados?

_____

_____

_____

5. ¿Dónde compras tu comida? ¿Por qué?

_____

_____

_____

7-45 Los horarios de los restaurantes. Read the following information about restaurants and eating schedules in Spanish-speaking countries and then answer the questions that follow.

- Así como hay diferencias importantes entre los horarios de las comidas entre los lugares hispanohablantes y los angloparlantes, también hay diferencias entre los horarios que siguen los restaurantes. Los restaurantes no siguen un horario norteamericano, sino que siguen el horario de comidas de sus regiones.

- Muchas cafeterías abren temprano por la mañana para servirle el desayuno a la gente. Normalmente abren durante muchas horas de la mañana para atender a los clientes del barrio que deciden tomar un descanso del trabajo y de sus quehaceres para tomar un café con sus compañeros o con sus amigos.

- Al mediodía, antes de comer, la gente puede ir a un bar o un restaurante para tomar un refresco, una cerveza o un vino y comer un poco. Normalmente los bares y los restaurantes empiezan a servir las comidas fuertes a la una o a la una y media, y cierran a las tres o a las cuatro de la tarde.

- En muchos lugares, pocos restaurantes abren entre las tres y las cinco, porque esas son horas de descanso antes de volver a trabajar. Por la tarde, después de las cinco o las seis, las cafeterías, los bares y los restaurantes normalmente abren otra vez para empezar a servir meriendas, y después de las ocho o las nueve, para servir la cena. No hay muchos restaurantes en países hispanohablantes abiertos veinticuatro horas al día.

Nombre: _____   Fecha: _____

1. ¿Qué tipo de horario siguen las cafeterías y los restaurantes en tu ciudad? ¿Es similar o diferente a los lugares del mundo hispanohablante?

   _____

2. ¿A qué hora empiezan a servir alcohol en los restaurantes de tu ciudad?

   _____

3. ¿A qué hora empiezan a servir el almuerzo?

   _____

4. ¿Hay restaurantes en tu ciudad que cierran durante el día para tomar un descanso?

   _____

5. ¿Hay cafeterías o restaurantes en tu ciudad que sirven la merienda por la tarde?

   _____

6. ¿A qué hora empiezan a servir la cena en los restaurantes de tu ciudad?

   _____

7. ¿A qué hora cierran por la noche?

   _____

8. ¿Hay restaurantes que están abiertos veinticuatro horas al día en tu ciudad?

   _____

Ambiciones siniestras

Episodio 7

El rompecabezas

7-46 ¿Qué recuerdas? Based on what you know about previous episodes of **Ambiciones siniestras**, indicate if the following statements are **Cierto** or **Falso**.

1. Marisol piensa que Lupe es un poco misteriosa.   Cierto   Falso

2. Lupe tiene dieciocho años.   Cierto   Falso

3. Alejandra no le gusta mucho a Manolo.   Cierto   Falso

4. Manolo no sabe dónde está Alejandra.   Cierto   Falso

5. Cisco sabe dónde está Eduardo.   Cierto   Falso

6. Cisco piensa que el concurso es un fraude.   Cierto   Falso

7. Cisco piensa que puede solucionar los problemas.   Cierto   Falso

7-47 ¿Quiénes son? Based on what you discovered in the reading, select the character(s) to which each statement corresponds.

1. Está preocupado.   Alejandra   Manolo   Cisco

2. No respondió al último correo de Manolo.   Alejandra   Manolo   Cisco

3. No fue a su clase.   Alejandra   Manolo   Cisco

4. Tiene ganas de comer.   Alejandra   Manolo   Cisco

5. Recibió una llamada de un hombre.   Alejandra   Manolo   Cisco

6. Va a llamar a Marisol.   Alejandra   Manolo   Cisco

7. Va a llamar a Lupe.   Alejandra   Manolo   Cisco

8. No está en su casa.   Alejandra   Manolo   Cisco

9. Oyó una voz conocida en un contestador automático.   Alejandra   Manolo   Cisco

10. Tiene mucho miedo.   Alejandra   Manolo   Cisco

¡Qué rico está el pisco!

 7-48 ¿Qué pasa con Lupe y Cisco? Using the following stills from this episode of the video, answer the questions about what might occur.

¿Qué investiga Lupe en el Internet?

¿Qué investiga Cisco?

¿Conoce Lupe a Alejandra?

1. Lupe va a hacer una búsqueda en el Internet y Alejandra le interrumpe. ¿Qué piensas que quiere saber Lupe? ¿Por qué?

_____

_____

2. Cisco también hace una búsqueda en el Internet. ¿Qué crees que va a investigar?

_____

_____

3. Manolo va a decir que cree que Lupe conoce a Alejandra. ¿Piensas que Manolo tiene razón o no? ¿Por qué?

_____

_____

4. ¿Cómo piensas que va a reaccionar Lupe al comentario de Manolo? ¿Por qué?

_____

_____

7-49 *El rompecabezas.* View the episode and then complete the following statements about what you have seen.

1. Lupe busca información en el Internet sobre _____ de Latinoamérica.

2. Lupe le dice a Marisol que ella hace la búsqueda porque tiene planes para

   _____ a Latinoamérica en verano.

3. Marisol le responde que hace dos veranos estuvo de vacaciones en _____.

4. Lupe tiene mucha prisa porque en veinte minutos van a tener _____.

5. Antes del episodio, Cisco encontró información importante sobre la conspiración del Sr. Verdugo:

   un plan para robar el dinero de _____.

6. La persona que no vio el e-mail con el rompecabezas antes de la videoconferencia fue

   _____.

Nombre: _____   Fecha: _____

7-50 ¿Qué está pasando? Choose one of the two topics below and write a well-organized paragraph in response to the questions.

1. Reacciones diferentes.

   ¿Qué tienen en común las reacciones de Lupe y Cisco? ¿Qué tienen en común las reacciones de Manolo y Marisol? ¿Por qué piensas que reaccionan los personajes de esas maneras?

2. ¿Dónde pueden estar?

   ¿Dónde piensas que están Eduardo y Alejandra? ¿Qué piensas que les va a pasar con ellos? ¿Qué piensas que va a pasar con los otros?

   _____

   _____

   _____

   _____

   _____

   _____

   _____

   _____

   _____

   _____

   _____

Experiential Learning Activities

7-51 La buena salud. Form a group outside of class to find out what the American Dietary Association and/or the Centers for Disease Control and Prevention now consider(s) to be the correct dietary pyramid of food groups for the overall adult population. Then find the dietary guidelines for people who suffer from diabetes and/or cardiovascular disease. Make your own visual representations of those recommended guidelines and then label all of the sections and numbers of servings in Spanish.

7-52 La comida en varios países. Together with your classmates, research the typical diet of various populations in Chile and Paraguay. Two groups will investigate the foods eaten by the predominant ethnic groups in Santiago, Chile, and Asunción, Paraguay. Other groups will focus on the diets of the main indigenous population in each of the two countries. Then, take that information and create a second visual presentation that can be placed beside the recommended daily guidelines already created in activity **7-51**. Finally, present your results orally and visually to your other classmates. It will be important to be aware of the cultural and socio-economic constraints of each group studied to obtain the best possible solutions to any dietary issues that might be endangering the health of these populations.

Service Learning Activity

7-53 Tu comunidad. Contact your local Salvation Army office and any other organizations in your community that serve free meals to homeless or needy individuals. Then request a list of meals that the organization expects to serve for the next two or three weeks and volunteer to translate those menus into Spanish. Finally, donate the final version to the organizations that already serve or may serve Hispanic populations.

Heritage Learner Activity

7-54 La comida.

Paso 1 Contesta las siguientes preguntas.

1. ¿Cuál es tu plato favorito? ¿De qué país proviene?

    _____

2. ¿Lo preparas tú, lo prepara alguien de tu familia o lo preparan en algún restaurante?

    _____

3. ¿Cuándo fue la última vez que lo comiste y/o preparaste?

    _____

Paso 2 Debido a las influencias de otros idiomas, por ejemplo los dialectos indígenas (náhuatl, quechua, taíno, etc.), existen variantes de ciertas palabras. Lee la lista de vocabulario a continuación.

MÉXICO	SUDAMÉRICA	ESPAÑA
maíz	choclo (Chile)	maíz
aguacate	palta (Chile)	aguacate
guajolote	pavo	pavo
frijol	poroto (Chile)	judía
fresa	frutilla (Chile)	fresa
chícharo	arveja	guisante
papa	papa	patata
camarones	camarones	gambas
jugo	jugo	zumo
fideo	tallarines	pasta

Ahora, escribe la receta de tu plato favorito. Trata de incorporar el vocabulario de la lista mencionada anteriormente. Si no tienes la receta a mano, búscala en el Internet.

_____

_____

_____

_____

_____

_____

8

¿Qué te pones?

1. La ropa (TEXTBOOK P. 286)

8-1 ¿Qué te pones? For each activity, select the letter of the most appropriate piece of clothing.

1. Duermo.

   a. la falda

   b. el traje

   c. el abrigo

   d. el pijama

   e. el traje de baño

2. Voy a una fiesta de cumpleaños en un restaurante.

   a. la falda

   b. los jeans

   c. el abrigo

   d. el pijama

   e. el traje de baño

3. Hace calor y voy a la playa con mis amigos.

   a. la falda

   b. el traje

   c. el abrigo

   d. el pijama

   e. el traje de baño

4. Hace buen tiempo y vamos a jugar al fútbol.

   a. la falda

   b. el traje

   c. el abrigo

   d. el pijama

   e. los pantalones cortos

5. Tengo que ir a una entrevista de trabajo en una oficina.

   a. los jeans

   b. el traje

   c. el abrigo

   d. el pijama

   e. el traje de baño

6. Hace mucho frío y nieva.

   a. la falda

   b. el traje

   c. el abrigo

   d. el pijama

   e. el traje de baño

8-2 ¿Qué lleva y adónde va? Listen to each description of what Gema and her housemates are wearing. Then, match each person with the place where she is most likely going.

1. Marta   a. el gimnasio

2. Gema   b. un restaurante romántico

3. Paquita   c. el centro comercial

4. Emilia   d. una fiesta

5. Clara   e. su dormitorio

6. Amaya   f. la piscina

8-3 Lo contrario. Match each adjective related to clothing to its opposite.

1. ancho   a. incómodo

2. formal   b. corto

3. cómodo   c. estrecho

4. estampado   d. oscuro

5. claro   e. informal

6. largo   f. liso

8-4 ¡Las rebajas! Anabela went to her favorite store during a big sale. Listen to her conversation with Victoria about what she bought and then indicate if the following statements are **Cierto** or **Falso.**

1. Compró una falda negra y una blusa morada.   Cierto   Falso

2. La ropa le costó $72.00.   Cierto   Falso

3. Victoria necesita ropa para el verano.   Cierto   Falso

4. Es mejor ir a la tienda por la noche.   Cierto   Falso

5. Victoria va a ir a la tienda por la tarde con mucha gente. Cierto   Falso

8-5 La verdad. Listen to the conversation between Anabela and Victoria once again, and complete each statement with the correct information.

1. Anabela fue a su tienda favorita por la _____.

2. Compró una falda _____ y otra falda _____.

3. Compró una _____ blanca y una _____ negra.

4. Las faldas le costaron _____ dólares en total.

5. En total, Anabela gastó _____ dólares.

6. Victoria quiere comprar una _____, un _____

   y unas _____.

7. Victoria va a ir a la tienda a las diez de la _____.

8-6 Tu ropa favorita. Answer the following questions about your own clothes, using complete sentences.

1. ¿De qué color es tu camiseta favorita?

   _____

2. ¿Qué ropa llevas para ir a las clases?

   _____

3. ¿Qué ropa llevas durante el día los fines de semana?

   _____

4. ¿Qué ropa llevas para salir con tus amigos?

_____

5. ¿Qué ropa llevas para una cena romántica?

_____

6. ¿Qué ropa llevas para una fiesta formal?

_____

8-7 Crucigrama. Complete the crossword puzzle with the correct words.

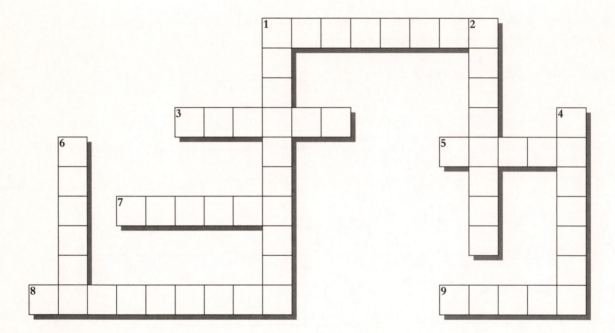

Horizontal

1. un objeto que usas cuando está lloviendo

3. algo que llevas encima de tu camiseta cuando tienes frío

5. algo que llevas cuando tienes una entrevista de trabajo

7. lo que llevas en el pie (singular)

8. unos zapatos que muchas personas llevan en el verano (plural)

9. un accesorio que muchas mujeres usan para guardar cosas

Vertical

1. la prenda que llevas para cubrirte (*cover*) las piernas

2. un accesorio que llevas en la cabeza

4. lo que una mujer lleva a un baile o un evento formal

6. lo que llevas para dormir

8-8 Las compras.

Paso 1 Answer the following questions about your favorite store.

1. ¿Cómo se llama tu tienda favorita? ¿Qué tipo de ropa venden?

   _____

2. ¿Cómo es la tienda?

   _____

3. ¿Por qué te gusta la tienda?

   _____

4. ¿Cuándo fue la última vez que fuiste a esta tienda?

   _____

5. ¿Qué compraste? ¿Por qué lo compraste?

   _____

6. ¿Cuándo piensas que vas a volver a la tienda? ¿Por qué?

   _____

7. ¿Qué necesitas comprar? ¿Qué quieres comprar? ¿Qué piensas que vas a comprar?

   _____

   _____

Paso 2 Now give an oral description of your favorite store, your most recent visit, and a possible reason for your next visit. Use your answers above to guide you in your description.

Pronunciación

The letters *ll* and *ñ* (TEXTBOOK P. 287)

 8-9 ¿Qué dicen? Listen to each sentence and then indicate which of the two words is used.

1. llama	lama	6. campaña	campana
2. cañas	canas	7. collar	colar
3. llama	lama	8. campaña	campana
4. cañas	canas	9. collar	colar
5. llave	lave	10. ganas	engañas

 8-10 ¿Quién habla? Listen to each statement and then indicate if the person is a native English speaker or a native Spanish speaker, by the pronunciation that you hear.

1. angloparlante	hispanohablante	4. angloparlante	hispanohablante
2. angloparlante	hispanohablante	5. angloparlante	hispanohablante
3. angloparlante	hispanohablante		

 8-11 Refranes. Listen to the following sayings and practice your own pronunciation of them. Then give your personal best recitation of them.

1. El que callar no puede, hablar no sabe.

2. El que roba a un ladrón, tiene cien años de perdón.

3. El que fue a Sevilla, perdió su silla.

4. El tiempo enseña más que cien maestros de escuela.

5. El sol sale para todos y cuando llueve todos nos mojamos.

6. Aunque la mona se vista de seda, mona se queda.

7. El huésped dos alegrías da, una cuando llega y otra cuando se va.

8. Año de nieves, año de bienes.

Zara: la moda internacional (TEXTBOOK P. 291)

8-12 El éxito de Zara. Answer the following questions about Zara with the information from your textbook.

MODELO   ¿En qué país empezó el negocio de ropa Zara?

España

1. ¿Cómo se llama el hombre que empezó el negocio de ropa Zara?

    _____

2. ¿En qué provincia de España comenzó la compañía?

    _____

3. ¿Cuál es la filosofía de Zara?

    _____

4. ¿Cuántas personas diseñan la ropa de Zara?

    _____

5. ¿Para quiénes tienen ropa en las tiendas de Zara?

    _____

6. ¿Cuánto tiempo pasa entre el momento de inspiración de los diseñadores y el momento de vender la prenda en las tiendas?

    _____

7. Si no vives cerca de una tienda de Zara, ¿cómo puedes comprar la ropa?

    _____

8-13 La página web de Zara.

Paso 1 Connect with your *¡Anda!* web site to view Zara's current collections. Then answer the following questions about what you have seen.

1. ¿Cómo es la ropa de Zara? ¿Es similar a la ropa de una tienda que conoces en los Estados Unidos?

_____

2. ¿Qué ropa de Zara para mujeres te gusta? ¿Por qué?

_____

3. ¿Qué ropa de Zara para hombres te gusta? ¿Por qué?

_____

4. ¿Qué ropa no te gusta? ¿Por qué?

_____

5. ¿En qué idiomas puedes explorar la página web de Zara?

_____

6. ¿Puedes ver los precios de la ropa en la página web?

_____

7. ¿Puedes comprar ropa a través de la página web?

_____

Paso 2 Imagine that Zara hired you as part of their marketing team and you need to create a brief radio ad for their new line of clothing. Using your answers from **Paso 1**, create an ad describing the clothes that you saw on their site. Then, record your ad.

2. Los pronombres de complemento indirecto (TEXTBOOK P. 292)

8-14 ¿Para quiénes son los regalos? Listen as Mercedes tells her husband about the gifts that she has just bought for her friends and family. Then match each person to the corresponding item.

1. Su madre   a. una corbata

2. Su padre   b. un suéter

3. Su hijo Antonio   c. unos pantalones

4. Su esposo   d. una camisa

5. Su amiga Marga   e. unas camisetas

6. Su amigo Federico   f. un sombrero

8-15 ¿Quién lo compró y para quién? Read the sentences below and for each one, indicate who bought or gave the gift, and who received it.

	¿QUIÉN LO COMPRÓ?				¿PARA QUIÉN?			
1. Me regaló un vestido.	yo	tú	él	ellos	mí	ti	él	ellos
2. Les di un libro.	yo	tú	él	ellos	mí	ti	él	ellos
3. Le compraste flores.	yo	tú	él	ellos	mí	ti	él	ellos
4. Te dieron la camiseta.	yo	tú	él	ellos	mí	ti	él	ellos
5. Les regaló un disco.	yo	tú	él	ellos	mí	ti	él	ellos
6. Me diste una falda.	yo	tú	él	ellos	mí	ti	él	ellos
7. Le regalaron un DVD.	yo	tú	él	ellos	mí	ti	él	ellos
8. Te compré una planta.	yo	tú	él	ellos	mí	ti	él	ellos

8-16 ¿Quién lo va a hacer y para quién? Listen to the conversation between Mario and Roberto about the surprise party that they are preparing for their friend. For each phrase, indicate which one of the boys will do it and for whom they will do it.

	¿QUIÉN LO VA A HACER?				¿PARA QUIÉN? O ¿A QUIÉN?			
1. mandar las invitaciones	Mario	Roberto	ella	ellos	Mario	Roberto	nosotros	ellos
2. comprar la comida	Mario	Roberto	ella	ellos	Mario	Roberto	nosotros	ellos
3. preparar la torta	Mario	Roberto	ella	ellos	Mario	Roberto	nosotros	ellos
4. comprar las bebidas	Mario	Roberto	ella	ellos	Mario	Roberto	nosotros	ellos
5. cocinar la comida	Mario	Roberto	ella	ellos	Mario	Roberto	nosotros	ellos
6. organizar la música	Mario	Roberto	ella	ellos	Mario	Roberto	nosotros	ellos

3. *Gustar* **y verbos como** *gustar* (TEXTBOOK P. 294)

8-17 ¿Qué piensan? Match each description of the following people to the statement that is most logically associated with them, using your knowledge of Spanish grammar.

1. Son actores.

2. Somos guitarristas.

3. Soy director.

4. Eres pianista.

5. Es modelo.

6. Son diseñadores.

a. Me gustan las películas dramáticas y las películas de acción.

b. Le encantan los diseños de ropa de esta temporada.

c. Les fascina ir al teatro.

d. Te hace falta ensayar mucho para tocar bien.

e. Les fascinan la moda y la ropa.

f. Nos encanta dar conciertos.

8-18 ¿Qué opinas tú? Listen to each item or activity and select the letter of the answer that best describes your opinions.

1. a. Me gusta.
   b. Me gustan.
   c. No me gusta.
   d. No me gustan.

2. a. Me molesta.
   b. Me molestan.
   c. No me molesta.
   d. No me molestan.

3. a. Me fascina.
   b. Me fascinan.
   c. No me fascina.
   d. No me fascinan.

4. a. Me importa.
   b. Me importan.
   c. No me importa.
   d. No me importan.

5. a. Me hace falta.
   b. Me hacen falta.
   c. No me hace falta.
   d. No me hacen falta.

8-19 ¿Qué opinan? Read each description and then complete the sentences using the correct indirect object pronouns and the correct forms of the appropriate verbs.

gustar   fascinar   encantar   molestar   hacer falta   importar

MODELO   Sonia compró un nuevo traje de baño para el verano. A ella *le gusta* ir de vacaciones a la playa.

1. Adriana no tiene un traje de baño y este fin de semana va a la playa con sus amigos. A ella _____ un traje de baño.

2. Las amigas de Adriana nadan muy bien y siempre están muy contentas cuando pueden nadar en el mar. _____ ir a la playa.

3. Yo no puedo comer mariscos; por eso _____ ir a los restaurantes de la

playa, donde las especialidades de la casa son los camarones y la langosta.

4. Tú eres una persona muy activista; por eso _____ las noticias (*news*)

internacionales.

5. Nosotros somos adictos a la música rock; por eso _____ los conciertos de

rock.

8-20 Las preferencias. Using one component from each column, create six logical statements about your friends' and family members' likes and dislikes.

a mí	(no) gustar	la ropa
a mis amigos	(no) hacer falta	los grupos de rock
a mis amigos y a mí	molestar	las tiendas especializadas
a mi familia	encantar	la moda
a mi familia y a mí	fascinar	ir de compras
a mi profesor/a	(no) importar	las tiendas grandes

1. _____

2. _____

3. _____

4. _____

5. _____

6. _____

4. Los pronombres de complemento directo e indirecto usados juntos (TEXTBOOK P. 298)

8-21 ¿Dónde están las cosas? José and Greg are apartment mates. Greg is away, and José is having difficulty finding things around the apartment. Read his message to Greg and then indicate to whom or to what each object pronoun refers, or who is doing each action.

¿Qué tal? Espero que bien. Por aquí todo está bien, pero necesito hacerte[1] unas preguntas. Mañana voy a hacer una pequeña fiesta y no encuentro todas las cosas que necesito para el gran evento. La semana pasada me lavaste la ropa con la tuya, pero ¿recuerdas dónde me[2] la[3] pusiste después? También quiero pedirte[4] un favor. ¿Recuerdas el año pasado cuando estuvieron en México visitándome y les[5] compré a ti[6] y a Lina ese CD de Maná? ¿Sabes si lo[7] tienes aquí en casa o si se lo[8] diste a Lina?

Bueno, eso es todo por el momento. ¡Muchas gracias y diviértete mucho!

José

1. _____   5. _____

2. _____   6. _____

3. _____   7. _____

4. _____   8. _____

8-22 Las responsabilidades en la tienda. Francisco works in a clothing store and his manager is asking him important questions about the day at the store. Match each question with its most appropriate response.

1. ¿Te dio las camisetas?   a. Sí, te las trajo.

2. ¿Le trajiste un suéter de un buen color? b. No, no me los buscó.

3. ¿Te buscó los pantalones?   c. No, no me las diste.

4. ¿Les diste las tallas correctas?   d. Sí, se las trajiste.

5. ¿Te di las zapatillas?   e. Sí, se lo traje.

6. ¿Me buscaste los pijamas?   f. Sí, se las diste.

7. ¿Les traje las chaquetas?   g. No, no te los busqué.

8. ¿Les di las sandalias?   h. No, no me las dio.

9. ¿Me trajo las faldas?   i. Sí, se las di.

8-23 Vamos de compras. Clara and Daniel are out shopping for presents for some friends and family members. Listen to their conversation and then select the correct answer or answers to each question.

1. ¿Van a comprarle el suéter azul a la madre de Daniel?

   a. No, no se lo van a comprar.

   b. Sí, se lo van a comprar.

   c. No, no van a comprárselo.

   d. Sí, van a comprárselo.

2. ¿Van a regalarle al padre de Daniel la camisa?

   a. Sí, se la van a regalar.

   b. Sí, van a regalársela.

   c. No, no se la van a regalar.

   d. No, no van a regalársela.

3. ¿Van a darle a la madre de Clara la blusa?

   a. Sí, se la van a dar.

   b. No, no se la van a dar.

   c. Sí, van a dársela.

   d. No, no van a dársela.

4. ¿Piensa comprar Clara una corbata a su padre?

   a. Sí, piensa comprársela.

   b. Sí, se la piensa comprar.

   c. No, no piensa comprársela.

   d. No, no se la piensa comprar.

5. ¿Van a comprar un programa de computadora para el padre de Clara?

   a. Sí, se lo van a comprar.

   b. No, no se lo van a comprar.

   c. Sí, van a comprárselo.

   d. No, no van a comprárselo.

6. ¿Les van a comprar a sus hermanos unos CDs?

   a. Sí, se los van a comprar.

   b. No, no se los van a comprar.

   c. No, no van a comprárselos.

   d. Sí, van a comprárselos.

8-24 ¿Quién tiene mi ropa? Susana and María often share clothing between themselves and among their friends. Sometimes they lose track of where their things have ended up. Listen to their conversation and then answer the questions, following the model exactly. You should use concise but complete sentences, with indirect and/or direct object pronouns to avoid repetition of the objects.

MODELOS   ¿Le prestó Susana a María su falda negra?

No, no se la prestó.

¿Llevó María la falda negra?

Sí, la llevó.

1. ¿Le prestó Susana su falda negra a Adriana?

   _____

2. ¿Llevó Adriana el vestido de Paula?

   _____

3. ¿Le prestó Susana su falda negra a su hermana?

   _____

4. ¿Le prestó Susana su vestido negro a María?

   _____

5. ¿Va a llevar Susana unos pantalones negros?

   _____

6. ¿Le va a dar María la blusa morada a Susana?

   _____

8-25 ¿Compartes con tus amigos? Think about your own clothes and your habits related to sharing them with family members or friends.

Paso 1 Answer the following questions about your habits and those of your friends.

1. ¿Les prestas tu ropa a tus amigos? ¿Por qué o por qué no?

   _____

2. ¿Te importa prestarles tus cosas a tus amigos? ¿Por qué o por qué no?

   _____

3. ¿Tienes amigos a quiénes no te gusta prestarles tus cosas? ¿Por qué o por qué no?

_____

4. ¿Tus amigos te prestan su ropa a ti?

_____

5. ¿Prefieres usar las cosas de unos amigos más que las de otros? ¿Las de quién o de quiénes? ¿Por qué?

_____

6. Cuando tienes un evento especial, ¿prefieres comprar ropa nueva o usar la ropa de uno de tus amigos? ¿Por qué o por qué no?

_____

Paso 2 Now describe orally the advantages and disadvantages of sharing your clothing and other possessions with friends.

5. Las construcciones reflexivas (TEXTBOOK P. 302)

8-26 Orden lógico. Indicate the most logical order of the following actions, using letters a, b, and c.

1. _____ Me levanto.

_____ Me despierto.

_____ Me ducho.

2. _____ Se quita la ropa.

_____ Se seca.

_____ Se baña.

3. _____ Te vistes.

_____ Te secas.

_____ Te duchas.

4. _____ Me lavo.

_____ Me maquillo.

_____ Me cepillo los dientes.

5. _____ Se afeita.

_____ Se viste.

_____ Se va.

6. _____ Se seca.

_____ Se ducha.

_____ Se despierta.

8-27 Todas las noches. Teresa and Pablo follow the same routine every night with their little daughter, Lola. Match each description of part of their routine to the appropriate phrase.

1. La acuestan.

2. Se acuestan.

3. La bañan.

4. Se lavan la cara.

5. Le cepillan los dientes.

6. Se cepillan los dientes.

a. Pablo y Teresa le ayudan a Lola a lavarse los dientes.

b. Pablo y Teresa lavan a Lola.

c. Pablo y Teresa se lavan los dientes.

d. Le ayudan a Lola a ponerse el pijama y a meterse en (*climb into*) la cama.

e. Pablo y Teresa se limpian.

f. Teresa y Pablo se van a la cama.

8-28 ¿Qué hace Roberto por la mañana? Look at the pictures of Roberto and, using the words and phrases below, describe what he does every morning.

afeitarse	levantarse	sentarse para desayunar
cepillarse los dientes	despertarse	vestirse

1. _____

2. _____

3. _____

4. _____

5. _____

6. _____

8-29 ¿Qué hizo Roberto ayer? Look at the pictures of Roberto yesterday and then select the correct answers to the questions about what he did.

1. ¿Levantó los brazos (*arms*) al final del partido de fútbol?

   a. Sí, se levantó.

   b. Sí, los levantó.

   c. Sí, se los levantó.

   d. No, no se los levantó.

   e. No, no se levantó.

2. ¿Se quitó los zapatos y los calcetines después del partido?

   a. Sí, se los quitó.

   b. No, no se los quitó.

   c. Sí, se quitó.

   d. No, no se quitó.

   e. Sí, los quitó.

3. ¿Se bañó después del partido?

   a. Sí, se bañó después del partido.

   b. No, Roberto se duchó después del partido.

   c. Sí, lo bañó después del partido.

   d. No, Roberto lo lavó después del partido.

   e. Sí, se lo lavó después del partido.

4. ¿Se secó con una toalla?

   a. No, se afeitó con la toalla.

   b. No, no se la secó.

   c. Sí, se secó.

   d. No, se sentó con la toalla.

   e. Sí, se la secó.

5. ¿Se peinó con un peine?

   a. Sí, se lo peinó.

   b. No, no se lo peinó.

   c. Sí, lo peinó.

   d. No, no lo peinó.

   e. Sí, se peinó.

6. ¿Se puso unos pantalones y una camiseta?

   a. Sí, los puso.

   b. No, no los puso.

   c. Sí, los puso.

   d. Sí, se los puso.

   e. No, no se los puso.

7. ¿Se divirtió en una fiesta con sus amigos?

   a. Sí, se divirtió.

   b. Sí, nos divirtió.

   c. Sí, los divirtió.

   d. Sí, me divirtió.

   e. Sí, te divirtió.

8. ¿Se acostó temprano?

   a. No, no me acostó temprano.

   b. No, no lo acostó temprano.

   c. No; se acostó tarde, después de la fiesta.

   d. No, te acostó a las doce.

   e. No, lo acostó a la medianoche.

8-30 Un día muy importante. Using the pictures and the useful expressions to guide you, write a coherent paragraph describing what Roberto did.

primero	segundo	después	entonces
a continuación	luego	finalmente	

_____

_____

_____

_____

_____

_____

_____

_____

Nombre: _____ Fecha: _____

8-31 Tu día. Now think about everything that you did yesterday from the time your alarm went off until the time you went to bed. Give an oral description of as many of your own activities as possible. The useful words below can help you connect your ideas.

primero	segundo	después	entonces
a continuación	luego	finalmente	

Los centros comerciales en Latinoamérica (TEXTBOOK P. 306)

8-32 De compras en Latinoamérica. Based on what you have learned about shopping in Latin America, choose the correct response to each question.

1. En Latinoamérica, ¿qué puede comprar la gente en los mercados al aire libre?

   a. artesanía y comidas típicos del país

   b. aire libre

   c. turistas

   d. productos y alimentos internacionales

2. ¿Qué ha surgido recientemente en las sociedades latinoamericanas?

   a. la cultura comercial

   b. los almacenes culturales

   c. los Unicentros

   d. un nuevo tipo de lugar donde comprar

3. Según el texto, ¿quiénes van a los mercados modernos en Latinoamérica?

   a. los turistas

   b. toda la población latina

   c. personas de varias clases económicas

   d. los salvadoreños, venezolanos y chilenos

4. Según el texto, ¿qué le ofrecen los centros comerciales a la gente?

   a. varias clases económicas

   b. la moda

   c. muchos almacenes

   d. muchos productos diferentes

5. ¿Qué hace la gente en los centros comerciales?

   a. comprar comida y otros artículos para la casa

   b. divertirse con los amigos y la familia

   c. relacionarse con otras personas

   d. *a, b y c*

8-33 Los centros comerciales en los Estados Unidos. Answer the questions about your own experiences with stores, malls, and shopping in the United States.

1. Cuando necesitas comprar algo, ¿dónde prefieres comprar: en una tienda pequeña, en una tienda grande o en una tienda de cadena (*chain*)?

   _____

   _____

2. ¿Te gustan los centros comerciales? ¿Por qué o por qué no?

   _____

   _____

3. ¿Cuándo fue la última vez que fuiste a un centro comercial?

   _____

   _____

4. ¿Fuiste solo/a o con otras personas? ¿Qué hiciste / hicieron en el centro comercial?

   _____

   _____

5. ¿Qué puede hacer la gente en los centros comerciales?

   _____

   _____

6. Según tus experiencias, ¿qué hacen los jóvenes en estos lugares? ¿Qué hacen los adultos? ¿Qué hacen los ancianos?

   _____

   _____

   _____

Nombre: _____ Fecha: _____

6. El imperfecto (TEXTBOOK P. 306)

8-34 ¿En la escuela secundaria o en la universidad? Listen as Gloria, a college student, mentions some of her current habits in contrast to those of her high school years. Using your knowledge of the imperfect tense, select the category to which each activity belongs.

1. levantarse temprano — la escuela secundaria — la universidad
2. ir a las clases en coche — la escuela secundaria — la universidad
3. tener todas las clases por la tarde — la escuela secundaria — la universidad
4. caminar a las clases — la escuela secundaria — la universidad
5. pasar mucho tiempo en los centros comerciales — la escuela secundaria — la universidad
6. maquillarse para ir a las clases — la escuela secundaria — la universidad
7. necesitar mucho tiempo para arreglarse — la escuela secundaria — la universidad
8. maquillarse solamente para ocasiones especiales — la escuela secundaria — la universidad
9. pasar más tiempo con los amigos — la escuela secundaria — la universidad
10. vivir una vida más activa — la escuela secundaria — la universidad

8-35 ¿Qué pasó ayer? Your friend Claudia had a special experience yesterday. Complete the details of her narration using the correct verbs in their correct imperfect forms. Be sure to use each verb only once.

ser	ver	hablar	llevar	hacer
pasear	quedar	sentirse	cruzar	estar

Ayer por la tarde decidí tomar un descanso de mis estudios y por eso salí a pasear un poco.

(1) _____ las seis y media de la tarde y yo (2) _____

muy cansada en ese momento. (3) _____ un poco de sol, pero no demasiado

calor, así que yo (4) _____ unos pantalones cortos y una camiseta blanca.

Mientras yo (5) _____ la plaza central de la universidad, me encontré con

Pablo y me invitó a tomar un helado. Pablo (6) _____ muy guapo, con una

camiseta blanca y unos vaqueros que le (7) _____ muy bien. Fuimos a tomar

el helado y después decidimos pasear un poco más. Nosotros (8) _____ por la

ciudad y (9) _____ sobre muchas cosas diferentes cuando de pronto empezó a

llover. Entonces fuimos corriendo al apartamento de Pablo. Allí me preparó una cena muy rica y me

invitó a ver una película. Mientras nosotros (10) _____ la película, me besó.

8-36 ¿Qué hacíamos y qué hicimos? Listen as Gabriela mentions some key moments in her childhood. Then indicate if each activity below was something that she and her family did habitually or many times (**imperfecto**), or if it was a more singular event that occurred only once (**pretérito**).

1. pasar mucho tiempo juntos   actividades habituales   eventos singulares
2. hacer deporte   actividades habituales   eventos singulares
3. pasar las vacaciones en la playa   actividades habituales   eventos singulares
4. nadar en el mar   actividades habituales   eventos singulares
5. hacer surf   actividades habituales   eventos singulares
6. tener un accidente   actividades habituales   eventos singulares
7. pasear por la playa   actividades habituales   eventos singulares
8. hablar con los amigos   actividades habituales   eventos singulares
9. ir a Disney   actividades habituales   eventos singulares
10. llevar a México   actividades habituales   eventos singulares

8-37 Muchas interrupciones. Gregorio was trying to get some important things done before going out last night, but too many interruptions made his plans very difficult. Complete the descriptions of what happened using the appropriate verbs in their correct imperfect forms.

| vestirse | hacer | salir | ducharse | lavar | ponerse | afeitarse |

1. Mientras Gregorio _____ los platos, su madre le llamó por teléfono.

2. Gregorio y su novia _____ la tarea para sus clases cuando su amigo les recordó que mañana tienen un examen.

3. Mientras Gregorio _____, empezó a salir agua muy fría.

4. Mientras él _____, se cortó y empezó a sangrar (*bleed*) un poco.

5. Gregorio_____ sus pantalones favoritos cuando vio que tenían un agujero (*hole*).

6. Mientras él_____, perdió uno de los botones de su camisa favorita.

7. Mientras Gregorio _____ de su casa, su perro se escapó y empezó a correr por la calle.

8-38 Mis abuelos y yo. Think about your own life when you were in high school, in contrast to what your grandparents' lives must have been like when they were teenagers.

Paso 1 Answer the following questions about yourself when you were fifteen versus your grandparents' generation when they were that age.

1. Cuando tenías quince años, ¿tenías novio/a? ¿Por qué o por qué no?

   _____

2. Cuando tus abuelos tenían quince años, ¿tenían novios?

   _____

3. ¿Salías por la noche con tus amigos muy frecuentemente? ¿Salían tus abuelos?

   _____

4. ¿Tenías un trabajo? ¿Tenían trabajo tus abuelos?

   _____

5. ¿Hacías algún deporte? ¿Hacían deporte tus abuelos?

   _____

6. ¿Qué hacías para divertirte? ¿Qué hacían tus abuelos?

   _____

Paso 2 Using your answers from **Paso 1,** give an oral description of what your adolescence was like in comparison with your grandparents' experiences.

Escucha (TEXTBOOK P. 310)

8-39 Los deportes y las emociones. In the next activity you are going to hear about Gael's childhood experience playing soccer. Before beginning the activity, answer the following questions about your own childhood.

1. ¿Cuáles eran tus actividades y juegos favoritos cuando eras pequeño/a?

   _____

2. ¿Qué deportes practicabas cuando eras pequeño/a?

   _____

3. ¿Qué deportes les gustaban a tus padres?

_____

4. ¿Hacían tus padres algún deporte?

_____

5. En tu familia, ¿cómo se sentían ustedes durante los partidos de sus equipos favoritos? ¿Se emocionaban?

_____

6. ¿Qué hacían tú y tu familia los fines de semana para relajarse y para divertirse?

_____

_____

8-40 El fútbol. Listen to Gael's story about when he was little and played soccer. Then indicate if the following statements are **Cierto** or **Falso**.

1. Gael jugaba al fútbol en la liga local cuando tenía seis años.	Cierto	Falso
2. Durante los partidos Gael y sus amigos se divertían mucho.	Cierto	Falso
3. A muchos de los padres de los niños les gustaba ver los partidos.	Cierto	Falso
4. A muchos de los padres de los niños les gustaba mucho ver a sus amigos y hablar con ellos durante los partidos.	Cierto	Falso
5. Los padres nunca tomaban los partidos demasiado en serio.	Cierto	Falso
6. Gael recuerda cuando iba a marcar su primer gol.	Cierto	Falso
7. Un jugador del otro equipo trató de quitarle el balón.	Cierto	Falso
8. Gael lo dejó quitárselo.	Cierto	Falso
9. Levantó el brazo (*arm*) para parar al otro jugador.	Cierto	Falso
10. El árbitro le dio una tarjeta roja a Gael.	Cierto	Falso

8-41 La verdad. Listen to Gael's story one more time, and for the statements that are false, rewrite the underlined portion in order to make them true. For the statements that are true, simply write an X in the space.

1. Gael jugaba al fútbol en la liga local <u>cuando tenía seis años</u>.

_____

2. Durante los partidos Gael y sus amigos <u>se divertían</u> mucho.

_____

3. <u>A muchos de los padres de los niños</u> les gustaba ver los partidos.

_____

4. A muchos de los padres de los niños <u>les gustaba mucho ver a sus amigos y hablar con ellos</u> durante los partidos.

_____

5. <u>Los padres nunca</u> tomaban los partidos demasiado en serio.

_____

6. Gael recuerda cuando <u>iba a marcar su primer gol</u>.

_____

7. Un jugador del otro equipo <u>trató de quitarle el balón</u>.

_____

8. <u>Gael lo dejó</u> quitárselo.

_____

9. <u>Levantó el brazo</u> (*arm*) para parar al otro jugador.

_____

10. El árbitro le dio <u>una tarjeta roja a Gael</u>.

_____

8-42 El significado y el contexto. Based on your understanding of the gist of Gael's story and your understanding of many of the words that he said, match each word below to its meaning.

1. tarjeta amarilla

2. árbitro

3. tarjeta roja

4. balón

5. marcar un gol

6. falta

a. un error; un movimiento o jugada ilegal

b. sanción que en el fútbol significa que el jugador necesita tener cuidado y jugar limpio

c. obtener un punto

d. sanción que en el fútbol significa la expulsión de una persona del partido

e. objeto redondo usado en diferentes deportes como el baloncesto y el fútbol; una pelota grande

f. persona que en las competiciones deportivas toma decisiones importantes

Escribe (TEXTBOOK P. 311)

8-43 Aquellos días maravillosos. Although you may thoroughly enjoy your life as a university student, you probably still recall the unique fun that you had during your high school years. Take a moment to recall and jot down some of the most memorable things that you and your friends used to do during high school.

	¿QUÉ HACÍAN?	¿QUÉ LES GUSTABA HACER?	¿QUÉ NO LES GUSTABA HACER?
yo			
mi mejor amigo/a			
nuestros amigos			
todos nosotros			

8-44 Un correo electrónico a tu mejor amigo. Now organize your thoughts into a nostalgic e-mail message to your best friend.

_____

_____

_____

_____

_____

_____

_____

Les presento mí pais (Textbook pp. 312–313)

8-45 ¿Qué es? Organize the following information related to Argentina and Uruguay by placing them in the appropriate categories.

| Mar de Plata | yerba mate | lunfardo | Ushuaia |
| Iguazú | tango | Punta del Este | Cerro Aconcagua |

COMIDAS Y BEBIDAS	GEOGRAFÍA	CULTURA GENERAL

8-46 Argentina y Uruguay. Based on what you have learned about Argentina and Uruguay in **Capítulo 8,** indicate to which country or countries each statement applies.

1. Tiene(n) mucha gente de origen italiano.

   Argentina   Uruguay   Argentina y Uruguay

2. Tiene(n) la montaña más alta de Suramérica.

   Argentina   Uruguay   Argentina y Uruguay

3. Muchos de sus ciudadanos viven en las ciudades.

   Argentina   Uruguay   Argentina y Uruguay

4. Mucha gente allí sabe bailar el tango.

   Argentina   Uruguay   Argentina y Uruguay

5. Es/son pequeño(s).

   Argentina   Uruguay   Argentina y Uruguay

6. Es/son grande(s).

   Argentina   Uruguay   Argentina y Uruguay

7. Tiene(n) playas muy bonitas.

   Argentina   Uruguay   Argentina y Uruguay

Más cultura

8-47 La moda y las tiendas en los países hispanohablantes. Read the following information about shopping in the Spanish-speaking world and then answer the questions below.

- Si estás en un país hispanohablante y quieres ir de compras, hoy en día tienes tantas opciones como en los Estados Unidos, si no más. Como en los Estados Unidos, por todo el mundo hispanohablante hay tiendas para todos los gustos y para diferentes niveles económicos: pequeñas y grandes, algunas con una gran variedad de productos y otras con una selección muy especializada, algunas con precios muy caros y otras con precios razonables.

- Las tiendas que llamamos "grandes almacenes", que son normalmente cadenas (*chains*) dirigidas por compañías muy grandes y que predominan en muchos lugares de los Estados Unidos, también tienen una fuerte presencia en muchos países hispanohablantes. Aunque este tipo de tienda existe en muchos de estos países, no todas sus cadenas favoritas estadounidenses existen en otros países. Estos países tienen sus propias cadenas que muchas veces son empresas nacionales, y cada vez más son compañías internacionales.

- Una diferencia importante que hay entre los grandes almacenes de los Estados Unidos y los que hay en muchos otros lugares del mundo es la variedad de productos que pueden comprar en estos comercios. En algunos países, la gente puede comprar ropa de diseñadores de importancia internacional, comida para preparar la cena y productos para limpiar la casa en la misma tienda.

- Como en los Estados Unidos, también hay pequeñas tiendas especializadas por todo el mundo hispanohablante. La diferencia es que en los países hispanohablantes hay muchas más de éstas. Por ejemplo, no es raro encontrar pequeñas tiendas que no son grandes cadenas y que venden productos muy específicos. Las zapaterías, que se especializan en los zapatos, a veces también venden otros artículos de piel, como bolsos, carteras y cinturones. Las lencerías son pequeñas tiendas que se especializan en la venta de ropa interior, medias y calcetines. También es común encontrar por los centros urbanos de los países hispanohablantes pequeñas tiendas especializadas en la ropa de los bebés o *boutiques* exclusivas de diseñadores famosos.

1. ¿Cuáles son las ventajas de los grandes almacenes? ¿Por qué piensas que son muy populares en diferentes países?

   _____

   _____

2. ¿Cuáles son las desventajas de ir a los grandes almacenes para comprar?

   _____

   _____

3. ¿Cuál es una diferencia entre los grandes almacenes de muchos lugares hispanohablantes y los grandes almacenes de los Estados Unidos?

_____

_____

4. ¿Qué puedes comprar en una zapatería? ¿Y en una lencería?

_____

_____

5. En tu ciudad, ¿hay muchas tiendas pequeñas que no son parte de grandes cadenas? ¿Por qué o por qué no?

_____

_____

8-48 Información importante para ir de compras en el mundo hispanohablante. Read the following important information to know when shopping in the Spanish-speaking world. Then answer the questions below.

- Si usted va a ir de compras en un país hispanohablante, necesita saber un poco de información básica. Entre otras cosas, es necesario saber qué moneda usan en el país. Debe saber también hablar con las personas que trabajan en la tienda y cómo elegir su ropa.

- Cuando habla con los dependientes de las tiendas, es necesario tomar la decisión de usar la forma de "tú" o la de "usted" con ellos. Aunque una opción segura siempre es "usted", si el dependiente es una persona muy joven o si ustedes tienen más o menos la misma edad también es aceptable en muchos lugares usar la forma de "tú".

- Como cuando está en su propio país, si quiere comprar ropa en otro país, es siempre una buena idea probar la ropa para ver si le queda bien. Algunas tallas son más o menos internacionales. Por ejemplo, para muchos artículos como camisetas y suéteres para hombres y mujeres las tallas son S, M, L y XL. Pero para los trajes y los vestidos, las tallas pueden ser muy diferentes. Una mujer que normalmente lleva la talla seis en los Estados Unidos probablemente necesita usar la talla 42 para mucha ropa en España. Una mujer que normalmente usa la talla 10 en los Estados Unidos probablemente necesita usar la talla 46.

- Como ocurre con mucha ropa en los Estados Unidos, en muchos países hispanohablantes las tallas varían entre un diseñador y otro. Recientemente, en España han intentado estandarizar las tallas y obligarles a los diseñadores a crear ropa que siga (*that follows*) tallas más homogéneas y uniformes.

- La importancia de ayudar a la gente a tener una imagen saludable (*healthy*) también ha afectado el mundo de la moda recientemente. En muchas pasarelas (*runways*) del mundo recientemente, los organizadores decidieron no permitir la participación de modelos excesivamente delgadas.

1. Cuando hablas con los dependientes en las tiendas en los Estados Unidos, ¿normalmente hablas de una manera formal o de una manera informal? ¿Por qué?

   _____

   _____

   _____

2. Si vas a ir de compras en un país hispanohablante, ¿cómo vas a hablar con los dependientes? ¿Por qué?

   _____

   _____

   _____

3. ¿Compras ropa sin probártela en la tienda, o te la pruebas antes de comprarla? ¿Por qué?

_____

_____

_____

4. ¿Piensas que el mundo de la moda proyecta una imagen saludable para los hombres y para las mujeres? ¿Por qué, o por qué no?

_____

_____

_____

8-49 La ropa de los indígenas. Look at the photograph of a group of women buying fabric at a market in Guatemala. Then write a brief description of the clothing that they are wearing and the fabrics (*telas*) that they are considering buying.

Algunas mujeres mayas compran telas y otros productos textiles en un mercado en Chichicastenango, una ciudad del Departamento El Quiche en Guatemala.

_____

_____

_____

_____

_____

Ambiciones siniestras

Episodio 8

¿Quién fue?

8-50 ¿Cómo estaban y qué hicieron? Use the photographs below to help you recall what happened in Episode 7 and complete the statements with the correct information.

Lupe estaba en (1) _____ y ella investigaba

acerca de (*about*) (2) _____ y

_____ de Latinoamérica en el Internet

cuando Marisol la sorprendió.

Manolo estaba muy (3) _____

por Alejandra. Ella no (4) _____

a clase y en su contestador automático

(5) _____ un hombre.

Cisco se puso muy (6) _____ cuando

Manolo le preguntó por Eduardo.

8-51 ¿Cierto o falso? Read the episode **¿Quién fue?** and indicate if the following statements about Marisol and the episode in general are **Cierto** or **Falso.**

1. El episodio tiene lugar por la noche.   Cierto   Falso

2. Alguien le llamó a Marisol por teléfono.   Cierto   Falso

3. Ella se puso nerviosa cuando vio su correo electrónico. Cierto   Falso

4. Le escribió un mensaje al Sr. Verdugo.   Cierto   Falso

5. Llamó a Manolo.   Cierto   Falso

6. Cree que Lupe hace cosas raras y misteriosas.   Cierto   Falso

El misterio crece

8-52 ¿Qué paso? View the episode **El misterio crece** and then match each event to its most appropriate pair, according to the plot.

1. Mientras Lupe trabajaba en su computadora,   a. Lupe puso ropa en su maleta.

2. Después de tener el problema con la conexión   b. recibió una llamada de teléfono.
   telefónica,
                                                      c. Cisco se vistió.
3. Mientras Cisco leía en su apartamento,
                                                      d. Manolo la llamó por teléfono.
4. Cuando Manolo se puso nervioso,
                                                      e. Cisco estaba muy tranquilo y no estaba
5. Después de decirle a Manolo que no podía   preocupado.
   hablar más,

8-53 ¿Por qué se portan así? Choose one of the characters below and, considering the questions that follow, write a paragraph about why you think they are exhibiting such strange behaviors.

1. Lupe: ¿Por qué pone ropa en su maleta? ¿Por qué tiene una pistola? ¿A dónde crees que va a ir? ¿Por qué crees que va a ir a ese lugar? ¿Qué piensas que va a hacer?

2. Cisco: ¿Por qué piensas que no tiene miedo de trabajar juntos para resolver el nuevo rompecabezas? ¿Por qué se pone más ropa encima de los pantalones cortos y la camiseta? ¿A dónde piensas que va a ir? ¿Qué piensas que va a hacer?

_____

_____

_____

_____

_____

Experiential Learning Activity

8-54 La ropa. Make up two different shopping lists that include all types of articles of clothing. The first list will be for the first day of a new semester, and the second will be for any other important event of your choice. Make sure that shoes are also listed as one of the items needed. Do not list any colors or other stylistic identifiers on your original lists that you will compose in English. Then, take those two lists to your favorite clothing store and find the desired items, making notes on your original copy as to colors, sizes, styles, and anything else you deem important to note. Remember that, in Spanish, when discussing sizes with regard to clothing, you will need to use the word **talla** rather than **tamaño.** Then, transpose everything on your lists to agree with what might be available in similar clothing types in Argentina and Uruguay. Make sure to use the sizing guidelines and conversions used by each of those countries.

Service Learning Activity

8-55 A traducir. Visit your local Goodwill store or similar commercial outlet that offers quality used clothing at reasonable rates. Find out if they need any of the signs on the different clothing aisles translated into Spanish and if they have any handouts or other information (return policies or required receipts) that might also be helpful to have in Spanish. Work in groups to fulfill the translation needs of those local organizations, and then present the final copies to the stores in your community.

Heritage Learner Activity

8-56 ¿En qué le puedo ayudar? En una tienda de ropa, el/la dependiente emplea ciertas expresiones de cortesía con sus clientes. Lee los siguientes ejemplos. Observa que se emplea la forma de **usted** al dirigirse a un cliente.

¿En qué le puedo ayudar?	Le queda bien/mal (corto, grande, etc.)
¿Busca algo en particular?	¿Qué le parece?
¿Le interesa…?	La/Lo tenemos en su talla.
¿Qué opina?	Pruébeselo/a.

También existen variantes en el vocabulario de ropa. Estudia la lista:

PALABRAS EN EL ESPAÑOL ESTÁNDAR	PALABRAS EN EL ESPAÑOL DE MÉXICO O DE ALGUNOS PAÍSES DE SUDAMÉRICA
falda	pollera (Chile)
suéter	chompa (Sudamérica)
abrigo	tapado (Argentina)
camiseta	playera (México)
pantalones	vaqueros (México)
zapatillas	chanclas (México)

Nombre: _____   Fecha: _____

Usando las expresiones de cortesía, los variantes del vocabulario de ropa, el vocabulario de las telas y adjetivos descriptivos, escribe un diálogo entre un/a dependiente mexicano/a y un/a cliente de Sudamérica en un almacén.

_____

_____

_____

_____

_____

_____

_____

_____

9

Estamos en forma

1. El cuerpo humano (TEXTBOOK P. 322)

9-1 Todo está conectado. For each body part given, select the letter of the body part that is most closely connected to it.

1. el pie

   a. el cuello

   b. el brazo

   c. la mano

   d. la pierna

   e. la boca

2. la cabeza

   a. el cuello

   b. el brazo

   c. la pierna

   d. la mano

   e. el pie

3. la mano

   a. el cuello

   b. el brazo

   c. la pierna

   d. el pie

   e. la cara

4. el dedo

   a. el cuello

   b. el corazón

   c. la nariz

   d. la pierna

   e. la mano

5. el diente

   a. la mano

   b. la pierna

   c. la boca

   d. la oreja

   e. la nariz

6. la nariz

   a. la mano

   b. la cara

   c. el cuello

   d. el brazo

   e. la pierna

7. la oreja

   a. la pierna

   b. el brazo

   c. el cuello

   d. la cabeza

   e. el ojo

9-2 Partes del cuerpo y actividades. Match each activity to the body part that is most important in carrying it out.

1. jugar al tenis

2. tocar el piano

3. jugar al fútbol

4. almorzar

5. tocar el tambor

6. ver una película

   a. los pies

   b. la boca

   c. los brazos

   d. los ojos

   e. los dedos

   f. las manos

9-3 ¿Cuál es su especialidad? Doctors specialize in different areas of medicine, and many times, in the care of different parts of our bodies. For each body part given, use your knowledge of cognates to choose which specialist you would go to for help.

1. los ojos

    a. un cardiólogo

    b. un ginecólogo

    c. un psiquiatra

    d. un dentista

    e. un oftalmólogo

2. el corazón

    a. un cardiólogo

    b. un quiropráctico

    c. un neurólogo

    d. un oftalmólogo

    e. un dentista

3. la cabeza

    a. un dentista

    b. un oftalmólogo

    c. un psiquiatra

    d. un cardiólogo

    e. un quiropráctico

4. los dientes

    a. un ginecólogo

    b. un quiropráctico

    c. un urólogo

    d. un dentista

    e. un oftalmólogo

5. la espalda

    a. un cardiólogo

    b. un quiropráctico

    c. un oftalmólogo

    d. un dentista

    e. un urólogo

9-4 ¿Qué se puso? Listen to each situation and then respond to the questions about the clothes each person put on. Be sure to use complete sentences and the correct article of clothing from the word bank, and follow the structure of the model exactly.

unos guantes	unos calcetines	un suéter
unas orejeras	unos pantalones de lana	una bufanda

MODELO   You hear: Corina tenía mucho frío en las orejas.

You see: ¿Qué crees que se puso Corina?

You write: *Creo que Corina se puso unas orejeras* (earmuffs).

1. ¿Qué crees que se puso Isabel?

_____

2. ¿Qué piensas que se puso Javier?

_____

3. ¿Qué crees que se puso Fernando?

_____

4. ¿Qué piensas que se pusieron Iván y Kike?

_____

5. ¿Qué crees que se puso Ricardo?

_____

9-5 ¿Qué le pasaba? Match each person's complaints about problems that he/she had last week to the correct description of the things he/she was not able to do as a result.

1. "Me dolían mucho las manos y los dedos."   a. No podía caminar.

2. "Me dolían los ojos."   b. No podía jugar al tenis.

3. "Me dolía mucho la garganta."   c. No podía tocar la guitarra.

4. "Me dolían un poco las piernas."   d. No podía hablar.

5. "Me dolían mucho los pies y las piernas."   e. No podía correr.

6. "Me dolían los brazos."   f. No podía leer.

Nombre: _____ Fecha: _____

9-6 ¿Qué pasó? Listen to each description about how the people are feeling, and then choose the statement that best corresponds to each person.

1. _____
2. _____
3. _____
4. _____
5. _____
6. _____

a. Fue a esquiar.

b. Comió carne que estaba mala.

c. Trabajó por muchas horas en la computadora.

d. Fue necesario sacarle uno de los dientes.

e. Le ayudó a su amigo a mudarse a otra casa.

f. Los vecinos pusieron música horrible a todo volumen toda la noche.

Pronunciación

The letters *d* and *t* (TEXTBOOK P. 323)

9-7 ¿Qué dijo? Listen to the statements and write the word from the word bank that is used in each one.

manta	manda	falda	falta
venda	venta	tose	doce

1. _____
2. _____
3. _____
4. _____
5. _____
6. _____
7. _____
8. _____

9-8 ¿Quién lo dijo? Listen to each word and based especially on how the people pronounce the letters **d** and **t**, indicate if each person is a native Spanish speaker or a native English speaker.

1. hispanohablante   angloparlante
2. hispanohablante   angloparlante
3. hispanohablante   angloparlante
4. hispanohablante   angloparlante
5. hispanohablante   angloparlante
6. hispanohablante   angloparlante
7. hispanohablante   angloparlante
8. hispanohablante   angloparlante

© 2009 Pearson Education, Inc.

Capítulo 9 Estamos en forma **377**

9-9 ¿Qué palabra dijo? Listen to each statement and indicate which of the words from the bank the speaker used.

| cara | toros | cada | modas |
| dura | todos | moras | duda |

1. _____
2. _____
3. _____
4. _____

5. _____
6. _____
7. _____
8. _____

9-10 Refranes. Read the following sayings, practice reciting them and then give your best pronunciation of each one.

1. La naturaleza, el tiempo y la paciencia son tres grandes médicos.

2. Más ven cuatro ojos que dos.

3. Acostarse temprano y levantarse temprano hacen al hombre saludable, rico y sabio.

4. El aceite de oliva, todo mal quita.

5. Beber con medida alarga la vida.

6. Para mentir y comer pescado, hay que tener mucho cuidado.

7. Todo el cuerpo duerme, menos la nariz.

2. Un resumen de los pronombres de complemento directo, indirecto y reflexivos (TEXTBOOK P. 325)

9-11 ¿Qué pasó con la foto? Gema went to a club last weekend and had the opportunity to dance with one of her favorite actors. To capture the moment, she asked her best friend to take a photograph using her mobile phone. Look at the picture that her friend took and answer the questions about it below. Be sure to use complete sentences and the correct direct object pronouns in order to avoid unnecessary repetition of the objects. Follow the structure of the model exactly.

MODELO   ¿Incluyó los dos ojos de Gema en la foto?

No, no los incluyó.

1. ¿Incluyó las dos manos de Gema en la foto?

   _____

2. ¿Incluyó las dos manos del actor favorito de Gema en la foto?

   _____

3. ¿Incluyó los dos ojos del actor favorito de Gema en la foto?

   _____

4. ¿Incluyó las dos piernas de Gema en la foto?

   _____

5. ¿Incluyó las dos piernas del actor favorito de Gema en la foto?

   _____

6. ¿Incluyó la nariz del actor favorito de Gema en la foto?

   _____

9-12 Nuestras preferencias. Using the correct indirect object pronouns, complete the following sentences with the correct forms of the verb **encantar**.

MODELO   A mis padres *les encanta* mi novio.

1. A los profesores de literatura _____ la poesía.

2. A mi profesor de arte _____ los museos.

3. A los profesores de biología _____ las plantas y los animales.

4. A mí _____ mis amigos.

5. A ti _____ tu apartamento.

6. A nosotros _____ nuestra universidad.

7. A ustedes _____ sus clases.

9-13 Un día en el hospital. Listen to Maribel describe the day that she and her siblings went to the hospital, and then answer the questions about what occurred. Use complete sentences and direct and indirect object pronouns in order to avoid unnecessary repetition.

MODELOS   ¿A quién le operaron el corazón?

A su abuelo se lo operaron.

¿A su abuelo le operaron las piernas?

No, no se las operaron; le operaron el corazón.

1. ¿A quién le operaron los ojos?

_____

2. ¿A Maribel le examinaron las orejas?

_____

3. ¿A quién le miraron la garganta?

_____

4. ¿A su madre le analizaron la cabeza?

_____

5. ¿A quién(es) le(s) limpiaron los dientes?

_____

6. ¿A su hermana le examinaron los pies?

_____

9-14 Ayer por la mañana. Read the description of what Pablo did yesterday. Then indicate if each pronoun numbered is functioning as a direct object pronoun or as a reflexive pronoun.

A las siete de la mañana me[1] despertó mi madre y cinco minutos después me[2] levanté. Después me[3] fui a la cocina y me[4] senté en la mesa para desayunar. Mientras tomaba el café, uno de mis amigos me[5] llamó por teléfono y contó una anécdota muy cómica que me[6] divirtió mucho. Después de hablar con mi amigo me[7] duché, me[8] sequé y me[9] vestí. Fui a clase y la conferencia de mi profesor de matemáticas me[10] durmió.

1. objeto directo	reflexivo	6. objeto directo	reflexivo
2. objeto directo	reflexivo	7. objeto directo	reflexivo
3. objeto directo	reflexivo	8. objeto directo	reflexivo
4. objeto directo	reflexivo	9. objeto directo	reflexivo
5. objeto directo	reflexivo	10. objeto directo	reflexivo

9-15 Un accidente muy grave. Laura was in a very serious accident and had to go to the hospital. Complete the description of her experience with the correct reflexive, direct object, and indirect object pronouns.

Hace dos semanas, mientras iba a la casa de mis padres, tuve un accidente terrible. En este momento

solamente (1) _____ acuerdo de un poco de lo que pasó. Sé que un hombre en un

coche deportivo iba muy rápidamente y manejaba como un loco. Ese hombre

(2) _____ puso a mí y a mi amiga muy nerviosas. Después, chocó contra nosotras y

realmente no sé qué pasó en ese momento, porque estaba inconsciente. Mi madre

(3) _____ dijo después que unos paramédicos (4) _____

llevaron a mí, a mi amiga y al hombre loco al hospital. Allí (5) _____ operaron a mí.

A mi amiga y al hombre, que no estaban muy mal, (6) _____ examinaron sus

heridas (*wounds*). Estuve en el hospital durante dos semanas y cuando los médicos

(7) _____ permitieron a mis padres llevarme a casa, al principio mi madre

(8) _____ tuvo que bañar porque yo no estaba suficientemente fuerte todavía. Poco

a poco fui recuperándome: después de dos semanas ya (9) _____ podía levantar sin

la ayuda de otra persona y después de un mes empecé a vestirme sin ayuda. Al final, el hombre loco

(10) _____ tuvo que pagar mucho dinero a mí y mi familia.

3. Unas enfermedades y tratamientos médicos (TEXTBOOK P. 328)

9-16 Crucigrama. Complete the crossword puzzle with the correct words.

1. un medicamento muy común que alivia el dolor de cabeza y ayuda a bajar la fiebre

2. enfermedad común que tiene síntomas como la fiebre, el dolor de cabeza y el dolor de estómago

3. enfermedad común que tiene síntomas como el estornudo, la tos, el dolor de cabeza, y a veces el dolor de garganta

4. tener la temperatura corporal muy alta

5. mujer que trabaja en una clínica o en un hospital, ayudando a los pacientes y a los médicos

6. lo que tiene una persona cuando se corta

7. enfermedad o condición que pueden tratar con antibióticos

8. mujer que trabaja en una clínica o en un hospital, ayudando a los pacientes; ella puede recetar la medicina

9. enfermedad que no pueden curar con antibióticos

10. pieza de algodón que usamos para cubrir una herida

9-17 Síntomas y diagnosis. Listen to each description of the symptoms that people are suffering, and choose the most appropriate diagnosis.

1. _____   a. una infección

2. _____   b. la gripe

3. _____   c. una pierna rota

4. _____   d. una alergia

5. _____   e. un catarro

9-18 Tratamientos. For each ailment listed below, choose the most appropriate treatment.

1. Una infección bacterial

   una aspirina   un antiácido   un vendaje   un jarabe   un antibiótico

2. Una fiebre

   una aspirina   un antiácido   un vendaje   un jarabe   una curita

3. Una herida

   una aspirina   una pastilla   un vendaje   un antibiótico   un jarabe

4. Una alergia

   un catarro   una pastilla   una venda   un antiácido   un jarabe

5. Un dolor de garganta

   una fiebre   una pastilla   una venda   un jarabe   un antiácido

9-19 En la clínica. Complete the descriptions about the different people and items associated with clinics, using the correct words.

venda	catarro	jarabe	fiebre
enfermeras	gripe	herida	enfermas
estornuda	tos		

Las (1) _____ trabajan muy duro para ayudar a todas las personas que están

(2) _____. Por ejemplo, si una persona tiene una (3) _____,

entonces ellas le ponen una (4) _____. Si el paciente tiene una

(5) _____, entonces probablemente le van a dar un

(6) _____ para ayudarle a sentirse mejor. También participan en el trabajo

diagnóstico en la clínica. Por ejemplo, si ven que una persona (7) _____ mucho,

pueden decirle a la médica que probablemente ese paciente tiene un (8) _____.

Si saben que un enfermo tiene (9) _____ y que le duele todo el cuerpo, entonces

pueden empezar a darle algo para tratar esos síntomas de la (10) _____.

9-20 ¿Qué tienen que hacer para mejorarse? You are working in the university clinic and need to give quick advice to patients who are sending you instant messages. Respond to each person's complaints by using the correct forms of **tener que** along with the most appropriate advice for their situations. Be sure to follow the model.

guardar cama	~~tomar un antiácido~~	evitar el contacto con las plantas
vendarse	tratar de no moverlo	tomar unas pastillas

MODELO   Comí un bistec durante la cena y ahora tengo dolor de estómago.

Tienes que tomar un antiácido. / Tiene que tomar un antiácido.

1. Me siento horrible porque tengo la gripe.

   _____

2. Mientras cocinaba me corté con un cuchillo. Estoy sangrando mucho.

   _____

3. Tengo un catarro y estoy estornudando y tosiendo constantemente.

   _____

4. Creo que me rompí el brazo mientras jugaba al fútbol americano con mis amigos.

   _____

5. Tengo una alergia terrible al polen y estoy teniendo un ataque muy fuerte.

   _____

9-21 Remedios caseros. Think about what you and your family and/or friends do when common ailments and health concerns arise. Now share some of your own home remedies.

Paso 1 Fill in the table with what you do to prevent and treat the different conditions listed.

CONDICIONES	PARA EVITARLO...	PARA TRATARLO...
1. el dolor de estómago		
2. el dolor de garganta		
3. la gripe		
4. el catarro		
5. el dolor de cabeza		

Paso 2 Using your notes from above and the words and expressions in the word bank below, give an oral description of some ways in which people can prevent and treat the conditions listed.

> Tienes que... / (Usted) tiene que... / (Ustedes) tienen que...   Debes... / Debe... / Deben...
> Hay que...   Es necesario...
> Es importante...

El agua y la buena salud (TEXTBOOK P. 331)

9-22 El agua. Based on what you have learned about water and good health in the textbook, indicate if the following statements are **Cierto** or **Falso.**

1. El setenta y cinco por ciento del peso del cuerpo humano es agua.   Cierto   Falso

2. Más de tres cuartas partes de la sangre de un ser humano son agua.   Cierto   Falso

3. Una cuarta parte del cerebro es agua.   Cierto   Falso

4. Es necesario consumir seis a ocho litros de agua al día.   Cierto   Falso

5. Es importante reponer por lo menos quinientos centímetros cúbicos de agua todos los días.   Cierto   Falso

6. Algunas comidas y bebidas nos dan más agua y otras nos quitan agua.   Cierto   Falso

9-23 ¿Bebes mucha agua? Now think about your own awareness of the importance of water.

Paso 1 Consider the information that you learned in your text about the importance of water and organize the principal facts according to each category.

LO SABÍA ANTES DE LEER   NO LO SABÍA ANTES DE LEER

_____   _____

_____   _____

_____   _____

_____   _____

_____   _____

_____   _____

Paso 2 Now describe your own current water-drinking habits and discuss whether or not you should adjust them in order to improve your health.

_____

_____

_____

_____

_____

4. ¡Qué! y ¡cuánto! (TEXTBOOK P. 332)

 9-24 ¡Qué noticias! Your friends all have important news to share with you. Listen to each person and choose the letter of the most appropriate response.

1. ...

    a. ¡Cuánto me gusta!

    b. ¡Cuánto lo agradezco!

    c. ¡Qué interesante!

    d. ¡Cuánto lo siento!

    e. ¡Cuánto me duele!

2. ...

    a. ¡Qué alegría!

    b. ¡Qué triste!

    c. ¡Qué médico!

    d. ¡Qué feo!

    e. ¡Qué susto!

3. ...

    a. ¡Cuántas clínicas!

    b. ¡Cuántos médicos!

    c. ¡Cuánto tiempo!

    d. ¡Cuánto me duele!

    e. ¡Cuánto me gusta!

4. ...

    a. ¡Qué susto!

    b. ¡Qué triste!

    c. ¡Qué experto!

    d. ¡Qué feo!

    e. ¡Qué interesante!

5. ...

    a. ¡Cuánto me encanta!

    b. ¡Cuánto te lo agradezco!

    c. ¡Cuánto me duele!

    d. ¡Cuánto me gusta!

    e. ¡Qué interesante!

9-25 Un día de mucho estrés en el hospital. Pablo has just arrived to work at the hospital and his colleague, Olga, is describing what a stressful day it has been. Complete Pablo's reactions to each of her statements using either **qué** or the correct form of **cuánto**.

Olga: Esta mañana vinieron más de doscientos pacientes a la sala de urgencias porque necesitaban nuestra ayuda.

Pablo: 1. ¡_____ personas!

Olga: Algunas personas tuvieron que esperar más de dos horas para recibir atención médica.

Pablo: 2. ¡_____ paciencia!

Olga: La dra. García les salvó la vida a más de diez personas que sufrieron heridas muy graves en un accidente de tráfico.

Pablo: 3. ¡_____ médica!

Olga: Yo preparé a seis de esas personas para sus operaciones; pude estabilizarlas.

Pablo: 4. ¡_____ les ayudaste!

Olga: Una de las personas llegó con una herida tan grave que teníamos miedo de tener que amputarle una pierna.

Pablo: 5. ¡_____ herida!

Olga: Hoy todo nuestro equipo trabajó más de siete horas y no tuvimos descansos.

Pablo: 6. ¡_____ horas!

Olga: Ahora estoy muy cansada y necesito irme a casa para descansar un poco.

Pablo: 7. ¡_____ te entiendo! No te preocupes… ahora que yo estoy aquí, puedes irte a casa tranquila, y yo puedo atender a tus pacientes.

Olga: 8. ¡_____ te lo agradezco!

9-26 ¡No me lo digas! Your friends have all had very emotional days and are sharing with you some of the ups and downs that they have experienced. For each of their comments, write an appropriate response using expressions with **qué** and **cuánto.**

MODELO   Mi mamá tuvo que ir a la sala de emergencias esta mañana.

¡Qué susto!

1. Mi novio y yo tuvimos una discusión (*argument*) esta tarde y decidimos separarnos.

   _____

2. Hoy me ofrecieron un trabajo muy bueno en una compañía que me gusta mucho.

   _____

3. ¡Gané la lotería!

   _____

4. Tuvimos un examen en nuestra clase de matemáticas a la que no fuiste. Le expliqué al profesor que estabas enfermo y que por eso necesitabas tomar el examen otro día.

   _____

5. Carlos invitó a más de cincuenta personas a nuestra fiesta.

   _____

5. El pretérito y el imperfecto (TEXTBOOK P. 334)

9-27 Niños peligrosos. Read Javier's narrative about the accident his sister had when they were little.

Paso 1 Identify and select all of the past tense verbs (preterit and imperfect) that Javier uses in his narrative.

De niños, nosotros siempre teníamos muchos accidentes; algunos pequeños y otros no tan pequeños. Por ejemplo, recuerdo una vez cuando tenía doce años y mi hermana bailaba en la sala de nuestra casa. Ella subió al sofá con la intención de saltar de allí al suelo. Al final en lugar de saltar, se cayó. Tenía una pequeña herida en la cara con mucha sangre. Cuando mi madre la vio, empezó a gritar. Fuimos todos directamente al hospital. Mi pobre madre sufría mucho con todos nuestros incidentes.

Paso 2 Now classify each of the past tense verbs according to their specific tense.

teníamos	Tenía	bailaba	subió
se cayó	tenía	vio	empezó
Fuimos	sufría		

VERBOS EN EL PRETÉRITO	VERBOS EN EL IMPERFECTO

9-28 ¿Por qué? Now, for each of the verbs in Javier's narrative, select the letter(s) of the usage he intended.

1. teníamos

   a. acciones habituales y repetidas

   b. expresa lo que estaba pasando

   c. descripción del ambiente y de la situación o las condiciones generales

   d. expresa la hora

2. tenía

   a. acciones habituales y repetidas

   b. expresa lo que estaba pasando

   c. detalles descriptivos o descripción del ambiente o de la situación o las condiciones generales

   d. expresa la hora

3. bailaba

   a. acciones habituales y repetidas

   b. expresa lo que estaba pasando

   c. descripción del ambiente y de la situación o las condiciones generales

   d. expresa la hora

4. subió

   a. un evento específico del pasado

   b. un evento que empezó o que terminó en el pasado

   c. un evento central dentro de una secuencia de eventos en una narrativa

   d. una acción que duró un espacio de tiempo específico

5. se cayó

   a. un evento específico del pasado

   b. un evento que empezó o que terminó en el pasado

   c. un evento central dentro de una secuencia de eventos en una narrativa

   d. una acción que duró un espacio de tiempo específico

6. tenía

    a. acciones habituales y repetidas

    b. expresa lo que estaba pasando

    c. descripción del ambiente y de la situación o las condiciones generales

    d. expresa la hora

7. vio

    a. un evento específico del pasado

    b. un evento que empezó o que terminó en el pasado

    c. un evento central dentro de una secuencia de eventos en una narrativa

    d. una acción que duró un espacio de tiempo específico

8. empezó

    a. un evento específico del pasado

    b. un evento que empezó o que terminó en el pasado

    c. un evento central dentro de una secuencia de eventos en una narrativa

    d. una acción que duró un espacio de tiempo específico

9. fuimos

    a. un evento específico del pasado

    b. un evento que empezó o que terminó en el pasado

    c. un evento central dentro de una secuencia de eventos en una narrativa

    d. una acción que duró un espacio de tiempo específico

10. sufría

    a. acciones habituales y repetidas

    b. expresa lo que estaba pasando

    c. descripción del ambiente y de la situación o las condiciones generales

    d. expresa la hora

9-29 Una anécdota caótica. Támara would like to tell you about something very important that happened last week, but she is so excited that she is having trouble organizing the different parts of her story. Reconstruct her story by writing the fragments in their logical order.

• Me contestó que estaba en frente de mi casa y que solo necesitaba cinco minutos de mi tiempo.

• Esa noche, tenía planes para salir a una discoteca con mis amigos.

• Miré por la ventana y vi que estaba en la calle enfrente de mi casa.

• Cancelé mis planes con mis amigas y él y yo pasamos toda la tarde y la noche hablando.

• Llevaba ropa muy elegante y estaba muy guapo.

• Me dijo que necesitaba verme urgentemente.

• Todo empezó el sábado pasado.

• También tenía veinticuatro rosas en la mano, y era evidente que quería recuperar nuestra relación.

• Le respondí que eso era imposible, y que tenía que salir en los siguientes quince minutos.

• Mientras me vestía y me maquillaba para salir, mi ex-novio me llamó.

1. _____

2. _____

3. _____

4. _____

5. _____

6. _____

7. _____

8. _____

9. _____

10. _____

Nombre: _____   Fecha: _____

9-30 Muchas interrupciones. Your friend Sara is working as a nurse's assistant in the emergency room. Life at work is extremely fast-paced and hectic. Complete her description of the interruptions she experienced during the day using the correct preterit forms of the correct verbs, and the descriptions of the activities she was doing when the interruptions occurred using the correct imperfect forms of the appropriate verbs. Each verb should be used only once.

vendar	ser	entrar	tratar	irme
pedir	trabajar	llegar	salir	llamar

¡Cuánto trabajo! ¡No paré en ningún momento del día! Mientras yo (1) _____ en

la sala de emergencias, (2) _____ muchos pacientes con diferentes heridas y

enfermedades. Era necesario ayudarles a todos. Mientras yo (3) _____ la herida

de una persona, una enfermera me (4) _____ ayuda con otro caso importante.

Después, cuando (5) _____ de ayudarle a ella con ese caso, un médico nos

(6) _____ por teléfono para pedir nuestra ayuda. Cuando por fin

(7) _____ del hospital, dos ambulancias (8) _____ con otros

cuatro pacientes. Cuando (9) _____ las diez de la noche, yo

(10) _____ del hospital.

9-31 Eventos centrales y detalles descriptivos. Complete the following narrative using the correct preterit forms of the appropriate verbs for the central actions, as well as the correct imperfect forms of the appropriate verbs for the descriptive details.

Eventos centrales				
decidir	volver	ir	llegar	divertirse

Detalles descriptivos				
ser	querer	hacer	llevar	sentirse

El sábado pasado (1) _____ a la casa de mi mejor amiga porque ella no (2) _____

muy bien y yo (3) _____ ayudarle. (4) _____ las dos de la tarde y (5) _____

mucho sol. Yo (6) _____ a su casa a las dos y media, y nosotras (7) _____ salir a dar

un paseo por la ciudad. Nosotras dos (8) _____ ropa muy informal; por eso después del

paseo (9) _____ a su casa para cambiarnos de ropa antes de salir a cenar. Después de cenar,

nosotras (10) _____ mucho bailando en una discoteca.

9-32 ¿Qué pasó? Complete the narrative about what happened to Isabel last week using the correct preterit or imperfect forms of the appropriate verbs.

llegar	decir	estar	sentirse	ser
preguntar	llamar	esperar	contestar	doler

El viernes pasado yo (1) _____ por teléfono a la clínica porque

(2) _____ muy mal. Me (3) _____ la cabeza y el estómago. La

secretaria que (4) _____ el teléfono me (5) _____ cuáles eran mis

síntomas. Ella me (6) _____ que (7) _____ necesario ir a la clínica

para recibir una diagnosis de un médico. Cuando (8) _____ a la clínica, la sala de

espera (9) _____ llena de otras personas enfermas. Durante una hora y media

(10) _____ allí sentada, sintiéndome muy mal antes de poder ver a un médico.

9-33 Tu primer día en la universidad. Think about your first day at school: all of the important things that occurred, all of the details that you took in, and all of the emotions that you felt.

Paso 1 Complete the table with information about your first day at the university.

EVENTOS CENTRALES DEL DÍA	DETALLES DESCRIPTIVOS
¿Cuándo llegaste?	¿Qué día de la semana era?
¿Cómo fuiste?	¿Qué tiempo hacía?
¿Con quién(es) fuiste?	¿Qué ropa llevabas?
¿A qué hora se fueron esas personas?	¿Cómo te sentías?
¿Qué hiciste durante el día?	¿Quién(es) estaban por el campus?
¿A quién(es) conociste?	¿Qué hacían esas personas?
¿Qué hiciste por la noche?	¿Cómo se sentían esas personas?
Otros eventos importantes:	Otros detalles descriptivos importantes:

Paso 2 Mentally organize your notes above in order to give an oral description of your first day at school. Remember that when narrating the main events of your story, you should use the preterit, and when offering expository details, you should use the imperfect.

9-34 Un accidente. Maribel had a very serious accident and is now in the hospital.

Paso 1 Looking at the photo, write down some notes about what you think happened to Maribel and what injuries she suffered.

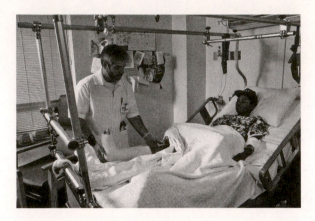

_____

_____

_____

_____

Paso 2 Imagine that you are Maribel's friend and that you are with her in the hospital. You need to inform her family of the situation. Leave a phone message for her parents explaining to them what happened to Maribel and describing her current condition. Finally, reassure them that you are staying with her.

Las farmacias en el mundo hispanohablante (TEXTBOOK P. 340)

9-35 Las farmacias. Based on what you have learned in your text about pharmacies in the Spanish-speaking world, indicate if the following statements are **Cierto** or **Falso**.

1. En Latinoamérica las farmacias son dispensarios de una gran
   variedad de productos.   Cierto   Falso

2. Para obtener antibióticos en muchos lugares hispanohablantes
   es necesario tener siempre una receta médica.   Cierto   Falso

3. Los farmacéuticos en muchos lugares hispanohablantes no necesitan consultar
   frecuentemente con un médico antes de darle un medicamento a un cliente. Cierto   Falso

4. En países como Argentina, Chile y México hay un nuevo tipo de
   farmacia que es similar a las farmacias estadounidenses que nunca se cierran. Cierto   Falso

5. Las farmacias como las de la cadena Inka Farma, además de vender
   medicamentos, también les ofrecen muchos otros artículos a sus clientes. Cierto   Falso

6. Expresiones con *hacer* (TEXTBOOK P. 341)

9-36 Un compañero de clase. Some students in one of your classes are just meeting for the first time and are getting to know each other. Listen to their conversation and then answer the questions, using concise but complete sentences, as in the model.

MODELO   ¿Cuánto tiempo hace que la universidad tiene problemas con los documentos de Alejandro?

Hace tres años.

1. ¿Cuánto tiempo hace que Alejandro empezó a tomar la clase?

_____

2. ¿Cuánto tiempo hace que Carmen toma la clase?

_____

3. ¿Cuánto tiempo hace que Alejandro estudia en la universidad?

_____

4. ¿Cuánto tiempo hace que Alejandro llegó a los Estados Unidos?

_____

5. ¿Cuánto tiempo hace que Carmen empezó sus estudios universitarios?

_____

6. ¿Cuánto tiempo hace que Carmen salió de México?

_____

9-37 La curiosidad. Mario is a very curious person and strikes up conversations with people in every context. Now he is at an appointment with a doctor and has lots of questions about the person's background. Match each question with the correct response.

1. ¿Cuánto tiempo hace que usted es doctora?

2. ¿Cuánto tiempo hace que empezó a trabajar aquí?

3. ¿Cuánto tiempo hace que vive en esta ciudad?

4. ¿Cuánto tiempo hace que vive en los Estados Unidos?

5. ¿Cuánto tiempo hace que tiene esta especialidad?

6. ¿Cuánto tiempo hace que empezó esta cita?

a. Me mudé aquí hace tres años.

b. Decidí ser cardióloga hace cinco años.

c. Hace diez años que soy médica.

d. Hace media hora que usted entró en la clínica.

e. Hace un año que lo comencé.

f. Hace quince años que inmigré.

9-38 Preguntas. For each response, indicate the question that was asked, following the model exactly.

MODELO   Hace cuatro días que tengo fiebre.

¿Cuántos días hace que tienes fiebre?

1. Hace siete días que empecé a sentirme mal.

_____

2. Hace cuatro días que me duele la cabeza.

_____

3. Hace cinco días que estoy tosiendo.

_____

4. Hace tres días que me molesta la garganta.

_____

5. Hace dos días que me corté.

_____

6. Hace dos días que siento dolor en el pecho.

_____

7. Hace dos horas que llegué a la clínica.

_____

9-39 Preguntas personales. Answer the following questions about yourself, using complete sentences.

1. ¿Cuánto tiempo hace que empezaste tus estudios universitarios?

_____

2. ¿Cuántos meses hace que estudias español?

_____

3. ¿Cuánto tiempo hace que tuviste clase de español?

_____

4. ¿Cuánto tiempo hace que fuiste al cine la última vez?

_____

5. ¿Cuánto tiempo hace que estuviste enfermo/a la última vez?

Escucha (TEXTBOOK P. 343)

9-40 Las preguntas importantes. In activity **9-41** you are going to listen to a conversation between a nurse and a patient. Prepare to listen by thinking about and writing down some of the questions and possible answers that you think you might hear.

POSIBLES PREGUNTAS	POSIBLES RESPUESTAS
_____	_____
_____	_____
_____	_____
_____	_____
_____	_____
_____	_____

9-41 ¿Cómo te sientes? Listen to the conversation between the nurse and Víctor, and for each question, indicate if their exchange provides the answers or not.

1. ¿Cuáles son los síntomas que tiene Víctor?   Sí   No

2. ¿Cuánto tiempo hace que se siente mal?   Sí   No

3. ¿Qué medicamentos tomó para sentirse mejor?   Sí   No

4. ¿Qué enfermedad tiene Víctor?   Sí   No

5. ¿Dónde y cómo se enfermó?   Sí   No

6. ¿Qué necesita hacer para mejorarse?   Sí   No

9-42 ¿Qué le pasa a Víctor? Answer the following questions about Víctor, using complete sentences.

1. ¿Cuáles son los síntomas que tiene Víctor?

_____

_____

2. ¿Cuánto tiempo hace que se siente mal?

_____

_____

3. ¿Qué medicamentos tomó para sentirse mejor?

_____

_____

4. ¿Qué enfermedad piensas que tiene Víctor?

_____

_____

5. ¿Dónde y cómo piensas que se enfermó?

_____

_____

6. ¿Qué piensas que necesita hacer para mejorarse?

_____

_____

Escribe (TEXTBOOK P. 344)

9-43 La última vez que te enfermaste. Recall the last time that you felt ill and organize your thoughts according to each category. In the column of important events, you could include information such as when it occurred, what happened, how you became ill, and what steps you took to get better. In the column of descriptive details, you could include information about where you were, how you were feeling, and what your symptoms were.

EVENTOS IMPORTANTES	DETALLES DESCRIPTIVOS
_____	_____
_____	_____
_____	_____
_____	_____
_____	_____

9-44 Una narrativa. Organize your notes from activity **9-43** into a narrative about your most recent experience feeling ill. Before you write, review the information about when to use the preterit and the imperfect, as well as the activities focused on the past tenses.

_____

_____

_____

_____

_____

_____

_____

_____

_____

Les presento mi país (TEXTBOOK PP. 345–347)

9-45 ¿Verdad o mentira? Based on what you learned in the text about these countries, indicate if the following statements are **Cierto** or **Falso.**

1. Arequipa es un barrio que está en Lima. Cierto Falso

2. La Universidad Nacional de Perú está en San Marcos. Cierto Falso

3. Milagros Alejandra Romero Zárate vive con sus padres mientras estudia en la universidad. Cierto Falso

4. Las líneas de Nazca son unos dibujos misteriosos en el desierto que solamente pueden verse desde el aire. Cierto Falso

5. La Paz está en los Andes y es la capital más alta del mundo. Cierto Falso

6. Hay tres lenguas oficiales en Bolivia. Cierto Falso

7. Titicaca es el volcán activo más alto del mundo. Cierto Falso

8. Los Tsáchilas tienen mucho poder porque tienen un gran conocimiento de las plantas medicinales. Cierto Falso

9. Los chamanes son personas muy importantes en sus comunidades. Cierto Falso

10. Cotopaxi es el lago navegable más alto del mundo. Cierto Falso

Más cultura

9-46 Estar en forma. Read the following information about fitness and lifestyle in Spanish-speaking places and then answer the questions that follow.

- Mucha gente en el mundo hispanohablante se mantiene en forma con un estilo de vida muy sano. Ese estilo de vida se caracteriza por mucha actividad, una dieta equilibrada y un horario muy sano.

- Mucha gente en el mundo hispanohablante lleva una vida muy activa porque pasa mucho tiempo en la calle, paseando con sus amigos y familiares por el centro de la ciudad o el pueblo. En vez de invitar a los amigos a ir a su casa a tomar algo, la gente se queda en la calle para tomar algo en una cafetería o en un bar.

- También hay muchas personas en el mundo hispanohablante que no dependen mucho de sus coches, y otros tantos que ni siquiera tienen coches.

- En lugar de ir a su trabajo en coche, mucha gente camina al trabajo o, si vive más lejos de las oficinas, usa el transporte público. Ir a trabajar en autobús o en metro también requiere caminar desde la casa hasta la estación de metro o la parada de autobús, y después caminar desde la estación o parada final hasta la oficina.

- Cuando hacen sus recados (*errands*) y cuando van de compras, muchas personas también prefieren ir caminando en lugar de usar sus coches.

- Solo con vivir la vida diaria de esta manera, es posible hacer muchísimo ejercicio al ir a trabajar, volver a casa, hacer recados y salir con amigos.

- Aparte de esa vida diaria tan activa, en muchos lugares hispanohablantes la gente practica diferentes deportes durante su tiempo libre. El deporte de equipo más popular es el fútbol, y en muchos lugares hay gente a la que le gusta el baloncesto. Otros deportes populares hoy en día en muchos lugares son el tenis, el golf, y la natación. También hay mucha gente que hoy en día practica el yoga.

- Solo recientemente los gimnasios empezaron a tener éxito en algunos lugares hispanohablantes. Este éxito se concentra sustancialmente en las grandes ciudades de diferentes países.

- Los centros recreativos más grandes, que son como pequeñas ciudades deportivas que ofrecen una gran variedad de actividades y servicios para toda la familia —desde piscinas, pistas de tenis y campos de fútbol hasta clases de yoga y gimnasia— tienen más éxito que los gimnasios más tradicionales.

Nombre: _____ Fecha: _____

1. ¿Por qué es tan sano el estilo de vida en muchos lugares hispanohablantes?

_____

_____

_____

2. ¿Cómo hacen ejercicio diariamente muchas personas en el mundo hispanohablante?

_____

_____

_____

3. ¿Cómo se compara el uso del coche en muchos lugares hispanohablantes con el uso del coche en los Estados Unidos?

_____

_____

_____

4. ¿Cuáles son algunos de los deportes más populares que practican muchas personas hispanohablantes?

_____

_____

_____

5. ¿Por qué crees que los gimnasios tradicionales tienen más éxito en los Estados Unidos que en muchos lugares hispanohablantes?

_____

_____

_____

9-47 Los deportes y las universidades. Read the following information about sports at universities in the Spanish-speaking world and then answer the following questions.

- Como en los Estados Unidos, muchas personas en el mundo hispanohablante practican deportes durante su tiempo libre por diferentes razones—para divertirse, para reducir el estrés, para mantenerse en forma, o simplemente para competir con otras personas.

- A diferencia de los Estados Unidos, los deportes no tienen una importancia tan grande en las universidades del mundo hispanohablante. En muchas universidades, los estudiantes tienen la oportunidad de participar en diferentes deportes de equipo y también de practicar sus deportes favoritos en las instalaciones del campus; sin embargo, en la mayoría de los casos, los partidos en los que los estudiantes juegan no reciben ninguna atención en los medios de comunicación.

- Los deportes en estas universidades del mundo hispanohablante son más como un servicio que se ofrece a los alumnos; son un servicio que no le trae dinero a la universidad.

- Posiblemente por esas diferencias, en la mayoría de las universidades del mundo hispanohablante no existen las mismas becas (*scholarships*) para atletas que existen en los Estados Unidos. Las únicas becas son para estudiantes de familias que necesitan ayuda económica o para los que tienen notas muy buenas.

1. En tu opinión, ¿por qué practica mucha gente diferentes deportes en los Estados Unidos?

   _____

   _____

   _____

2. Según la información que acabas de leer, ¿por qué practica mucha gente diferentes deportes en el mundo hispanohablante?

   _____

   _____

   _____

3. ¿Qué oportunidades deportivas les ofrecen muchas universidades estadounidenses a sus estudiantes?

   _____

   _____

   _____

4. ¿Qué oportunidades deportivas les ofrecen muchas universidades en el mundo hispanohablante a sus estudiantes?

_____

_____

_____

5. ¿Por qué piensas que no hay becas para atletas en muchas universidades del mundo hispanohablante?

_____

_____

_____

Ambiciones siniestras

Episodio 9

¡Qué mentira!

9-48 Preguntas importantes. In **Capítulo 9,** you have worked on asking yourself questions as a strategy for assisting your comprehension. In your textbook activities, you focused on honing in on one main question to facilitate your reading of *¡Qué mentira!* Now re-read the episode, and in order to extract more details from the text, focus on answering the five main questions about the people, places, time and main events that appear in it: **¿Quién(es)? ¿Dónde? ¿Cuándo? ¿Qué? ¿Por qué?**

1. ¿Quiénes son los protagonistas del episodio?

_____

2. ¿Dónde están?

_____

3. ¿Cuándo tiene lugar el episodio? ¿Cuánto tiempo pasa?

_____

4. ¿Qué hacen o qué ocurre durante el episodio?

_____

5. ¿Por qué hacen eso o por qué ocurre eso?

_____

"No llores por mí"

9-49 ¿Cómo se sentían? View the episode and indicate to whom each of the following statements applies. More than one answer may be correct.

1. Se sentía estresado/a y le dolía mucho la cabeza.

   Lupe   Marisol   Cisco   Manolo

2. Se sentía más tranquilo/a aunque tenía sospechas (*suspicions*) sobre uno de sus compañeros.

   Lupe   Marisol   Cisco   Manolo

3. Estaba en la biblioteca.

   Lupe   Marisol   Cisco   Manolo

4. Descifró la parte del rompecabezas que se relacionaba con Eva Perón.

   Lupe   Marisol   Cisco   Manolo

5. Recomendó dividir el resto de la pista en dos y trabajar en dos equipos separados.

   Lupe   Marisol   Cisco   Manolo

6. Reconoció que tenía un secreto.

   Lupe   Marisol   Cisco   Manolo

9-50 Mucha tensión. In this episode, the mounting tension that the protagonists are feeling is very evident. Look at the following photos and choose one of the topics below. Then, write a reaction to the episode.

1. ¿Qué secreto piensas que escondía (*hid*) Cisco? ¿Qué piensas que no les dijo a sus amigos?

2. ¿Por qué estaba Marisol más nerviosa y estresada (*stressed*) que sus amigos? ¿Piensas que ella tenía un secreto también? ¿Por qué o por qué no?

_____

_____

_____

_____

_____

_____

_____

_____

_____

Experiential Learning Activities

9-51 Los indígenas. In groups, research the **quipus** (*colored knots*) that the Incas used to communicate with each other, particularly among their warriors and chiefs. No indigenous or foreign groups could interpret the messages encoded in the intricate system of different colored knots tied together in a series. The idea behind that type of communication in military circles was quite similar to the philosophy behind the strategy of using windtalkers from the United States during World War II. Since there are few clues to help interpret today what the **quipus** meant during Incan times, create your own secret system of communication among the members of your group. Make sure that your codes are known only by the members of your group. Then plan a message to be transmitted among various members of your group and present it to the class. Do not give the class any clues about how to interpret the message. Part of the fun of this activity will be seeing how long it takes the others to figure out how your communication system works. Make sure you have prepared a handout to present to your classmates once you have completed the project with an explanation.

9-52 ¿Cómo eran los indígenas? Try to find pictures of several of the earliest indigenous groups known to populate Peru, Bolivia, and Ecuador. Be sure to properly cite the sources of these pictures, and then incorporate them into a PowerPoint presentation. When you present your information to the class, discuss where each of these primary groups lived when the Spaniards arrived and where they live today. Provide descriptions of their physical attributes, comparing them to those of people today who are likely descendants of those early groups.

Service Learning Activity

9-53 El cuerpo. Contact some faculty members on your campus who teach in the areas of anatomy and physiology, nursing, athletic training, exercise physiology, pre-medical studies, and other similar fields. Ask permission for your Spanish class to visit one of those classes and teach basic body vocabulary (major body parts and organs), as well as simple triage questions. Among the triage inquiries, be sure to include questions such as "What is the reason for your visit today?", "Where does it hurt?", "What happened?", "Can you describe the pain (constant, throbbing, stabbing, dull)?", "How long have you had this pain?", and "Have you taken or done anything to alleviate or reduce the pain?" In this way, you will be providing a valuable, free service for students whose chosen fields of study will one day require them to interact with Hispanics in a provider-client relationship.

Heritage Learner Activity

9-54 Medicinas tradicionales. En algunos hogares hispanos, se usan las hierbas para curar ciertas dolencias. Por ejemplo, el té de manzanilla tiene efectos calmantes contra las irritaciones estomacales, el té de hierbabuena alivia los calambres y los cólicos, la yerba mate del Cono Sur ayuda con el sistema digestivo y contiene muchas vitaminas y minerales. ¿En tu familia, se usa algunos remedios caseros? ¿Cuáles son? Escribe tus respuestas aquí.

_____

_____

_____

_____

_____

_____

_____

_____

10

¡Viajemos!

1. Los medios de transporte (TEXTBOOK P. 356)

10-1 ¿Personas, lugares o vehículos? Select the category that best corresponds to each of the following words.

1. el policía

   persona   lugar   vehículo

2. la moto

   persona   lugar   vehículo

3. el aeropuerto

   persona   lugar   vehículo

4. el autobús

   persona   lugar   vehículo

5. el peatón

   persona   lugar   vehículo

6. el coche

   persona   lugar   vehículo

7. el estacionamiento

   persona   lugar   vehículo

8. el avión

persona   lugar   vehículo

9. la parada

persona   lugar   vehículo

10. el camión

persona   lugar   vehículo

10-2 ¿Adónde van? Match each vehicle or item to the place that you most associate with it stopping or waiting.

1. avión   a. estación

2. coche   b. estacionamiento

3. autobús   c. aeropuerto

4. tren   d. cola

5. persona   e. parada

10-3 Los medios de transporte. Complete each statement with the name of the vehicle described. Be sure to include the indefinite article in your answer.

1. Un vehículo sin motor y con dos ruedas que sirve para viajar por tierra es

_____.

2. Un vehículo que sirve para viajar por el aire es _____.

3. Un vehículo con motor y con cuatro ruedas que sirve para viajar por tierra es

_____.

4. Un vehículo que sirve para viajar por el agua es _____.

5. Un vehículo con motor y con un mínimo de cuatro ruedas que sirve para transportar diversos

productos es _____.

6. Un vehículo con motor y con dos ruedas que sirve para viajar por tierra es

_____.

Nombre: _____ Fecha: _____

10-4 ¿Dónde estaba? Mina's best friend has been calling her all day, but has not been able to reach her. Finally they speak and Mina explains where she has been all day long. Complete the narrative about her day, using the correct words and phrases from the word bank.

aeropuerto	un taxi	el avión	la estación
manejé	la parada	nuestros boletos	un estacionamiento
tu coche	estacioné		

Mina: Por la mañana fui a (1) _____ porque necesitaba tomar el autobús para llegar al centro de la ciudad.

Verónica: ¿Por qué no condujiste (2) _____?

Mina: Porque estaba en (3) _____ en el centro de la ciudad. Ayer

por la noche lo (4) _____ allí y cuando volví para irme a casa,

el lugar ya estaba cerrado. Tuve que tomar (5) _____ para

regresar a casa.

Verónica: Entonces, ¿fuiste en autobús al centro para ir a buscar tu coche?

Mina: Sí. Y cuando ya tenía mi coche, fui directamente a (6) _____

para comprar (7) _____ de tren para la excursión que vamos

a hacer la semana que viene. Después de comprarlos, (8) _____

al (9) _____ porque mi madre iba a llegar esta tarde de su

viaje a Venezuela. Pero al final tuvieron problemas en Caracas y

(10) _____ no llegó por la tarde, sino que llegó por la noche.

¡Cuatro horas estuve esperándola!

10-5 Un pequeño incidente. Listen to the conversation between Julia and her sister Ana and then indicate if the following statements are **Cierto** or **Falso**.

1. Ana le prestó su coche a Julia.   Cierto   Falso

2. Julia fue al centro porque su amiga perdió el autobús.   Cierto   Falso

3. Julia tiene licencia de conducir.   Cierto   Falso

4. Julia tuvo un accidente con otro vehículo.   Cierto   Falso

5. Julia solamente tiene pequeñas heridas.   Cierto   Falso

6. El parabrisas del coche está bien.   Cierto   Falso

7. Ana va a comprar llantas nuevas para su coche.   Cierto   Falso

8. El mecánico les va a explicar más sobre el coche.   Cierto   Falso

9. El policía necesita hablar con uno de los padres de Julia.   Cierto   Falso

10. Ana va a explicarle todo a su madre.   Cierto   Falso

10-6 ¿Qué piensas que va a pasar? Listen to the conversation between Julia and Ana one more time.

Paso 1 Answer the following questions using complete sentences.

1. ¿Por qué decidió Julia manejar el coche de su hermana?

_____

_____

2. ¿Piensas que fue una buena decisión? ¿Una mala decisión? ¿Una decisión comprensible? ¿Por qué o por qué no?

_____

_____

3. ¿Qué ocurrió en el accidente?

_____

_____

4. ¿Piensas que Julia tiene la culpa (*fault*) por el accidente o piensas que el otro conductor la tiene? ¿Por qué?

_____

_____

Paso 2 Imagine that you are in Julia's situation and that you now have to explain what happened to someone important in your life, like one of your parents. Using your answers from **Paso 1** and the information from activity **10-5**, give an oral description of the situation. Feel free to use any additional information to enhance the story.

10-7 Crucigrama. Complete the crossword puzzle with the correct words.

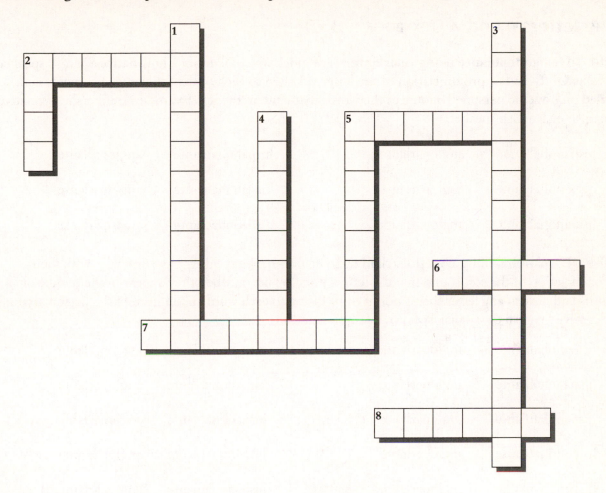

Vertical

1. vehículo de dos ruedas que funciona con un motor

2. lugar, normalmente en la parte de atrás de un coche, donde la gente puede llevar diversos objetos, pero donde no pueden viajar personas ni animales

3. lugar donde las personas pueden aparcar sus coches durante un período de tiempo; en muchas ciudades es necesario pagar para poder usar este espacio

4. objeto con tres luces de tres colores diferentes que sirve para regular el tráfico

5. personas que caminan por la ciudad

Horizontal

2. papel que demuestra que una persona pagó por su viaje y que le permite subirse a un autobús, un tren o un avión

5. lugar donde pueden subirse al (o bajarse del) autobús

6. objeto que sirve para abrir una puerta o para arrancar (*start*) un vehículo

7. vehículos de cuatro ruedas que funcionan con motores y que sirven para transportar objetos muy grandes o grandes cantidades (*quantities*) de diferentes objetos

8. objeto con forma de círculo que acompaña las ruedas de muchos vehículos y que llenamos de aire

Pronunciación

The letters *b* and *v* (TEXTBOOK P. 357)

 10-8 ¿Hispanohablante o angloparlante? One quick way to identify a non-native Spanish speaker is to listen to his/her pronunciation of the letter **v.** Listen to each of the following statements and, based on how the person pronounces the words that contain the letter **v,** indicate if he/she is a native Spanish or English speaker.

1. hispanohablante   angloparlante   4. hispanohablante   angloparlante

2. hispanohablante   angloparlante   5. hispanohablante   angloparlante

3. hispanohablante   angloparlante   6. hispanohablante   angloparlante

 10-9 ¿Hispanohablante o angloparlante? Some non-native speakers have difficulty with their pronunciation of the soft sound that the letters **v** and **b** take on when they appear in the middle of words and next to any letter that is not **m** or **n.** Listen to each word and indicate if the person saying it is a native Spanish or English speaker.

1. hispanohablante   angloparlante   6. hispanohablante   angloparlante

2. hispanohablante   angloparlante   7. hispanohablante   angloparlante

3. hispanohablante   angloparlante   8. hispanohablante   angloparlante

4. hispanohablante   angloparlante   9. hispanohablante   angloparlante

5. hispanohablante   angloparlante   10. hispanohablante   angloparlante

 10-10 Refranes. Listen to each of the sayings, paying close attention to the way the letters **b** and **v** are pronounced. Practice your own pronunciation of the sayings and then give your personal best pronunciation of them.

1. Llave que en muchas manos anda, nada guarda.

2. Más vale una imagen que mil palabras.

3. Vale más saber que tener.

4. Vale más él que sabe más.

5. Quien me visita me hace un favor; quien no me visita, dos.

10-11 Vamos a viajar. Listen to each of the statements about travel, paying close attention to the way the letters **b** and **v** are pronounced. Practice your own pronunciation of them and then give your personal best pronunciation of each statement.

1. El viernes vamos a subir al avión y volar a Bogotá para visitar a los abuelos.

2. Este verano van a viajar en bicicleta por Bolivia, subiendo y bajando los Andes.

3. En la primavera voy a viajar a Venezuela en barco para ver a mi novia.

4. Los boletos están en el baúl; necesito las llaves para abrirlo.

5. Victoria se bajaba del autobús en un pueblo de Venezuela, cuando vio a su novio Valentino.

6. Parte del trabajo de Tobías es revisar los boletos de los viajeros que suben al avión.

2. Los mandatos informales (TEXTBOOK P. 360)

10-12 ¿Dónde están mis amigos? You are visiting some friends at another university and they are getting out of their classes earlier than expected. They want you to come and meet up with them immediately. Listen to their directions and, using the map below, write the names of the buildings to which they lead you.

MODELO　　You hear:　　Sal del Departamento de Ciencias, dobla a la derecha y sigue la curva hasta llegar al segundo edificio. ¡Ahí estamos!

　　　　　　You write:　　*Departamento de Humanidades / el Departamento de Humanidades*

1. _____　　　4. _____

2. _____　　　5. _____

3. _____

10-13 Un nuevo trabajo. You are the manager at an auto service station and you have just hired a new employee. This is her first day on the job. Listen to what is wrong with each car and then tell her what she needs to do to each vehicle, using the appropriate informal commands. Be sure to follow the model exactly.

cambiar los limpiaparabrisas	llenar las llantas de aire
revisar el motor	limpiar el parabrisas
~~arreglar la llave~~	pasar la aspiradora dentro del coche
llenar el tanque con gasolina	

MODELO　　You hear:　　El coche azul no cierra *(lock)* automáticamente.

　　　　　　You write:　　El coche azul: *Arregla la llave.*

1. El coche azul: _____

2. El coche rojo: _____

3. El coche amarillo: _____

4. El coche blanco: _____

5. El coche negro: _____

6. El coche verde: _____

10-14 Consejos para un viaje. One of your friends is planning a trip to South America and would like your advice about where he should go and what he should do. Match each of his questions to the most appropriate response.

1. ¿Dónde debo pasar mis vacaciones?

a. Sal por la noche a tomar algo y a bailar.

2. ¿A qué ciudad debo volar?

b. Ten cuidado.

3. ¿Qué debo ver en esa ciudad?

c. Viaja a Bolivia.

4. ¿Qué debo hacer para divertirme?

d. Visita la Catedral.

5. ¿Debo visitar otros lugares, fuera de la ciudad?

e. Haz unas excursiones a los pueblos de los indígenas.

6. ¿Hay algo más que debo recordar?

f. Ve a la Paz.

10-15 Más consejos. Your friend is very grateful for all of the advice you have given him, but he still has some questions. Choose the most appropriate answers to his questions from the word bank.

| invítala | no lo lleves | visítalo |
| no vayas en coche | léelo | no la invites |

1. ¿Piensas que debo revisar este libro sobre Bolivia antes de irme? Sí, _____.

2. ¿Piensas que mi novia debe ir conmigo? Sí, _____.

3. ¿Piensas que la madre de mi novia debe ir? No, _____.

4. ¿Piensas que debo manejar a Bolivia? No, _____.

5. ¿Piensas que debo ir a Bolivia con mi perro? No, _____.

6. ¿Piensas que debo tratar de visitar el Perú también? Sí, _____.

10-16 Listo para el viaje. Your friend has taken your advice and is leaving tomorrow for his trip. This is his first time flying, so he would like to know what you suggest he do and not do at the airport and on the plane. Give him sound advice by creating affirmative and negative commands with the words below.

MODELO   salir de tu casa con mucho tiempo para llegar al aeropuerto a tiempo

Sal de tu casa con mucho tiempo para llegar al aeropuerto a tiempo.

1. poner tu pasaporte, tu reproductor mp3 y tu libro favorito en tu mochila

_____

2. no ir al aeropuerto en tu coche porque el estacionamiento es muy caro

_____

3. no llegar tarde al aeropuerto

_____

4. tener cuidado en el aeropuerto

_____

5. quitarse los zapatos al pasar por el control de seguridad

_____

6. ser simpático con las personas de seguridad

_____

7. no encender (*turn on*) ningún aparato electrónico en el avión sin permiso

_____

8. no levantarse de tu asiento durante el despegue (*take off*) o el aterrizaje (*landing*)

_____

3. Los mandatos formales (TEXTBOOK P. 364)

 10-17 ¿Relación formal o informal? You are renewing your license and while you wait, you overhear parts of several different conversations. Listen to each fragment and then select the kind of relationship that exists between the people.

1. formal	informal	No se sabe.	6. formal	informal	No se sabe.
2. formal	informal	No se sabe.	7. formal	informal	No se sabe.
3. formal	informal	No se sabe.	8. formal	informal	No se sabe.
4. formal	informal	No se sabe.	9. formal	informal	No se sabe.
5. formal	informal	No se sabe.	10. formal	informal	No se sabe.

10-18 Por la ciudad. You have just arrived at your destination for an exciting trip and you need help finding your way around. Paying special attention to the singular and plural verb forms, match each question to the most appropriate answer.

1. ¿Cómo puedo llegar al Hotel Tres Reyes?

2. ¿Nos puede recomendar un buen restaurante para esta noche?

3. ¿Qué lugares turísticos en esta zona de la ciudad nos recomienda?

4. ¿Dónde puedo tomar un café con una tostada por la mañana?

5. ¿Cómo puedo ir al centro de la ciudad? No quiero gastar mucho dinero.

6. ¿Cómo debemos ir al aeropuerto?

a. Desayune aquí en este bar; todo está muy rico.

b. Cenen en el asador que está en esa calle; es buenísimo.

c. Vaya en autobús; es más barato.

d. Camine por esta calle; es el edificio muy grande que está a la derecha.

e. Visiten la catedral; es impresionante.

f. Vayan en taxi; es rápido y cómodo.

10-19 Información importante para los pasajeros. You are on a plane about to take another exciting trip. Before taking off, the flight attendants share some important information with the passengers. Complete each statement with the correct **ustedes** commands of the correct verbs.

subir	usar	fumar	encender
poner	levantarse	~~mantener~~	sentarse

MODELO   *Mantengan* el cinturón de seguridad abrochado durante todo el viaje.

1. _____ en el asiento asignado.

2. _____ el asiento en posición vertical.

3. _____ la mesa delantera (*your front tables*).

4. _____ del asiento solamente para cosas importantes, como para ir al baño.

5. No _____ ningún aparato electrónico sin nuestro permiso.

6. No _____ el teléfono móvil durante el viaje.

7. No _____ en ninguna parte del avión, en ningún momento del viaje.

10-20 En el hotel. You have finally arrived at your destination and the bellman asks you a series of questions. Answer each question affirmatively, using the appropriate **usted** commands and the correct direct and indirect object pronouns. Be sure to follow the model exactly.

MODELO   Ustedes necesitan ir a la recepción para registrarse. ¿Se la enseño?

   Sí, enséñenosla.

1. Sus maletas están en el baúl del taxi. ¿Se las saco?

   _____

2. Creo que usted necesita las llaves para su dormitorio. ¿Se las doy?

   _____

3. Ustedes van a necesitar sus maletas en el dormitorio. ¿Se las subo?

   _____

4. Usted dijo que necesitaba un despertador. ¿Se lo traigo?

   _____

5. Ustedes dijeron que querían ir al teatro. ¿Les reservo los boletos?

   _____

6. Usted dijo que quería hacer una excursión en tren. ¿Le hago la reserva?

   _____

¿Cómo nos movemos? (TEXTBOOK P. 366)

10-21 Los coches. Based on the information in the text, indicate if the following statements are **Cierto** or **Falso**.

1. En general, es más importante saber conducir en los Estados
   Unidos que en los países hispanohablantes.   Cierto   Falso

2. En general, el transporte público es más común y más popular
   en los Estados Unidos.   Cierto   Falso

3. La gente camina más y depende menos de sus coches en los
   países hispanohablantes.   Cierto   Falso

4. Como en los Estados Unidos, en los países hispanohablantes es
   necesario tomar clases si una persona quiere sacar su licencia
   de conducir.   Cierto   Falso

5. En Colombia, si quieres sacar una licencia de conducir
   tienes que tener 16 años.   Cierto   Falso

6. En Colombia, si quieres sacar una licencia de conducir tienes
   que hacerte una revisión médica.   Cierto   Falso

4. El viaje (TEXTBOOK P. 368)

10-22 Asociaciones. In each group of travel-related words, select the one that does not belong.

1. tarjeta postal   sello   vuelo

2. sello   aeropuerto   vuelo

3. montañas   dejar   esquiar

4. propinas   nadar   playas

5. pasaporte   extranjero   botones

6. propinas   lagos   botones

10-23 De viaje. Listen to Ana tell her sister about the trip that she just took and select whether the following statements are **Cierto** or **Falso**.

1. El vuelo de Ana salió cuatro horas tarde.   Cierto   Falso

2. El vuelo salió tarde porque hacía mal tiempo.   Cierto   Falso

3. Ana se enfermó durante el vuelo.   Cierto   Falso

4. La compañía perdió el equipaje (*luggage*) de Ana.   Cierto   Falso

5. Ana reservó un cuarto doble.   Cierto   Falso

6. Ana tiene que pagar por el cuarto doble.   Cierto   Falso

10-24 Un viaje difícil. Listen to Ana tell Marta about her trip one more time and then complete the following statements with the correct words.

maletas	cambiar	cuarto individual	avión
viajero	montañas	subirse	cuarto doble

1. Cuando llegó a la puerta de embarque en el aeropuerto, le dijeron a Ana que el

   _____ tenía problemas técnicos.

2. Después de cuatro horas esperando en el aeropuerto, por fin los pasajeros pudieron

   _____ al avión.

3. Un _____ se enfermó durante el vuelo.

4. Durante el vuelo Ana tuvo que _____ de asiento.

5. La aerolínea no sabe dónde están las _____ de Ana.

6. En su hotel, Ana va a dormir en un _____.

7. En el hotel, Ana tiene que pagar el precio de un _____.

8. Desde su cuarto en el hotel, Ana puede ver las _____.

10-25 Las vacaciones. Complete the description about Benjamin's recent trip to Costa Rica, using the correct words.

playa	boletos de ida y vuelta	agente de viajes
reserva	pasaportes	extranjero

Nuestro viaje fue maravilloso. Un (1) _____ organizó todo el viaje para

nosotros y él hizo un trabajo espléndido. Nos encontró unos (2) _____ a muy

buen precio y, como era un viaje al (3) _____, nos ayudó a sacar los

(4) _____. También nos hizo la (5) _____ para un

cuarto en un hotel muy bueno que estaba muy cerca de la (6) _____ a un

precio aceptable.

10-26 Crucigrama. Complete the crossword puzzle with the correct words.

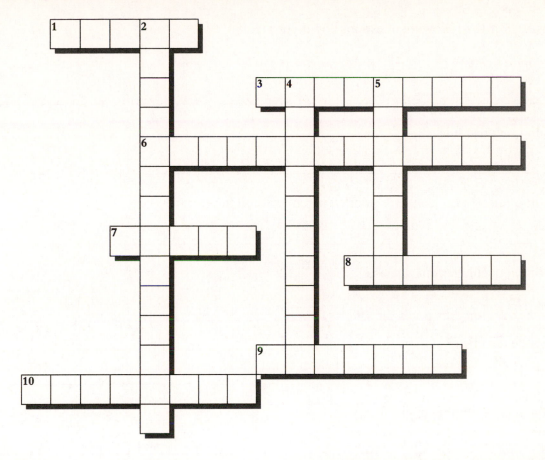

1. viajar en avión

2. persona que trabaja en una oficina organizando los viajes para otras personas

3. lugar en un hotel donde los clientes pueden registrarse

4. palabra que usamos para referirnos a los países que no son el nuestro

5. dinero extra que las personas les dan a otras personas que tienen algunos trabajos en el sector de los servicios, como los camareros, los taxistas, etc.

6. objeto que normalmente tiene una fotografía muy bonita de un lugar famoso o de interés turístico, donde escribimos mensajes cortos a nuestros amigos y familiares

7. objeto que compramos para poner en una tarjeta postal y que nos permite enviar cartas y otras cosas por correo

8. pieza de equipaje donde las personas ponen su ropa

9. persona que trabaja en un hotel ayudándoles a las personas con su equipaje

10. personas que viajan

Nombre: _____ Fecha: _____

10-27 Las vacaciones. Think about your most recent vacation.

Paso 1 Answer the following questions about your trip.

1. ¿Adónde fuiste?

_____

2. ¿Con quién(es) fuiste?

_____

3. ¿Cómo fuiste? ¿En tren, en avión, en barco? ¿Cómo fue el viaje?

_____

4. ¿Cómo era el lugar que visitaste?

_____

5. ¿Dónde dormiste? ¿Cómo era el sitio?

_____

6. ¿Qué hiciste durante el viaje?

_____

7. ¿Cómo era un día típico durante tu viaje?

_____

8. ¿Qué problemas tuviste durante el viaje?

_____

9. ¿Cuál fue el evento más interesante o memorable del viaje?

_____

10. ¿Piensas volver a ese lugar en el futuro? ¿Por qué o por qué no?

_____

Paso 2 Now, without referring to your answers from **Paso 1,** give an oral description of your trip.

5. Otras formas del posesivo (TEXTBOOK P. 372)

10-28 ¿De quién es? Everybody in Elena's family has won contests and received prizes recently. Match each statement about their prizes with the correct re-statement that uses the appropriate possessive adjectives.

1. Recibió un coche nuevo.

2. Recibimos un viaje en barco por el Caribe.

3. Me dieron unas clases para pilotear un avión.

4. Recibiste una bicicleta.

5. Nos dieron unos boletos para un vuelo a Europa.

6. Les dio a ustedes una motocicleta.

a. Es tuya.

b. Son nuestros.

c. Es suyo.

d. Es nuestro.

e. Es suya.

f. Son mías.

10-29 Cambio de dueño. Read each statement about the items that have gone from one owner to another and complete the statements with the correct form of the correct possessive adjective or pronoun.

1. Ese coche rojo era mío, pero lo compró mi primo. Ahora es _____.

2. No pude usar mis boletos; por eso se los vendí a ustedes. Ahora son

   _____.

3. Esta camisa no me gusta mucho y a ti te queda muy bien; así que te la doy. Ahora es

   _____.

4. Mi mejor amiga tenía un CD de uno de mis grupos favoritos y me lo dio. Ahora el CD es

   _____.

5. Mis padres tienen una agente de viajes maravillosa que nos recomendaron. Ahora es

   _____ también.

6. Mi hermano tenía un barco pero se lo vendió a unos amigos. Ahora es

   _____.

6. El comparativo y el superlativo (TEXTBOOK P. 374)

10-30 Estadísticas. Listen to the statistics about the populations of each of the Spanish-speaking countries and then answer each question using complete sentences, following the structure of the model exactly.

MODELO   You hear: Argentina tiene 39.921.833 habitantes y Perú tiene 28.302.603.
                    ¿Qué país tiene más habitantes?

          You write: *Argentina tiene más habitantes que Perú.*

1. _____

2. _____

3. _____

4. _____

5. _____

6. _____

7. _____

10-31 Los medios de transporte. Select the mode of transportation that is best described by each superlative expression.

1. Es el medio más ecológico de los cuatro.

   el avión   el coche   la moto   la bicicleta

2. Es el más rápido de los cuatro.

   el avión   el coche   la moto   la bicicleta

3. Es el más lento de los cuatro.

   el avión   el barco   los pies   el coche

4. Es el más común para ir al trabajo en los Estados Unidos.

   el avión   el barco   los pies   el coche

5. Es el más común para ir al trabajo en muchos países hispanohablantes.

   el avión   el barco   los pies   el coche

6. Es el más común para viajar al extranjero.

   el avión   el barco   los pies   el coche

7. Es el más sano de los cuatro.

   el avión   el barco   los pies   el coche

10-32 Planes de viaje. Fernando and Lucía are planning an exciting trip to Venezuela. They have both been doing some research about where to stay and what to do while they are there. Listen to their conversation and then complete the following statements with the correct comparative expressions.

1. El hotel que encontró Lucía es _____ moderno

   _____ el hotel que encontró Fernando.

2. El hotel que encontró Lucía tiene arquitectura _____ colonial

   _____ la del hotel que encontró Fernando.

3. El hotel que encontró Fernando tiene _____ estrellas

   _____ el hotel que encontró Lucía.

4. El hotel que encontró Fernando tiene _____ restaurantes

   _____ el hotel de Lucía.

5. El hotel de Fernando tiene _____ restaurantes informales

   _____ el hotel de Lucía.

6. El hotel de Fernando es _____ caro

   _____ el de Lucía.

7. El hotel de Fernando está _____ cerca del centro de la ciudad

   _____ el hotel de Lucía.

8. El hotel de Fernando está _____ cerca de la playa

   _____ el hotel de Lucía.

9. El hotel de Fernando es _____ bonito

   _____ el hotel de Lucía.

10. A Fernando y Lucía les gusta _____ el hotel de Fernando

    _____ el hotel de Lucía.

10-33 El mejor hotel de la ciudad. Fernando and Lucía have come across an advertisement for another hotel in Venezuela that looks like it is wonderful. Match each element of the hotel to its most appropriate superlative description.

1. Nuestros cuartos

2. Nuestras camas

3. El cocinero de nuestro restaurante

4. La comida de nuestro restaurante

5. Nuestros precios

a. son los más razonables de toda la ciudad.

b. son las más grandes.

c. es la más deliciosa de toda la ciudad.

d. tienen las mejores vistas de toda la ciudad.

e. es el que tiene más talento de toda la ciudad.

10-34 Tus amigos. Answer the following questions about you and your friends, using complete sentences and the correct comparative and superlative expressions.

1. ¿Cómo se llama tu mejor amigo/a?

_____

2. ¿Tienes tantas amigas como amigos?

_____

3. ¿Cuántos años tienen, aproximadamente, la mayoría de tus amigos? ¿Cuál de tus amigos es el/la mayor? ¿Cuál es el/la menor?

_____

4. ¿Piensas que tus amigos son más inteligentes que tú? ¿Menos inteligentes? ¿Tan inteligentes como tú?

_____

5. ¿Cuál de tus amigos es el/la más atractivo/a? ¿Cómo es?

_____

6. ¿Cuál de tus amigos es el/la más interesante? ¿Es más interesante que tú? ¿Por qué o por qué no?

_____

_____

7. ¿Cuál de tus amigos es el/la más divertido/a? ¿Es más divertido/a que tú? ¿Por qué o por qué no?

_____

_____

10-35 Tus vacaciones. Think about the last three times that you have been on vacation.

Paso 1 Answer the questions about your last three vacations.

1. ¿Adónde fuiste en cada viaje?

   _____

   _____

2. ¿Qué hiciste en cada viaje? ¿Qué lugares visitaste?

   _____

   _____

   _____

3. ¿En qué tipo de lugares dormiste?

   _____

   _____

4. ¿Con quién(es) viajaste?

   _____

   _____

5. ¿Qué te gustó más de cada viaje?

   _____

   _____

   _____

   _____

6. ¿Cuál de los viajes fue el mejor? ¿Por qué?

   _____

   _____

   _____

   _____

7. ¿Cuál de los viajes fue el peor? ¿Por qué?

_____

_____

_____

_____

Paso 2 Imagine that you are a travel agent discussing different vacation options with two of your clients. Using your notes from **Paso 1**, explain to your clients orally which place or places you recommend that they go and which place or places you recommend they not go on their trip. Give sufficient details about what each place has to offer and your own personal impressions about each place in order to justify your recommendations.

Escucha (TEXTBOOK P. 379)

10-36 Los viajes. In activity **10-37** you are going to hear a conversation among several people about travel to Colombia. Before listening, answer the following questions about your own travel experiences.

1. ¿Te gusta viajar a lugares exóticos o prefieres ir a lugares más conocidos? ¿Por qué?

_____

_____

2. Cuando estás planeando un viaje, ¿te gusta escuchar los consejos y recomendaciones de otras personas o prefieres descubrir las cosas sin la ayuda de otras personas? ¿Por qué?

_____

_____

_____

3. Cuando viajas, ¿te gusta quedarte en el hotel más bonito, en el de los mejores servicios o en el de los mejores precios? ¿Por qué?

_____

_____

_____

4. Cuando viajas, ¿te gusta ver todos los lugares turísticos rápidamente, prefieres pasar más tiempo en menos lugares o te gusta pasar tiempo relajándote (*relaxing*)?

_____

_____

_____

Nombre: _____ Fecha: _____

10-37 Nuestros viajes a Colombia. In your textbook activities, you practiced using your knowledge about present, past, and future expressions to enhance your comprehension. Listen to the following conversation and pay special attention to linguistic cues such as the verb forms and what they indicate about the subject of each action, as well as the time or times that it takes or took place. Then select the correct answer(s) to each of the following questions.

1. ¿Quién piensa viajar a Colombia en el futuro?

   Hugo y Susana   Violeta   Javier   Miguel   ninguno de ellos

2. ¿Quién estuvo en Colombia en el pasado?

   Hugo y Susana   Violeta   Javier   Miguel   ninguno de ellos

3. ¿Quién estuvo en Cartagena en el pasado?

   Hugo y Susana   Violeta   Javier   Miguel   ninguno de ellos

4. ¿Quién estuvo en Bogotá en el pasado?

   Hugo y Susana   Violeta   Javier   Miguel   ninguno de ellos

5. ¿Quién estuvo en Leticia en el pasado?

   Hugo y Susana   Violeta   Javier   Miguel   ninguno de ellos

6. ¿Quién viajó más de una vez a Colombia en el pasado?

   Hugo y Susana   Violeta   Javier   Miguel   ninguno de ellos

7. ¿Quién viajó solamente una vez a Colombia en el pasado?

   Hugo y Susana   Violeta   Javier   Miguel   ninguno de ellos

10-38 Viajar a Colombia. Listen to the conversation one more time and then select the place to which each attraction or activity corresponds.

1. ver animales acuáticos   Cartagena   Bogotá   Leticia

2. Museo Nacional   Cartagena   Bogotá   Leticia

3. practicar deportes extremos   Cartagena   Bogotá   Leticia

4. Barrio de la Candelaria   Cartagena   Bogotá   Leticia

5. la Puerta del Reloj   Cartagena   Bogotá   Leticia

6. pasear en barco	Cartagena	Bogotá	Leticia
7. ver diferentes plantas y animales	Cartagena	Bogotá	Leticia
8. Museo Colonial	Cartagena	Bogotá	Leticia
9. Isla del Rosario	Cartagena	Bogotá	Leticia
10. Museo Arqueológico	Cartagena	Bogotá	Leticia

Escribe (TEXTBOOK P. 380)

10-39 Un viaje a Cartagena. Hugo and Susana are convinced by their friend's comments and decide to go to Cartagena.

Paso 1 Imagine that you are their travel agent and that you are going to help them plan their trip. You may use the Internet to find out more information about Cartagena that will be useful and interesting. Then, write down the following information for them.

1. Cómo llegar:

_____

2. Dónde dormir:

_____

3. Qué visitar:

_____

4. Dónde comer:

_____

5. Qué comer:

_____

6. Otra información importante/interesante:

_____

Paso 2 In order to communicate the results of your research, you decide to call Hugo and Susana, but they are not home. Leave them a message giving them what you consider to be only the most important and interesting details about Cartagena and their trip, and asking them to call you so that you can discuss the information in greater detail. When asking them to do anything (such as to call you), remember to use the correct command form of the verbs.

10-40 Visitando Cartagena. Hugo and Susana have not returned your call, so you decide to write an e-mail message to follow up with them. In your message, communicate to them the detailed results of your research. When communicating your recommendations about what you think they should do, remember to use expressions like **deben** and **hay que** plus the infinitive, or the correct command forms of the verbs. You are including the following photograph of Cartagena to help them visualize some of what you are explaining.

La puerta del Reloj en Cartagena

_____

_____

_____

_____

_____

_____

_____

Les presento mi país (TEXTBOOK PP. 381–382)

10-41 Colombia y Venezuela. Based on what you learned in the text about these countries, indicate if the following statements describe Colombia, Venezuela, or both.

1. Muchos de sus habitantes viven en las ciudades y
   en las montañas.   Colombia   Venezuela   los dos

2. Solamente una de sus ciudades tiene sistema de metro.   Colombia   Venezuela   los dos

3. Su capital está en la costa.   Colombia   Venezuela   los dos

4. Tiene dos costas diferentes.   Colombia   Venezuela   los dos

5. Muchas personas se mueven por la capital en bicicleta. Colombia   Venezuela   los dos

6. Tiene la catarata más alta del mundo.   Colombia   Venezuela   los dos

7. Tiene una iglesia muy grande que está dentro de
   una montaña.   Colombia   Venezuela   los dos

8. Simón Bolívar se considera un héroe nacional.   Colombia   Venezuela   los dos

10-42 Dos países. Consider the different things that you have learned in this chapter about Colombia and Venezuela.

Paso 1 List the information that you find most memorable and interesting about each country.

COLOMBIA   VENEZUELA

_____   _____

_____   _____

_____   _____

_____   _____

_____   _____

_____   _____

Paso 2 Now, based on the information that you gave above, describe which of the two countries is most interesting and attractive to you and why.

Más cultura

10-43 Los diferentes tipos de alojamiento. Read the following information about different types of lodging in Spanish-speaking places and then answer the questions that follow.

- Como en muchos lugares angloparlantes, en muchos lugares hispanohablantes los turistas tienen diferentes opciones a la hora de elegir dónde dormir cuando están de viaje.

- Como en muchos otros lugares del mundo, los hoteles tienen un sistema de clasificación de estrellas (*stars*). El número de estrellas refleja tanto la calidad de las instalaciones como también el precio que una persona puede esperar pagar por su estancia (*stay*).

- Los destinos con grandes atracciones turísticas normalmente tienen hoteles de lujo (*luxury*) con cuatro y a veces cinco estrellas, como otros hoteles con una, dos o tres estrellas. Los destinos menos conocidos normalmente ofrecen menos variedad, con solamente algunos hoteles de entre una y tres estrellas.

- Muchos lugares también les ofrecen a sus turistas la opción de hospedarse en otros tipos de establecimientos, como las posadas, los albergues y los hostales, que normalmente tienen precios menos caros que la mayoría de los hoteles tradicionales.

- Las posadas son pequeños establecimientos, muchas veces en lugares rurales, que normalmente les ofrecen a sus clientes cuartos dobles o individuales con baño. Muchas veces también les ofrecen desayunos típicos de la región y comidas caseras (*home-cooked*). A veces las posadas son casas históricas con mucho encanto (*charm*).

- Los albergues son similares a los hostales; son una buena opción para los jóvenes y los estudiantes que viajan con un presupuesto ajustado (*tight budget*). Son lugares sencillos que normalmente ofrecen comidas y diferentes tipos de cuartos a sus clientes. En algunos albergues los clientes no tienen la opción de reservar un cuarto privado, sino que hay simplemente camas individuales en una sala comunitaria.

- Los hostales normalmente son las opciones más baratas, y muchas veces son la opción más atractiva para los estudiantes y la gente joven. Normalmente ofrecen cuartos triples, dobles e individuales. En algunos hostales es posible tener un baño privado, pero en otros los baños están fuera de los cuartos y los tienen que compartir todos los clientes.

1. ¿Qué sistema de clasificación siguen los hoteles en la mayoría de los lugares hispanohablantes? ¿Qué indican las diferentes clasificaciones?

_____

_____

2. ¿Qué tipos de alojamiento ofrecen los lugares con grandes atracciones turísticas?

_____

_____

3. ¿Qué otros tipos de alojamiento son comunes en muchos lugares hispanohablantes? ¿Cómo son?

_____

_____

4. ¿Existen otros tipos de alojamiento en algunos lugares de tu país? ¿Cómo son?

_____

_____

5. Si viajas a un lugar hispanohablante, ¿qué tipo de alojamiento piensas que vas a elegir? ¿Por qué?

_____

_____

10-44 Las propinas. Read the following information about tipping in Spanish-speaking countries and then answer the questions that follow.

- Como en muchos lugares angloparlantes, en muchos lugares hispanohablantes la gente tiene la costumbre de demostrar su satisfacción y agradecimiento por el buen servicio que reciben mediante las propinas. Sin embargo, en la mayoría de los lugares hispanohablantes la gente no da propinas con tanta regularidad como en los Estados Unidos y las propinas no son tan grandes.

- En muchos trabajos del sector de servicios en los lugares hispanohablantes, las personas no están acostumbradas a recibir propinas. Por ejemplo, cuando la gente va a cortarse el pelo en una peluquería o para hacerse un tratamiento como una manicura o una pedicura en un salón de belleza, no es necesario darle una propina a la persona que le hace el servicio.

- En la mayoría de los lugares hispanohablantes, la gente les da propinas a los camareros de las cafeterías, los bares y los restaurantes. También es habitual darles una propina a los botones de los hoteles, y a veces a los taxistas.

- En los bares, las cafeterías y los restaurantes informales, la gente normalmente deja propinas de dos dólares o menos. Los camareros no dependen de sus propinas para vivir, como en los Estados Unidos. En lugares hispanohablantes los camareros reciben salarios más altos de los que reciben los camareros en los Estados Unidos. Por eso, las propinas son simplemente una manera simbólica de decirle al camarero que te gustó el servicio. Muchas veces las personas pagan con dinero en efectivo en vez de usar una tarjeta de crédito, y las propinas son simplemente los cambios (*change*) que hay entre el total de su cuenta y el dinero que dieron para pagarla. Por ejemplo, si toda una cena cuesta el equivalente a dieciocho dólares y treinta céntimos, es habitual usar un billete equivalente a veinte dólares para pagar. En ese caso, el camarero recibe una buena propina de un dólar y setenta céntimos.

- En los restaurantes más elegantes, es común dejar propinas un poco más altas, pero las propinas que las personas dan normalmente no llegan a un quince por ciento, y nunca llegan a un dieciocho o un veinte por ciento. En estas situaciones, una propina de un cinco por ciento se considera un gesto muy generoso y demuestra que el cliente está extremadamente satisfecho con el trabajo que hizo su camarero.

- En los hoteles en la mayoría de los lugares hispanohablantes, los botones tampoco dependen de las propinas para vivir. Por eso, el equivalente a uno o dos dólares es suficiente para ellos también.

- Cuando estás viajando, si no estás seguro si debes dejar una propina o no, o si no sabes cuánto dinero dar, puedes consultar con otras personas del país para saber si dan propinas. Si las dan, debes preguntar también aproximadamente cuánto dinero dan.

1. Según tu propia experiencia, ¿cuánto piensas que es una buena propina en un bar o en un restaurante informal?

_____

_____

2. Según tus experiencias, ¿qué piensas que es una buena propina en un restaurante formal?

_____

_____

3. ¿En qué otras situaciones das propinas normalmente?

_____

_____

4. En la mayoría de los lugares hispanohablantes, ¿en qué situaciones dan las personas propinas?

_____

_____

5. En los bares y los restaurantes en la mayoría en los lugares hispanohablantes, ¿cuánto dinero dan las personas de propina? ¿Y en los restaurantes formales?

_____

_____

10-45 Las licencias de conducir y los vehículos. Read the following information about drivers' licenses and popular vehicles in Spanish-speaking places and then answer the questions that follow.

- Como en muchos lugares angloparlantes, en muchos lugares hispanohablantes no todas las personas pueden sacar una licencia de conducir; es necesario cumplir con unos requisitos (*requirements*) básicos, seguir un proceso de preparación y tomar unos exámenes.

- En muchos países, como Uruguay, El Salvador y España, la edad mínima para tener una licencia de conducir es de dieciocho años, y en otros países como Argentina, es de diecisiete años. En países como México y Chile, los conductores pueden intentar sacar una licencia provisional con limitaciones antes de cumplir los dieciocho años; después, con dieciocho años pueden sacar la licencia normal sin esas limitaciones.

- En algunos países, el coche no es la única opción para la gente que quiere moverse más cómodamente por su ciudad. Por ejemplo los ciclomotores, las pequeñas motos que también se conocen como *scooters*, tienen motores con una potencia muy limitada y son muy populares entre la gente joven porque existen permisos especiales para conducir solamente estos vehículos. En España, un joven de catorce años puede sacar una licencia para conducir esas motos pequeñas.

- Para sacar cualquier licencia de conducir, en la mayoría de los países hispanohablantes es necesario tomar clases teóricas y prácticas de preparación, demostrar que puedes ver suficientemente bien mediante un examen de la vista, y tomar un examen teórico y práctico. En algunos países, los exámenes son muy largos y no es fácil sacar una buena nota. Muchas personas tienen que tomar el examen más de una vez para poder sacar la licencia. En algunos países como España, todo el proceso puede costar el equivalente a más de mil dólares.

1. ¿Tienes licencia de conducir? Si la tienes, ¿cuánto tiempo hace que la sacaste? ¿Cuántos años tenías cuando la sacaste?

   _____

   _____

2. ¿Con cuántos años pueden intentar sacar una licencia de conducir los jóvenes de los países hispanohablantes?

   _____

   _____

3. ¿En muchos países hispanohablantes, qué alternativas tienen los jóvenes que necesitan moverse por la ciudad, pero que son demasiado jóvenes para conducir un coche?

   _____

   _____

4. ¿Existen licencias provisionales para gente joven en tu ciudad? ¿Con cuántos años pueden tener esas licencias? ¿Qué limitaciones tienen?

_____

_____

5. ¿Qué proceso es necesario seguir en tu ciudad para sacar una licencia de conducir? ¿Es caro o barato?

_____

_____

6. Según la información que acabas de leer, ¿cómo es el proceso para sacar una licencia de conducir en muchos países hispanohablantes? ¿Es más caro que en tu ciudad o más barato?

_____

_____

Ambiciones siniestras

Episodio 10

¿Qué sabía?

10-46 ¿Cómo estaban y qué hicieron? Recall what you learned about our protagonists in **Episodio 9** and select the names of the character or characters to which each statement applies.

1. Estaba preocupado/a.	Cisco	Manolo	Marisol	Lupe
2. No sabía dónde estaban Eduardo y Alejandra.	Cisco	Manolo	Marisol	Lupe
3. Recibió un mensaje del Sr. Verdugo.	Cisco	Manolo	Marisol	Lupe
4. Llamó a Manolo por teléfono.	Cisco	Manolo	Marisol	Lupe
5. Tiró el teléfono contra la pared.	Cisco	Manolo	Marisol	Lupe
6. Pensaba que el rompecabezas se refería a un país en Suramérica.	Cisco	Manolo	Marisol	Lupe
7. Confesó que tenía un secreto.	Cisco	Manolo	Marisol	Lupe

10-47 ¿Qué está pasando? Read the episode and select whether the following statements are **Cierto** or **Falso**.

1. En este episodio, Manolo, Marisol y Lupe por fin ven el mensaje que Eduardo le envió al Señor Verdugo. Cierto Falso

2. En este episodio, Cisco se siente mal y un poco culpable (*guilty*). Cierto Falso

3. En este momento, Eduardo tiene las pruebas originales que Cisco descubrió. Cierto Falso

4. Ahora sabemos que ninguno de nuestros protagonistas va a ganar el concurso. Cierto Falso

5. En este episodio, Cisco, Manolo, Marisol y Lupe hacen muchas preguntas y expresan dudas. Cierto Falso

6. En este episodio, es evidente que ahora ya no hay más misterios entre los amigos, que todos tienen la misma información y están colaborando abiertamente. Cierto Falso

"Falsas apariencias"

 10-48 ¿Qué va a suceder? View the following stills from the video segment and, based on what you see, write a paragraph predicting what is going to happen with Lupe and Marisol during the episode.

_____

_____

_____

_____

10-49 ¿Quién lo dijo? Now view the episode and then select the name(s) of the character(s) who said the following statements.

1. No te muevas de tu casa; voy para allá ahora mismo.

   Marisol   Lupe   Manolo   Cisco

2. ¡No salgas de tu casa!

   Marisol   Lupe   Manolo   Cisco

3. ¿Y por qué no pusiste mi nombre… sólo el tuyo en el e-mail?

   Marisol   Lupe   Manolo   Cisco

4. Chicos, tenemos buenas noticias. Conseguimos resolver el rompecabezas. Argentina es la respuesta correcta.

   Marisol   Lupe   Manolo   Cisco

5. Creo que ya es hora de llamar a la policía.

   Marisol   Lupe   Manolo   Cisco

6. ¡Lupe, por favor! ¡Habla con nosotros! ¡No hagas eso!

   Marisol   Lupe   Manolo   Cisco

10-50 ¿Qué va a hacer Lupe? Write a brief reaction to the end of the episode explaining the reasons that you think might be behind Lupe's behavior, as well as what you think she is going to do next.

_____

_____

_____

_____

_____

_____

Experiential Learning Activity

10-51 Un viaje. For this activity, you will work in groups to create virtual voyages to Venezuela and Chile. Each member of the group will be assigned a specific part of the journey and will need to find reliable websites that future virtual travelers can use to find their way and enjoy their "trip." Every part of each virtual trip must include active websites with pictures and other vital information that might be important to a traveler. The following assigned roles are only intended to be guidelines for you; flexibility and creativity are encouraged, as long as the basic objectives are met. For example, one person will need to locate all of the types of transportation and fees associated with every aspect of the trip. A second student will help by locating all of the schedules for those different means of transportation and make sure that all of the connections will work with plenty of time to allow for layovers and missed or cancelled flights and other transportation delays. Another person will work on getting information on how to order foreign currency ahead of time and the most current exchange rates between the U.S. dollar and the target country's currency. This same student will work with one other and together they will be responsible for planning and presenting the entire budget for the prospective traveler. Another student will have to locate lodging and identify good choices for meals. Two other students will find and plan all tours and entertainment activities and choices that will be available to the virtual traveler while in the country of destination. Once all of this preliminary information has been gathered, the group will combine everything into a PowerPoint presentation and a Word document, both with hyperlinks. Each group will do a formal presentation of their virtual voyage to the class and hand each student and the faculty member a printed copy of the document.

Service Learning Activity

10-52 En la agencia de viajes. Contact several local travel agencies and find out which services each one offers. Request permission to translate a list of those services and any other very basic information that those agencies might find appropriate into Spanish. Be very careful to promise no more than two double-spaced, typed pages of text and stress that your professor will assume responsibility for final editing and proofreading before the document is returned to the travel agencies electronically and in print format.

Heritage Learner Activity

10-53 A viajar.

Paso 1 ¿Adónde te gustaría viajar en el mundo hispano? ¿Qué te interesa ver, visitar, explorar? Si deseas familiarizarte más con el país, investiga sobre él en el Internet para poder contestar estas preguntas.

_____

_____

_____

_____

Paso 2 Imagínate que vas de viaje con tu mejor amigo/a. Es la primera vez que tu amigo/a viaja al extranjero y necesita tu ayuda. Ustedes están en el proceso de formalizar el itinerario y de hacer las maletas. Usando los mandatos informales, dile a tu amigo/a lo que debe y no debe hacer para prepararse para el viaje.

1. _____

2. _____

3. _____

4. _____

5. _____

6. _____

11

El mundo actual

1. Los animales (TEXTBOOK P. 392)

11-1 ¿Qué tipo de animales son? Select the category that best corresponds to each animal.

1. el caballo

   animal doméstico   animal de la granja   animal salvaje

2. el elefante

   animal doméstico   animal de la granja   animal salvaje

3. el oso

   animal doméstico   animal de la granja   animal salvaje

4. el perro

   animal doméstico   animal de la granja   animal salvaje

5. la gallina

   animal doméstico   animal de la granja   animal salvaje

6. el león

   animal doméstico   animal de la granja   animal salvaje

7. el cerdo

   animal doméstico   animal de la granja   animal salvaje

8. la vaca

   animal doméstico   animal de la granja   animal salvaje

9. el gato

   animal doméstico   animal de la granja   animal salvaje

10. la serpiente

   animal doméstico   animal de la granja   animal salvaje

11-2 ¿Qué comen los animales? Match each animal to the food that is most closely associated with its diet.

1. el gato   a. los ratones

2. el león   b. el pescado y los ratones

3. la serpiente   c. los insectos

4. el conejo   d. la carne cruda

5. la rana   e. la lechuga

11-3 ¿Qué dicen los animales en español? Not all dogs around the world say "bow-wow." In Spanish, many of the sounds that animals make are different from the sounds in English. Look at each of the onomatopoeias and listen to their pronunciation. Then write the name of the animal to which each sound most likely corresponds.

el cerdo	la vaca	el elefante	el gato
el caballo	el perro	el pez	el pájaro
la gallina	la rana		

1. pío, pío _____

2. guau, guau _____

3. miau, miau _____

4. coc, co, co, coc _____

5. glup, glup _____

6. muuu, muuu _____

7. iiii, iiii _____

8. croac, croac _____

9. oink, oink _____

10. praaah, praaah _____

11-4 ¿Qué animal soy yo? Listen to the following descriptions by the different animals and then write the name of the animal that corresponds to each one.

el pájaro	la gallina	el pez
el león	el oso	la rana

1. _____   4. _____

2. _____   5. _____

3. _____   6. _____

11-5 ¿Qué piensas de los animales? Answer the following questions about your own opinions on different animals.

1. ¿En tu opinión, cuál es el mejor animal doméstico? ¿Por qué?

_____

_____

2. ¿En tu opinión, cuál es el peor animal doméstico? ¿Por qué?

_____

_____

3. ¿Cuál es el animal que más te gusta? ¿Por qué?

_____

_____

4. ¿Cuál es el animal que menos te gusta? ¿Por qué?

_____

_____

5. ¿Cuál es el animal que más te molesta? ¿Por qué?

_____

_____

6. ¿Cuál es el animal que te da más miedo? ¿Por qué?

_____

_____

7. ¿Cuál es el animal que te da menos miedo? ¿Por qué?

_____

_____

Pronunciación

Review of Word Stress and Accent Marks (TEXTBOOK P. 393)

11-6 ¿Qué dijo? Listen to the following statements and write the word from the bank that is included in each.

cuidé	cuide	montó	monto
preocupo	preocupó	domésticos	domestico

1. _____   5. _____

2. _____   6. _____

3. _____   7. _____

4. _____   8. _____

11-7 ¿Necesita acento? Listen to the pronunciation of each word and then rewrite it, being careful to include accents when necessary.

1. cocodrilo _____   6. ratones _____

2. tortola _____   7. acida _____

3. oveja _____   8. invernadero _____

4. jabali _____   9. coqui _____

5. huracan _____   10. domestico _____

11-8 ¿Qué palabra es? As you know, in some cases accents function to distinguish between two different words that sound the same but that have different meanings. Listen to each statement, and based on the meaning of what you hear, select the word that is being used.

1. cuando   cuándo   6. como   cómo

2. cuando   cuándo   7. mi   mí

3. que   qué   8. mi   mí

4. que   qué   9. se   sé

5. como   cómo   10. se   sé

11-9 Los refranes. Read and listen to the following sayings, practice reciting them and then give your best pronunciation of each one.

1. El gato y el ratón nunca son de la misma opinión.

2. La rana más aplastada es la que más grita.

3. Gato con guantes no caza ratones.

4. Perro ladrador, poco mordedor.

5. La curiosidad mató al gato.

6. Más vale pájaro en mano que cien volando.

7. Es el mismo perro con diferente collar.

8. Conejo rápido no llega lejos. Tortuga llega segura.

9. Dos perros pueden matar a un león.

10. El perro es el mejor amigo del hombre.

11-10 Las trabalenguas. Read and listen to the following tongue-twisters, practice reciting them and then give your best pronunciation of each one.

1. El perro de San Roque no tiene rabo porque Ramón Ramírez se lo ha cortado.

2. El hipopótamo Hipo está con hipo. ¿Quién le quita el hipo al hipopótamo Hipo?

3. Tres grandes tigres tragones tragan trigo y se atragantan.

4. En la calle de Callao cayó un caballo bayo al pisar una cebolla.

5. El presidente de la República avisa al público que el agua pública se va a acabar.

6. Un limón y medio limón. Dos limones y medio limón. Tres limones y medio limón. Cuatro limones y medio limón. ¿Cuántos limones son?

7. Supercalifragilístico espialidoso, aunque al decirlo suene algo enredoso, supercalifragilístico espialidoso.

Nombre: _____ Fecha: _____

2. El medio ambiente (TEXTBOOK P. 396)

11-11 La ecología y los desastres naturales. Classify each of the following terms according to their appropriate category.

el huracán	el reciclaje	el efecto invernadero
la inundación	la contaminación	la reforestación
el terremoto	la lluvia ácida	el derrame de petróleo
la siembra de plantas		

LOS PROBLEMAS MEDIOAMBIENTALES	LOS DESASTRES NATURALES	LAS PRÁCTICAS ECOLÓGICAS
_____	_____	_____
_____	_____	_____
_____	_____	_____
_____		

11-12 ¿Qué debemos hacer y qué debemos evitar? Choose the most appropriate answer to complete each statement about how we can better protect the environment.

1. Si queremos proteger el medio ambiente, debemos...

   a. reciclar más.

   b. hacer más daño.

   c. contaminar más.

   d. evitar más.

2. Si queremos proteger los bosques, debemos...

   a. contaminarlos.

   b. evitarlos.

   c. reforestarlos.

   d. rehusarlos.

3. Si queremos proteger nuestros recursos naturales, debemos _____ la contaminación.

   a. reciclar

   b. evitar

   c. plantar

   d. proteger

4. Si quieres ayudar a parar el efecto invernadero, debes sembrar...

   a. lagos.

   b. la basura.

   c. vertederos.

   d. árboles.

5. Si quieres ayudar a parar la contaminación, puedes...

   a. hacer daño a los ríos.

   b. evitar proteger los ríos.

   c. tratar de proteger los ríos.

   d. rehusar proteger los ríos.

11-13 ¿Protegen o hacen daño? Classify the following practices according to their effects on the environment.

poner el aire acondicionado	reciclar el plástico
caminar a las clases	conducir coches que consumen mucha gasolina
sembrar plantas	botar cajas de cartón a la basura
evitar la contaminación	poner las latas en los vertederos
reforestar los bosques	reutilizar los contenedores de vidrio

PROTEGE EL MEDIO AMBIENTE	HACE DAÑO AL MEDIO AMBIENTE
_____	_____
_____	_____
_____	_____
_____	_____
_____	

11-14 Crucigrama. Complete the crossword puzzle with the correct words.

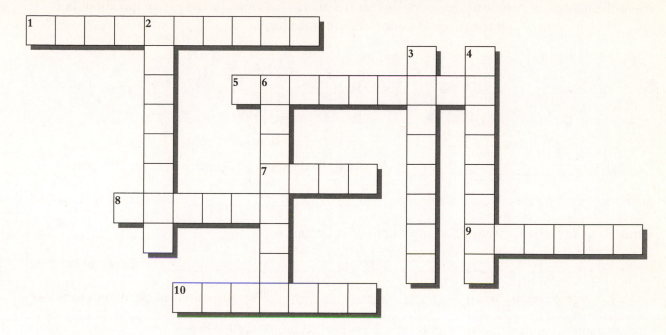

1. convertir algo limpio o puro en algo sucio o impuro; por ejemplo, poner basura o productos químicos en un río

2. el elemento químico de número atómico 13, que es un metal de muchos usos y que se puede reciclar

3. el recurso natural líquido muy inflamable y no renovable que si lo refinas puedes obtener gasolina

4. un fenómeno meteorológico caracterizado por vientos fuertes, lluvias y/o nieve

5. el lugar donde se bota la basura

6. el estudio de la protección de la naturaleza

7. un envase o contenedor de metal que se puede reciclar

8. una sustancia sólida, dura y frágil que es transparente o traslúcida y que se puede reciclar

9. nuestro planeta

10. un fenómeno meteorológico tropical muy violento caracterizado por vientos muy fuertes (de un mínimo de 72 millas por hora) que giran en grandes círculos y que muchas veces también van acompañados de lluvias fuertes

11-15 Tenemos que proteger nuestro planeta. Támara is an ecological activist that is concerned about the numerous problems that our planet currently faces. Complete the paragraph about her ideas and concerns, using the correct words from the word bank.

reciclar	cartón	ecología	contaminando
Tierra	daño	basura	medio ambiente
periódicos	recursos naturales		

El (1) _____ es mi pasión. Dedico mucho tiempo y hago muchas cosas

diferentes para proteger nuestro planeta, la (2) _____. Soy la presidenta del Club

Verde en mi universidad y nosotros empezamos un programa para (3) _____ el

papel, los (4) _____, el (5) _____, las latas y las botellas

que antes la gente botaba a la (6) _____. Nosotros también escribimos peticiones

y organizamos manifestaciones para protestar contra las compañías que hacen

(7) _____ a la naturaleza, (8) _____ nuestra agua y

nuestro aire. Mi especialidad en la universidad es (9) _____ y en el futuro, quiero

continuar con mi trabajo protegiendo los (10) _____.

11-16 ¡Actúen ahora! Támara's group is planning a rally in the student center in order to raise awareness about what people need to do and what they need to stop doing in order to protect the environment. She needs your help coming up with good slogans to put on the signs that she and her friends will carry. Using the correct affirmative and negative **ustedes** command forms, suggest at least seven different slogans for them to paint on their signs.

MODELOS   *¡Siembren plantas!*

¡No corten los árboles!

_____

_____

_____

_____

_____

11-17 Tú y el medio ambiente. Think about your own daily life and how your actions affect the environment.

Paso 1 Answer the following questions about yourself and your relationship to the environment.

1. ¿Te importa la ecología y la protección del medio ambiente? ¿Por qué o por qué no?

_____

_____

2. ¿Qué problemas ecológicos te preocupan? ¿Por qué te preocupan?

_____

_____

_____

3. ¿Cuáles son algunas de tus prácticas que protegen el medio ambiente?

_____

_____

_____

4. ¿Cuáles son algunas cosas que haces que no ayudan a solucionar los problemas ecológicos o que hacen daño a la naturaleza?

_____

_____

_____

5. ¿Qué más quieres hacer y qué quieres dejar de hacer (*stop doing*) para ayudar a proteger el medio ambiente?

_____

_____

_____

Paso 2 Imagine that you are helping some friends who need to interview different students about their own habits and the effects of their actions on the environment for their ecology class. Without referring to your answers in **Paso 1,** explain the main effects that you as a person currently have on the environment, as well as your plans for the future. In your explanation, be sure to address the three questions in their survey:

1. What do you currently do on a regular basis that could be considered ecologically responsible?

2. What actions in your daily life have a negative effect on the environment?

3. What can you do differently to increase your positive impact on the environment and to decrease your negative impact?

El Yunque: tesoro tropical (TEXTBOOK P. 398)

11-18 El Yunque. Based on what you have learned about El Yunque National Forest, select whether the following statements are **Cierto** or **Falso.**

1. El origen del nombre del Bosque Lluvioso de El
   Yunque es religioso.   Cierto   Falso

2. En el Sistema de Bosques Nacionales de los Estados Unidos,
   hay varios bosques lluviosos tropicales.   Cierto   Falso

3. El Yunque es el bosque nacional en los Estados Unidos
   que tiene más plantas diferentes.   Cierto   Falso

4. Comparado con otros bosques nacionales, el número de
   hectáreas que ocupa el Yunque es considerable.   Cierto   Falso

5. Existen menos de cien cotorros ahora en Puerto Rico.   Cierto   Falso

6. Hay ochenta y cinco clases de coquí en el Yunque.   Cierto   Falso

11-19 Una excursión a El Yunque. Some of your friends are going on vacation to Puerto Rico and have asked you where you think they should go. Using expressions such as **deben** and **tienen que** and/or the correct **ustedes** command forms, write them an e-mail telling them that they absolutely must visit El Yunque and explain what they should do while they are there.

Expresiones útiles			
catarata	*waterfall*	hacer senderismo	*to hike*
acampar	*to camp*		

_____

_____

_____

_____

_____

_____

3. El subjuntivo (TEXTBOOK P. 398)

11-20 Problemas y soluciones. Jorge has some very ecologically irresponsible people in his life. Match each of his complaints to the most appropriate solution.

1. Mis padres no reciclan nada en su casa.

2. Mis compañeros de cuarto imprimen (*print*) muchas páginas del Internet y gastan mucho papel innecesariamente.

3. Mis amigos usan el aire acondicionado todos los días durante el verano; no importa si la temperatura no es demasiado alta.

4. Mi hermano conduce un coche muy viejo que contamina mucho.

5. Mi hermana va en coche a todos los lugares.

6. Mi mejor amigo siempre pone la calefacción a casi ochenta grados en invierno.

a. Es importante que camine más.

b. Es preferible que lean la información en la pantalla (*screen*) de la computadora.

c. Es necesario que la ponga más baja y que se ponga un suéter.

d. Es importante que empiecen a hacerlo; pueden empezar con algo fácil, como las botellas.

e. Es preferible que lo venda y que compre uno híbrido.

f. Es necesario que lo pongan solamente cuando hace mucho calor.

Nombre: _____ Fecha: _____

11-21 ¿Qué puedo hacer? Jorge would like to do more than he currently does to protect the environment. For each of his goals, select the appropriate and correctly expressed strategy or strategies for reaching it. More than one answer may be correct.

1. Jorge: No quiero contribuir a la contaminación de los ríos y el océano.

   Tú: Es necesario que…

   a. botes toda la basura en los lugares apropiados.

   b. botas toda la basura en los lugares apropiados.

   c. hagas daño a los ríos y los océanos.

   d. haces daño a los ríos y los océanos.

2. Jorge: Quiero proteger los ríos y el océano.

   Tú: Es importante que…

   a. circulas peticiones para parar la contaminación industrial.

   b. circules peticiones para parar la contaminación industrial.

   c. pones vertederos en los ríos y el océano.

   d. pongas vertederos en los ríos y el océano.

3. Jorge: No quiero contribuir a la contaminación del aire.

   Tú: Es preferible que…

   a. rehúses usar el transporte público.

   b. rehúsas usar el transporte público.

   c. tratas de usar el transporte público.

   d. trates de usar el transporte público.

4. Jorge: Quiero evitar la contaminación del aire.

   Tú: Es preferible que…

   a. das dinero a compañías que no contaminan.

   b. des dinero a compañías que no contaminan.

   c. vayas a manifestaciones contra las compañías que contaminan mucho.

   d. vas a manifestaciones contra las compañías que contaminan mucho.

5. Jorge: Quiero que otras personas comprendan la importancia de la protección del medio ambiente.

Tú: Es necesario que...

a. hagas campañas educativas.

b. haces campañas educativas.

c. buscas oportunidades de compartir lo que sabes con otras personas.

d. busques oportunidades de compartir lo que sabes con otras personas.

6. Jorge: Quiero que otras personas sean más ecológicas.

Tú: Es importante que...

a. les pides a otras personas que ayuden con la causa.

b. les pidas a otras personas que ayuden con la causa.

c. empieces a organizar protestas y otros eventos para ayudar con la causa.

d. empiezas a organizar protestas y otros eventos para ayudar con la causa.

7. Jorge: Quiero hacer una diferencia en el mundo.

Tú: Es posible que...

a. puedas ayudar a mejorar la situación con el medio ambiente.

b. puedes ayudar a mejorar la situación con el medio ambiente.

c. no sea demasiado tarde para actuar.

d. no es demasiado tarde para actuar.

11-22 El efecto invernadero. Jorge has very strong ideas about global warming and the greenhouse effect and needs your help to increase the emphasis in the way he expresses himself. For each of his statements, choose and write the appropriate expression of opinion, doubt or wishes that will underscore and strengthen the impact of his ideas. Be sure to follow the sentence structure of the model exactly.

~~Es una lástima que~~	Es importante que	Ojalá que
Es increíble que	Es bueno que	Es malo que

MODELO   Los países del mundo tienen muchas dificultades al negociar soluciones para los problemas medioambientales y económicos que se relacionan con el calentamiento global.

Es una lástima que los países del mundo tengan muchas dificultades al negociar soluciones para los problemas medioambientales y económicos que se relacionan con el calentamiento global.

1. Muchas personas en el mundo no saben que el efecto invernadero es una realidad muy seria que está cambiando nuestro mundo.

   _____

2. Muchos políticos dicen que el efecto invernadero no es realmente un problema muy importante.

   _____

3. Estamos trabajando para proteger el medio ambiente y parar el calentamiento global.

   _____

4. Existen nuevas tecnologías como la energía solar y la energía eólica que nos ofrecen alternativas energéticas renovables.

   _____

5. En el futuro vamos a tener otras nuevas tecnologías para ayudarnos todavía más.

   _____

11-23 Un grupo de ecologistas. Jorge has joined a group of ecological activists and is at their first meeting. Complete the opening speech of the group's president with the correct subjunctive forms of the appropriate verbs.

mejorar	tener	solucionar	participar	tratar
cambiar	afectar	seguir	mirar	expresar

¡Bienvenidos a todos, compañeras y compañeros! Veo que este año tenemos algunos nuevos

miembros. Es muy importante que todos ustedes (1) _____ activamente en

todos los eventos de nuestro grupo y que también (2) _____ abiertamente todas sus ideas. Como bien sabemos todos, es imposible que nosotros (3) _____

todos los problemas del mundo solos. Es una lástima que muchas personas en el mundo no

(4) _____ de hacer nada simplemente porque piensan que los problemas del

mundo son demasiado grandes. Es probable que el trabajo de una persona no

(5) _____ mucho al mundo, pero también es imposible que una persona

(6) _____ algún efecto si no hace nada. Por eso, es importante que nosotros

(7) _____ con nuestro trabajo y nuestros proyectos. Es necesario que todos

ustedes (8) _____ las cosas desde la perspectiva correcta. Poco a poco, es posible

que nuestro trabajo (9) _____ el mundo y (10) _____ la

situación del medio ambiente.

11-24 Tu nuevo representante. Imagine that the new congressman representing your district would like to know what his constituents' main concerns and priorities are so that he can address them during his first term.

Paso 1 Brainstorm your concerns (things that you are dissatisfied with and would like to see changed) and priorities (things that you would like to see remain or changes that you would like to see implemented) and write down the most important ideas that you would like to express to your new representative.

PREOCUPACIONES	PRIORIDADES
_____	_____
_____	_____
_____	_____
_____	_____
_____	_____

Paso 2 The congressman's office has set up a voicemail box so that his constituents can call and leave messages with their ideas. Using your notes above and the expressions below that require the subjunctive, share your opinions and advice with your representative. As you are speaking to a public figure, remember to use the **usted** form when addressing the congressman.

Es una lástima que…	Es raro que…	Es malo que…	Es posible que…
Es importante que…	Es necesario que…	Es preferible que…	Ojalá que…

4. La política (TEXTBOOK P. 405)

11-25 Los cargos políticos. Match each political post to the type or part of government in which he or she leads or serves.

1. el alcalde   a. el Congreso

2. la diputada   b. el Senado

3. el gobernador   c. la democracia

4. la presidenta   d. la ciudad

5. el rey   e. el estado

6. la senadora   f. la dictadura

7. el dictador   g. la monarquía

11-26 ¿Personas, problemas políticos o tipos de gobierno? Place each term into its appropriate category.

dictadora	guerra	reina	deuda	monarquía
alcaldesa	democracia	delincuencia	dictadura	inflación

PERSONAS	PROBLEMAS POLÍTICOS	TIPOS DE GOBIERNO
_____	_____	_____
_____	_____	_____
_____	_____	_____
	_____	

11-27 Crucigrama. Complete the crossword puzzle with the correct words.

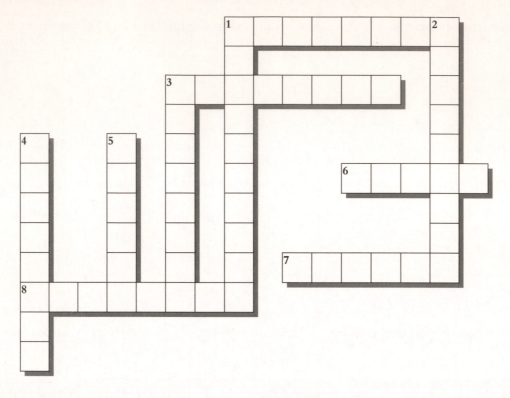

Horizontal

1. mujer nombrada por elecciones democráticas para representar a un grupo de personas en el Congreso

3. participar en un conflicto; luchar para algo

6. dinero que una persona o entidad toma prestado de otra persona o entidad y que tiene que devolver con intereses

7. forma de protesta en la que un grupo de personas rehúsa trabajar, a fin de mejorar sus condiciones laborales

8. mujer nombrada por elecciones democráticas para representar a un grupo de personas en el senado

Vertical

1. forma moderna de gobierno caracterizada por la participación de todos los ciudadanos (*citizens*) en los procesos gubernamentales, o directamente o a través de sus representantes nombrados por elecciones populares

2. mujer nombrada por elecciones democráticas para ser la líder de una ciudad

3. cuerpo legislativo formado por representantes nombrados por elecciones democráticas

4. dinero que todos los ciudadanos tienen que pagarle al gobierno todos los años

5. conflicto armado entre dos o más naciones o entre dos grupos dentro de una nación

11-28 La política en tu vida. Think about how much importance politics has in your own life and answer the following questions using complete sentences.

1. ¿Cómo se llama el alcalde / la alcaldesa de tu ciudad? ¿Es republicano/a, demócrata o de otro partido?

   _____

2. ¿Cómo se llama el/la representante de tu región de tu estado? ¿Es republicano/a, demócrata o de otro partido?

   _____

3. ¿Cómo se llaman los senadores que representan tu estado? ¿Son republicanos, demócratas o de otro partido?

   _____

4. ¿Cómo se llama el/la gobernador/a de tu estado? ¿Es republicano/a, demócrata o de otro partido?

   _____

5. Para mejorar la situación de las personas que viven en tu región, ¿qué es necesario que hagan los políticos que te representan?

   _____

   _____

6. Para tener tu apoyo y tu voto en las elecciones, ¿qué es necesario que haga un candidato político?

   _____

   _____

   _____

La política en el mundo hispano (TEXTBOOK P. 407)

11-29 La política en el mundo hispano. Based on the information in the reading in your textbook, select whether the following statements are **Cierto** or **Falso.**

1. La historia política del mundo hispano es turbulenta.   Cierto   Falso

2. Muchos países hispanohablantes sufrieron por dictaduras
   muy débiles en el pasado.   Cierto   Falso

3. Muchos países hispanohablantes quieren más justicia en
   sus relaciones con otros países.   Cierto   Falso

4. Durante los años ochenta, Centroamérica sufrió un
   periodo muy difícil y conflictivo.   Cierto   Falso

5. Ahora la economía de la mayoría de los países centroamericanas
   está en peores condiciones que hace treinta años.   Cierto   Falso

5. Por y para (TEXTBOOK P. 408)

11-30 ¿Para qué lo hacen? Choose the correct answer to each question about why many activists do what they do.

1. ¿Para qué reciclan?

2. ¿Para qué van al trabajo caminando?

3. ¿Para qué quieren ser representantes?

4. ¿Para qué evitan el uso del aire
   acondicionado?

5. ¿Para qué usan productos de limpieza
   especiales?

6. ¿Para qué plantan árboles?

a. Para no contribuir a la contaminación de los
   ríos y de los océanos con productos químicos.

b. Para no llenar los vertederos
   innecesariamente.

c. Para no contribuir a la contaminación del aire
   y al efecto invernadero.

d. Para no usar gasolina innecesariamente.

e. Para reforestar y para combatir el efecto
   invernadero.

f. Para escribir leyes para proteger el medio
   ambiente.

Nombre: _____ Fecha: _____

11-31 Comparaciones. Julia is not very easily impressed. For each person or entity listed, choose the appropriate criticism or compliment and write a comparative statement, following the sentence structure of the model exactly.

MODELO   un dictador

Para ser dictador, lleva a cabo muchos cambios democráticos.

tener una deuda externa muy grande
no saber nada de los verdaderos problemas de la ciudad
tener una economía bastante fuerte
~~llevar a cabo muchos cambios democráticos~~
no ofrecer muchas soluciones para los problemas del país
saber bastante de la política internacional

1. la alcaldesa

   _____

2. el presidente

   _____

3. estudiante

   _____

4. un país desarrollado (*developed*)

   _____

5. un país en vías de desarrollo (*developing*)

   _____

11-32 Un viaje por América Latina. A congresswoman is about to go on an important trip to several countries in Latin America. Listen to her conversation with her husband about the trip and then answer the questions about their plans by writing complete sentences, as in the model.

MODELO   ¿Para dónde salen Marta y su esposo el domingo?

El domingo, Marta y su esposo salen para El Salvador.

1. ¿Por dónde tienen que pasar antes de llegar a El Salvador?

   _____

2. ¿Por qué medio o medios de transporte van a viajar durante la semana?

   _____

3. ¿Por qué países van a pasar durante el viaje?

   _____

4. ¿Por qué ciudad van a pasar durante el viaje de regreso?

   _____

5. ¿Para cuándo es necesario que Marta esté en Washington?

   _____

6. ¿Para qué es importante que Marta vaya a Washington?

   _____

11-33 El viaje de Marta.

Paso 1 Complete the description about the trip that Marta and her husband are going to take, using **por** and **para**.

Marta y su esposo salen (1) _____ Latinoamérica el domingo. Ellos van a viajar

(2) _____ diferentes países, como El Salvador, Colombia y Uruguay. Van a estar en

América Latina (3) _____ más de una semana. La secretaria de Marta hizo todos los

planes y reservas (4) _____ ellos.

Marta va a estos países (5) _____ hablar con diferentes representantes

gubernamentales sobre los diferentes proyectos de cooperación y colaboración que ella está

intentando implementar. (6) _____ llevarlos a cabo, es necesario que otros países

apoyen los proyectos. (7) _____ ser una representante en el Congreso, Marta tiene

importantes responsabilidades internacionales. Eso es porque a Marta le preocupan mucho tanto los

problemas nacionales como los internacionales; (8)_____ eso se metió en la política.

Ella quiere cambiar el mundo. También decidió entrar en la vida pública (9) _____

sus hijos; ella quiere trabajar todos los días (10) _____ crear un mundo más justo y

con más paz.

Paso 2 For each use of **por** and **para** above, choose the correct usage.

1. a. momento específico en el tiempo
   b. destino
   c. destinatario, receptor
   d. comparación
   e. propósito, objetivo

2. a. duración
   b. movimiento
   c. motivo, causa
   d. intercambio (*exchange*)
   e. medio (*means*)

3. a. duración
   b. movimiento
   c. motivo, causa
   d. intercambio (*exchange*)
   e. medio (*means*)

4. a. momento específico en el tiempo
   b. destino
   c. destinatario, receptor
   d. comparación
   e. propósito, objetivo

5. a. momento específico en el tiempo

    b. destino

    c. destinatario, receptor

    d. comparación

    e. propósito, objetivo

6. a. momento específico en el tiempo

    b. destino

    c. destinatario, receptor

    d. comparación

    e. propósito, objetivo

7. a. momento específico en el tiempo

    b. destino

    c. destinatario, receptor

    d. comparación

    e. propósito, objetivo

8. a. duración

    b. movimiento

    c. motivo, causa

    d. intercambio (*exchange*)

    e. medio (*means*)

9. a. duración

    b. movimiento

    c. motivo, causa

    d. intercambio (*exchange*)

    e. medio (*means*)

10. a. momento específico en el tiempo

    b. destino

    c. destinatario, receptor

    d. comparación

    e. propósito, objetivo

Nombre: _____ Fecha: _____

6. Las preposiciones y los pronombres preposicionales (TEXTBOOK P. 410)

 11-34 El día de la Tierra. Lourdes and her friends are planning an important Earth Day event. Listen to their conversation and then complete the sentences by selecting the correct prepositions and prepositional pronouns.

1. Durante la reunión, Lourdes habla _____ sus compañeros

   _____ el día de la Tierra.

   a. de, acerca de

   b. sin, para

   c. por, desde

   d. con, sobre

2. _____ la reunión, Miguel y Pedro hablaron _____ los grupos de música.

   a. Después de, cerca de

   b. Antes de, con

   c. Después de, sobre

   d. Antes de, acerca de

3. _____ la reunión, Miguel y Pedro piensan ir _____ los restaurantes.

   a. Antes de, lejos de

   b. Después de, debajo de

   c. Antes de, entre

   d. Después de, a

4. El escenario _____ los músicos va a estar en el centro _____ campo.

   a. desde, detrás del

   b. a, cerca del

   c. para, del

   d. sobre, enfrente del

5. Los baños _____ el público van a estar _____ escenario.

    a. para, detrás del

    b. de, encima del

    c. por, sobre el

    d. por, debajo del

6. _____ Lourdes, los puestos con la comida deben estar _____ escenario.

    a. Desde, al lado del

    b. A, a la derecha del

    c. Según, a la derecha del

    d. Para, a la izquierda del

7. Emilia piensa que los cocineros no deben estar _____ la contaminación

   producida _____ los coches.

    a. al lado de, para

    b. cerca de, por

    c. debajo de, de

    d. delante de, sin

8. Los coches no van a poder circular _____ el campus ese día; tienen que

   estacionarse _____ estadio.

    a. en, dentro del

    b. sobre, afuera del

    c. encima de, acerca del

    d. por, cerca del

11-35 Una película documental. Marina and her friends went to see a film the other day. Complete the description about their experience using the correct prepositions and prepositional phrases from the word bank.

en	después de	al lado del	hasta	por
acerca del	sobre	a	con	antes de

El otro día fui a ver una película documental muy interesante (1) _____ el

medio ambiente (2) _____ unos amigos. Llegamos al centro

(3) _____ las siete y media, pero la película no empezaba

(4) _____ las ocho. (5)_____ eso, decidimos tomar

algo (6) _____ un bar (7) _____ entrar en el cine.

Fuimos al bar que está (8) _____ cine. (9) _____ la

película, volvimos al mismo bar y nos quedamos hablando (10) _____

mensaje de la película y sus implicaciones por más de una hora.

11-36 Tus lugares favoritos. Think about your favorite places on campus.

Paso 1 Answer the following questions about your campus.

1. ¿Cuál es tu lugar favorito en campus? ¿Por qué es tu lugar favorito?

_____

_____

_____

2. ¿Qué haces allí? ¿Quién(es) hace(n) esas cosas contigo?

_____

_____

_____

3. Si tu lugar favorito es un edificio, ¿qué hay en el lugar? Si no es un edificio, ¿qué hay dentro?

_____

_____

4. ¿Dónde está tu lugar favorito en general? ¿Está cerca de donde vives? ¿Está lejos?

_____

_____

_____

5. ¿Qué hay enfrente de tu lugar favorito? ¿Y detrás?

_____

_____

_____

6. ¿Qué hay a los dos lados de tu lugar favorito?

_____

_____

_____

Paso 2 Imagine that you are inviting a new friend to do something with you at your favorite place on campus. Your friend also happens to be a new student, so you are going to have to give him or her very detailed instructions about how to get to the place. Leave him or her a phone message explaining what you are going to do, when and where you are going to meet, and exactly where on campus the place is. You do not know which direction he or she will be coming from, nor do you know which places he or she is familiar with, so give as much detail as possible in your instructions.

7. El infinitivo después de preposiciones (TEXTBOOK P. 414)

11-37 ¿Qué es necesario que hagan? Form complete, logical sentences by matching each fragment to its most appropriate pair.

1. Antes de plantar el árbol,

2. Después de sembrar las plantas,

3. Para combatir el efecto invernadero,

4. Sin que colaboren todos los países del mundo,

5. Hasta terminar con todos los problemas ecológicos,

6. Entre una alternativa ecologista y una más económica,

a. es necesario que las cuidemos mucho con agua y con acceso a luz natural.

b. es preferible que gastemos más dinero para proteger el medio ambiente.

c. no vamos a poder proteger la Tierra.

d. es importante que preparemos bien la tierra.

e. es necesario que evitemos la contaminación del aire.

f. es importante que sigamos trabajando.

Nombre: _____ Fecha: _____

11-38 ¿Antes o después? Which of the two should come first? For each set of actions, decide which one should come first. Then indicate your selection by using the phrases to create sentences with **antes de** or **después de** along with the infinitive verb form and the correct **ustedes** command forms. Be sure to follow the model exactly.

MODELO   decidir cuál es su candidato favorito / votar

Antes de votar, decidan cuál es su candidato favorito.

Después de decidir cuál es su candidato favorito, voten.

1. llevar a cabo su gran proyecto / obtener el apoyo de otras personas

_____

_____

2. calcular cuánto dinero es necesario que le paguen al gobierno / pagar los impuestos

_____

_____

3. apoyar un candidato / estudiar su programa y sus ideas

_____

_____

4. preguntar si hay problemas de delincuencia en el barrio / tomar la decisión de mudarse a una nueva casa

_____

_____

5. formar un partido político / decidir cuál debe ser su programa

_____

_____

6. botar algo a la basura / confirmar que no pueden reciclarlo

_____

_____

11-39 ¿Qué es necesario que hagas? Create at least six statements about things that you need to do in the coming weeks, using the infinitive with prepositions and prepositional phrases and the subjunctive with expressions like **es necesario que, es preferible que, es importante que,** or **es urgente que,** as in the model.

MODELO   *Para sacar buenas notas en los exámenes finales, es necesario que estudie mucho.*

_____

_____

_____

_____

Escucha (TEXTBOOK P. 415)

11-40 Los jóvenes y la política. In activity **11-41,** you will hear a public service announcement designed for young adults who have chosen not to exercise their right to vote. In order to prepare yourself to listen, answer the following questions.

1. ¿Cuál es el propósito o el objetivo de este tipo de anuncio?

    _____

    _____

2. ¿Qué tipo de información tienen estos anuncios frecuentemente?

    _____

    _____

3. ¿Por qué crees que muchos jóvenes no participan en la política?

    _____

    _____

4. ¿Por qué crees que algunos jóvenes participan en la política?

    _____

    _____

5. ¿Piensas que es importante votar? ¿Por qué o por qué no?

    _____

    _____

11-41 Cinco explicaciones, ninguna excusa. The title of the public service announcement that you are about to listen to, "*Cinco explicaciones, ninguna excusa*" suggests that we are going to hear five different points of view about why many young people do not vote. Listen to the announcement and fill in the lists with the name of each person that speaks and the key word from the word bank that is best associated with their explanation.

| indiferencia | protesta | tiempo |
| insatisfacción | ignorancia | |

NAME	KEY WORD
1. _____	_____
2. _____	_____
3. _____	_____
4. _____	_____
5. _____	_____

11-42 Explicaciones y excusas. Listen to the announcement again, and this time, focus on the narrator's response to each person's explanation. For each of the narrator's responses, write a sentence supporting it from your own point of view. The first one is done for you in the model.

MODELO   You hear: "El candidato que no ganó esas elecciones quería crear nuevas becas y ayudas financieras para estudiantes universitarios como María".

              You write: *Es importante que vote porque las decisiones de los políticos pueden tener efectos muy grandes en mi vida.*

1. _____

_____

2. _____

_____

3. _____

_____

4. _____

_____

Escribe (TEXTBOOK P. 416)

11-43 El medio ambiente. Imagine that you are doing an internship in the mayor's office of a city with a large Spanish-speaking population. The main focus of your work is to raise awareness, particularly among the Spanish-speaking citizens, about environmental concerns.

Paso 1 Write down some general notes about the city where you are working, the concerns you would like to focus on, and how you would like to go about raising awareness about them.

_____

_____

_____

_____

_____

Paso 2 The mayor just received word from the governor's office that the city did not reach its monthly recycling quota. As a result, the city is in danger of losing some important state funding. The mayor would like input from everyone in her office about what needs to be done in order to better motivate the people in the city to recycle on a regular basis. Write the mayor a memo with your ideas.

_____

_____

_____

_____

_____

Les presento mi país (TEXTBOOK PP. 417–419)

11-44 El Caribe. Based on what you have learned about Cuba, Puerto Rico and the Dominican Republic, indicate if the following statements are **Cierto** or **Falso**.

1. El zunzuncito es un tipo de música y baile que demuestra
   la influencia africana en la cultura cubana.   Cierto   Falso

2. La economía cubana se basaba antes en la industria azucarera.   Cierto   Falso

3. Cuba tiene bahías con millones de microorganismos fosforescentes.   Cierto   Falso

4. Puerto Rico tiene un importante observatorio con uno de
   los radiotelescopios más grandes del mundo.   Cierto   Falso

5. La República Dominicana es un país con muchas montañas.   Cierto   Falso

6. Cristóbal Colón llegó a la República Dominicana en su primer
   viaje a América y la nombró La Española.   Cierto   Falso

7. La bachata es un plato típico en la República Dominicana.   Cierto   Falso

Más cultura

11-45 Hablar por teléfono. Read the following information about customs and etiquette related to talking on the phone in Spanish-speaking places, and then answer the questions below using complete sentences.

- De la misma manera que la gente que habla inglés tiene diferentes costumbres relacionadas con la comunicación telefónica, en el mundo hispanohablante hay también varias normas relacionadas con esa parte de la vida cotidiana.

- La forma más común de empezar una conversación telefónica es saludar a la persona que está llamando. Por eso, en muchos lugares del mundo hispanohablante, cuando las personas contestan el teléfono, es típico decir "Buenos días" o "Buenas tardes" (dependiendo de la hora del día) tanto en contextos formales como en situaciones informales, y "Hola", "Aló" o "Buenas" en contextos informales.

- Sin embargo, también existen otras fórmulas que la gente usa para comenzar esas conversaciones. Por ejemplo, en España y en otros lugares, mucha gente dice "Diga", "Dígame", o simplemente "Sí" cuando recibe una llamada. En México es muy común contestar el teléfono diciendo "¿Bueno?", y algunos cubanos dicen "Oigo".

- También hay diferentes maneras de responder a la persona que, al contestar el teléfono, inicia la conversación contigo. Lo más común es devolver el saludo de la otra persona y también identificarse. Si la persona con la que quieres hablar es la misma persona que contesta el teléfono, puedes decir algo como "Hola María, soy Kate. ¿Cómo estás?" Si otra persona que conoces contesta el teléfono, puedes decir algo como, "Buenas tardes, Señor Arce. ¿Cómo está? Soy Kate Smith, la amiga de su hija María". Si no conoces a la persona que contesta el teléfono, puedes decir, "Buenas tardes, soy Kate Smith. Soy una amiga de María. Llamaba porque quería hablar con ella. ¿Está en casa en este momento?" La manera más abreviada (y menos educada [*less polite*]) de responder a la persona que contesta el teléfono es simplemente decir, "Hola, ¿está María?"

- Cuando la persona que contesta el teléfono no es la persona con la que quieres hablar, hay diferentes formas que esa persona puede usar para responder a lo que tú dices. Por ejemplo, en el caso del Señor Arce, es posible que responda siguiendo con la conversación diciendo algo como, "Ah, hola Kate, estoy muy bien, gracias, ¿y tú?", antes de decirte algo como, "Bueno, supongo que quieres hablar con María; aquí está. Hasta luego". En el tercer caso antes mencionado, en el que no conocías a la persona que había contestado (*had answered*) el teléfono, esa persona puede decir algo como, "Sí, está aquí; ahora se pone" (o simplemente "Ahora se pone / Ahora pasa") y entonces vas a poder hablar con tu amiga. También puede decir, "Lo siento, pero no está. ¿Quieres dejarle algún recado?" y así te da la oportunidad de dejarle un mensaje a tu amiga.

1. ¿Cómo contestas el teléfono cuando estás en la casa de tu familia? Si no vives con tu familia durante el año académico, ¿cómo lo contestas cuando estás en la universidad?

   _____

   _____

2. ¿Contestan el teléfono todos tus amigos de la misma manera que tú? Si hay diferencias, ¿cuáles son?

   _____

   _____

3. Imagina que trabajas en una oficina en un ambiente formal y profesional. ¿Cómo es preferible que contestes el teléfono?

   _____

   _____

4. Si estás en una situación formal en un lugar hispanohablante, ¿cómo es preferible que contestes el teléfono?

   _____

   _____

5. Si estás en una situación informal en un lugar hispanohablante, ¿cómo piensas que vas a contestar el teléfono? ¿Por qué?

_____

_____

6. ¿Qué fórmulas para contestar el teléfono es dudoso que tengas la oportunidad de usar? ¿Por qué?

_____

_____

7. En las conversaciones telefónicas, ¿cuándo es preferible que uses la forma **usted** y cuándo es bueno que uses la forma **tú**? ¿Por qué?

_____

_____

8. Al comienzo de las conversaciones telefónicas, ¿cuándo es necesario que uses el verbo **ser** y cuándo es importante que uses el verbo **estar**? ¿Por qué?

_____

_____

11-46 Las nuevas tecnologías, el desarrollo y el medio ambiente. Read the following text about technology, development and the environment in the Spanish-speaking world today and then answer the questions.

- Como en muchos países en todo el mundo, las nuevas tecnologías son una parte muy importante de la vida económica, política y social de muchos lugares hispanohablantes. Esta importancia se ve tanto en la vida diaria de la gente con el gran número de personas que usa computadoras, Internet y teléfonos móviles, así como también en las actividades de grupos, compañías y gobiernos que se relacionan con las políticas energéticas y económicas y con el desarrollo (*development*) en general.

- En muchos lugares del mundo hispanohablante, los científicos, los gobiernos, las organizaciones no gubernamentales y las compañías privadas colaboran para desarrollar sistemas con fuentes (*sources*) de energía más ecológicas para sustituir los sistemas de energía producida por los combustibles (*fuels*) fósiles.

- Hoy en día muchos lugares del mundo hispanohablante están disfrutando de electricidad limpia. Algunos países, como España, Argentina, y México, tienen instalaciones de energía eólica (*wind*), y en muchos lugares la gente está aprovechando la energía solar para sus necesidades eléctricas. En algunos lugares también están desarrollando otras alternativas energéticas, como la biomasa, que también se considera una energía limpia y renovable.

- Un buen modelo de la conciencia ecológica en el mundo hispanohablante es la de la Comunidad Autónoma de Navarra, en el norte de España, que es especialmente conocida por sus diferentes parques eólicos. Hoy en día Navarra cubre más del cincuenta por ciento de sus necesidades eléctricas con energías limpias.

- Por todo el mundo hispanohablante, hay muchas iniciativas —muchas de ellas internacionales— para fomentar (*promote*) el uso de energías renovables. Muchas de esas iniciativas, sobre todo en América Latina, se relacionan con los movimientos de desarrollo sostenible. De esa manera, muchos países están trabajando simultáneamente para mejorar sus situaciones económicas, sociales y medioambientales.

1. En los Estados Unidos, ¿qué tipos de energía limpia se usan? ¿Dónde están usando esas energías?

   _____

   _____

2. ¿Qué grupos y organizaciones en el mundo hispanohablante están trabajando juntos para usar más energía limpia?

   _____

   _____

3. ¿Cuáles son tres energías limpias que se están usando en muchos lugares hispanohablantes hoy en día? ¿Cuáles de esas energías son también renovables?

   _____

   _____

4. ¿En qué lugares del mundo hispanohablante podemos encontrar parques eólicos?

   _____

   _____

5. ¿Por qué es ejemplar (*a good example*) la Comunidad Autónoma de Navarra?

   _____

   _____

6. ¿Qué relación hay entre los proyectos para usar más energías renovables en América Latina y el desarrollo sostenible en general?

   _____

   _____

11-47 El mundo laboral y las palabras que usamos. Read the following text about the workforce and gender trends and how they affect the language that we use. Then answer the questions.

- Como en muchas partes del mundo, en muchos lugares hispanohablantes hoy en día las mujeres participan directamente en la vida económica y política de los países cada vez más, trabajando fuera de sus casas como profesionales de diferentes campos que antes se asociaban casi exclusivamente con los hombres.

- La asociación de muchas profesiones y cargos con los hombres se ve reflejada en los significados originales de palabras como "médica", "jefa", y "presidenta". Originalmente, cuando una persona se refería a "la médica", no estaba hablando de una persona que trabajaba en un hospital, sino que hablaban de la esposa del médico. Cuando la gente hacía referencia a "la jefa", hablaba de la esposa del jefe, y cuando hablaba de "la presidenta", se refería a la esposa del presidente. También son los casos de los títulos de doctora, capitana, y alcaldesa, entre otros.

- Con los cambios en la sociedad y la integración de la mujer en diferentes profesiones y cargos políticos, los significados principales que ahora tienen todas esas palabras han llegado a (*have come to*) sustituir esos significados originales. En algunos casos el significado original ha desaparecido (*has disappeared*) totalmente, y en otros ahora solamente se acepta como un significado secundario o coloquial.

- Como ya saben, hay muchos títulos y profesiones que hoy en día tienen una versión masculina y otra femenina; por ejemplo, senador y senadora, ejecutivo y ejecutiva. Hay otros que, en cambio, tienen una versión femenina que es optativa; es decir, podemos usar la forma masculina para hablar de los dos sexos o podemos usar esa forma para los hombres y otra para las mujeres. Algunos ejemplos son: arquitecto/a, médico/a, abogado/a, y gerente/a. Según la Real Academia de la Lengua Española, es aceptable decir que "María es médico" y también puedes decir que "María es médica". Algunas personas prefieren simplificar su forma de expresión usando una forma para todas las personas, y otras personas prefieren distinguir entre los dos sexos, mediante las dos formas diferentes. Muchas veces esas preferencias tienen una relación fuerte con las ideas políticas y sociales de las personas.

- Otros títulos y profesiones resultan menos problemáticos porque su forma es más fácilmente considerada neutra. Algunos ejemplos son: economista, policía, congresista, especialista, ecologista, y electricista.

1. ¿Cuáles son las profesiones que se asocian más con los hombres y cuáles son las que se asocian más con las mujeres en los Estados Unidos? ¿Por qué piensas que existen esas asociaciones?

_____

_____

2. ¿Hay muchas mujeres ocupando cargos políticos importantes en los Estados Unidos hoy en día? ¿Cuáles son algunas mujeres importantes en la política estadounidense? ¿Qué cargos políticos ocupan?

_____

_____

3. ¿Cuál es el significado original de la palabra "alcaldesa"? ¿Cuál es su significado ahora?

_____

_____

4. ¿Cuáles son algunos títulos o profesiones que tienen una versión masculina y otra femenina en español? ¿Cuáles son algunos que tienen solamente una versión?

_____

_____

5. ¿Cuáles son algunos títulos o profesiones que tienen una versión masculina y otra femenina en inglés? ¿Cuáles son algunos que tienen solamente una versión?

_____

_____

Ambiciones siniestras

Episodio 11

Celia

11-48 Las falsas apariencias y la verdad. After reading the episode, select whether the following statements are **Cierto** or **Falso**.

1. Es evidente que Lupe tiene más de veinticinco años.   Cierto   Falso

2. Al principio del episodio es obvio que Marisol no confía en Lupe.   Cierto   Falso

3. Celia empezó a trabajar en el FBI porque quería trabajar con su novio.   Cierto   Falso

4. Celia ha sido (*has been*) una agente del FBI durante casi una década.   Cierto   Falso

5. Es evidente que Eduardo y Alejandra necesitan la ayuda de Celia.   Cierto   Falso

El desenlace

11-49 ¿Qué van a encontrar? Based on the following video stills from the final episode, write a paragraph about what you think is going to occur in the conclusion of the video.

Voy a necesitar cuatro o cinco agentes.

Si el agente Hughes tiene razón, toda la operación Ponzi está detrás de esta puerta.

_____

_____

_____

_____

_____

_____

_____

_____

_____

_____

11-50 ¿Quién hizo qué? Now watch the episode and for each statement below, write the name of the person who did it.

1. Llamó al FBI.   _____

2. Recibió protección del FBI.   _____

3. Reconoció a Lupe.   _____

4. Entró en la organización del Señor Verdugo.   _____

5. Puso una cámara para obtener pruebas (*proof*).   _____

6. Le daba información al FBI.   _____

7. Ofrece una recompensa (*reward*) por la captura del
    Señor Verdugo.   _____

Experiential Learning Activity

11-51 El medio ambiente. Contact faculty and students in your campus' environmental science, marine biology or botany programs, or other similar fields of study. Explain that you would like to know of resources that will help you find basic information about ecosystems, flora and fauna, and other environmental attributes. The class will be split into a minimum of three different groups of students. One will study Cuba and the short- and long-term environmental effects of sugar cane harvesting. Another group will examine the importance of the fishing industry in the Dominican Republic and determine if larger environmental issues such as El Niño have positively or negatively influenced coastal areas that thrive on profits obtained from the fishing industry. A third group will investigate El Yunque, a rainforest covering a significant percentage of land in Puerto Rico. This group will focus on the tremendous variety of flora and fauna there and discuss what air and water pollution has done to harm the integrity of this valued environmental and tourist resource. Make sure to include information on the Puerto Rican miniature frog, **el coquí,** its very unique history and the fascinating sound it makes. There are sound clips available on the internet in the public domain. Each group will present their findings (with pictures and data, in Spanish) to the rest of the class. Once all three groups have presented, the groups can pull together the combined information and produce a list of similarities and differences. As a class, you may also invent suggestions for making improvements to the environmental situations in Cuba, the Dominican Republic, and Puerto Rico, where needed.

Service Learning Activities

11-52 En tu comunidad. Consult the staff members at a local science museum or Office of Parks and Recreation to see if any of them need very basic signs done in Spanish. This could range from something as simple as a few words to be translated for a local park or public swimming pool, to producing a brochure for the Spanish-speaking public that might frequent those locations. Be sure that the organizations know that your professor will have the final word on the translated document before it is returned to them.

11-53 Ser intérprete. Check with the local Parks and Recreation office in your community to see if there is ever a need for Spanish interpreters when the rangers or directors of local parks offer tours to Hispanic children who are not yet old enough to be bilingual.

Heritage Learner Activity

11-54 La política.

Paso 1 En el Capítulo 11 hemos leído acerca de los problemas que han existido en el medio ambiente y en la política de Latinoamérica. En tu opinión, ¿existen los mismos desafíos con el medio ambiente en los Estados Unidos? ¿Cuáles son? ¿Cuáles son algunas estrategias que podemos llevar a cabo para cuidar nuestro medio ambiente? Explica tus respuestas a continuación.

_____

_____

_____

_____

_____

_____

_____

Paso 2 Al reflexionar sobre la situación sociopolítica actual de los hispanos en los Estados Unidos, por ejemplo, la situación con la inmigración, la seguridad de la frontera, el idioma, o el problema con los jóvenes que abandonan sus estudios, selecciona un tema que te interese. Investiga sobre ese tema en el Internet para poder profundizar tus conocimientos. Luego, establece tu punto de vista, usando el subjuntivo y expresiones impersonales como: **es importante que…, es necesario que…,** etc.:

1. La situación sociopolítica de los hispanos en los Estados Unidos:

_____

2. Mi punto de vista:

_____

_____

_____

Nombre: _____ Fecha: _____

12

Y por fin, ¡lo sé!

12-1 Los alimentos y los restaurantes. Complete the crossword puzzle with the correct words related to food and restaurants.

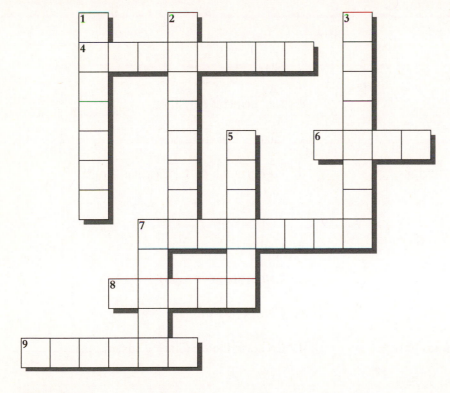

Vertical

1. alimento que viene del mar; por ejemplo, el atún

2. hombre que trabaja en un restaurante, atendiendo a los clientes y sirviéndoles la comida

3. instrumento que usamos para cortar la comida

5. adjetivo que describe un alimento preparado en el horno durante un período de tiempo

7. parte de los músculos de los cuerpos de los animales que los humanos comen como alimento

Horizontal

4. plato común en muchos países que normalmente tiene lechuga, tomate y otras verduras

6. bebida alcohólica que se hace con uvas

7. hombre que trabaja en un restaurante, preparando las comidas

8. adjetivo que describe un alimento preparado sin cocinar

9. trozo (*piece*) de carne, normalmente de vaca y típicamente preparado a la parrilla

12-2 ¿Qué hizo antes? Read the following fragments about the dinner party that Ana had the other night. Then connect each fragment to its most appropriate pair in order to form complete sentences.

1. Antes de poner la mesa,

2. Antes de meter el pescado en el horno,

3. Antes de preparar la ensalada,

4. Antes de servir el vino,

5. Antes de cortar la torta,

6. Antes de irme a dormir,

a. lavé la lechuga y el tomate.

b. la saqué del refrigerador.

c. puse un mantel sobre la mesa.

d. limpié la cocina.

e. calenté el horno.

f. abrimos la botella.

12-3 ¿Quién? Clara is speaking to her sister about herself, her friends, her sister, and her sister's friends. Listen to her statements. Then select which person did, is doing, or is going to do the action mentioned in each statement.

1. …

   a. Clara

   b. La hermana de Clara

   c. Clara y sus amigas

   d. La hermana de Clara y sus amigas

2. …

   a. Clara

   b. La hermana de Clara

   c. Clara y sus amigas

   d. La hermana de Clara y sus amigas

3. …

   a. Clara

   b. La hermana de Clara

   c. Clara y sus amigas

   d. La hermana de Clara y sus amigas

4. …

   a. Clara

   b. La hermana de Clara

   c. Clara y sus amigas

   d. La hermana de Clara y sus amigas

5. …

   a. Clara

   b. La hermana de Clara

   c. Clara y sus amigas

   d. La hermana de Clara y sus amigas

6. …

   a. Clara

   b. La hermana de Clara

   c. Clara y sus amigas

   d. La hermana de Clara y sus amigas

12-4 ¿Cuándo? Listen to Clara's statements again and select the correct verb tense or time frame to indicate whether each action is something that has already occurred, something that is occurring at this moment, something that is either occurring right now or that occurs on a regular basis, or if it is something that is going to occur in the future.

1. pasado   presente progresivo   presente   futuro

2. pasado   presente progresivo   presente   futuro

3. pasado   presente progresivo   presente   futuro

4. pasado   presente progresivo   presente   futuro

5. pasado   presente progresivo   presente   futuro

6. pasado   presente progresivo   presente   futuro

12-5 Una cena romántica. Sara had such a fabulous time with her date last night, that now she is having difficulty even thinking straight. Read her statements about their romantic dinner, and place them in the most logical order by filling in the blanks with letters a–g.

1. _____ Cené ensalada de mariscos; de postre pedí una torta de chocolate.

2. _____ Después de la cena, vimos una película muy divertida en el cine.

3. _____ Me llevó a casa y antes de irse, me besó.

4. _____ Él ordenó primero; pidió una sopa de verduras y un poco de bistec.

5. _____ Vino a mi casa en su coche a las seis y media de la tarde.

6. _____ Dimos un paseo por el centro de la ciudad hasta las doce de la medianoche.

7. _____ Llegamos al restaurante a las siete.

12-6 Una fiesta. Aitor and his friends had a great party the other night. Complete the description about what happened using the correct preterit forms of the appropriate verbs.

tomar	mandar	bailar	ser	jugar
venir	nadar	empezar	preparar	decidir

Hace dos semanas, mis amigos y yo (1) _____ celebrar el final del año

académico con una gran fiesta. Yo (2) _____ las invitaciones por correo

electrónico y al final muchas personas (3) _____ a la fiesta. La fiesta

(4) _____ en la casa donde viven nuestros amigos Carlos y Felipe, porque es la

más grande y también porque tiene un jardín con una piscina. La fiesta (5) _____

a las tres de la tarde. Durante la primera hora de la fiesta, nosotros (6) _____

cerveza y (7) _____ al fútbol. Luego, Carlos (8) _____

hamburguesas y perros calientes a la parrilla. Después de cenar, yo (9) _____

por un rato con mi novia y finalmente todos nuestros amigos y nosotros

(10) _____ en la piscina.

12-7 Tu última experiencia divertida. Think about a recent experience in which you had a lot of fun (an afternoon with friends, a party, or a vacation).

Paso 1 Write down some general notes about when and where it happened, what you did, who you were with and why it was so much fun.

_____

_____

_____

_____

_____

_____

_____

_____

Paso 2 Now imagine that you are chatting with a friend or a family member and that you decide to tell him/her about this experience. Without consulting your notes from **Paso 1,** give an oral description of what happened and why it was so much fun.

Nombre: _____ Fecha: _____

12-8 ¿Lo comió o no? Listen to each person's comments about his/her dietary preferences and restrictions. Then, based on that knowledge, answer the following questions about what he/she most likely did or did not eat or drink using complete sentences and the correct direct object pronouns. Be sure to follow the model exactly.

MODELOS   You hear: Vivo cerca de la playa y en mi pueblo hay muchos pescadores. ¡Nosotros tenemos el pescado más fresco del mundo; me encanta! Estuve en un restaurante ayer con mis amigos y nos ofrecieron bistec o atún.

You see: ¿Comió el atún?

You write: *Sí, lo comió.*

or

You see: ¿Comió el bistec?

You write: *No, no lo comió.*

1. ¿Pidió los huevos?

_____

2. ¿Tomó el café?

_____

3. ¿Pudo aceptar el trozo de pastel?

_____

4. ¿Comió el bistec?

_____

5. ¿Bebieron las cervezas?

_____

6. ¿Comió las galletas?

_____

Capítulo 12 Y por fin, ¡lo sé!   **495**

Nombre: _____   Fecha: _____

12-9 La ropa y las tiendas. In each group of words, select the one word that does not belong.

1. camisa   camiseta   blusa   zapato

2. conjunto   claro   vestido   traje

3. zapatillas   rayas   lunares   cuadros

4. cuero   algodón   lana   estrecha

5. impermeable   abrigo   calcetín   chaqueta

6. sudadera   ancha   camiseta   pantalones cortos

12-10 Un regalo de cumpleaños. Rita planned a special 21st birthday celebration for her best friend. Complete her description of what happened, using the correct indirect object pronouns.

Primero salimos al restaurante favorito de Carolina para cenar, pero ella no tenía su pasaporte.

Solamente tenía su tarjeta de identidad de la universidad, y por eso el camarero no

(1) _____ sirvió cerveza. A mí eso no (2) _____

gustó porque era un cumpleaños muy especial para ella, pero no nos preocupamos porque eso no era

tan importante. Después de cenar, fuimos a la casa de otra amiga porque ella

(3) _____ había invitado (*had invited*) a nosotras a una fiesta. Muchos de los

amigos de Carolina estaban en la fiesta y ellos (4) _____ dieron regalos; ella

empezó a abrirlos inmediatamente. A ella (5) _____ gustaron todos los

regalos, especialmente uno: una camisa roja que yo (6) _____ regalé. Ella no

sabía que era mi regalo, y en privado (7) _____ dijo: "Esta es la camisa más

bonita del mundo". Su comentario (8) _____ hizo sentir muy bien y (9)

_____ dije que estaba muy contenta porque era mi regalo. Entonces ella dijo

que estaba muy agradecida (*thankful*) y que ella pensaba que la camisa

(10) _____ iba a quedar muy bien.

12-11 Una boda. Natalia is with her sister Sofía and they are both getting ready for Sofía's wedding. The bride is nervous and wants to know if everything is in order. Match each of the questions that she asks to its most appropriate answer.

1. ¿Nos trajeron las flores?

2. ¿Me planchaste el traje?

3. ¿Te cortaste el pelo recientemente?

4. ¿Te plancharon el vestido?

5. Llevas una venda, ¿te cortaste la mano?

6. ¿Me trajiste la aspirina que te pedí?

a. No, te lo planchó Mamá.

b. Sí, me la corté ayer.

c. No, no me lo plancharon.

d. Sí, te la di hace una hora.

e. Sí, nos las trajeron esta mañana.

f. Sí, me lo corté hace dos semanas.

12-12 Consejos. Now that Sofía has been through the experience of planning a wedding, she has plenty of advice for her younger sister. Complete the conversation between the two women with the correct direct and indirect object pronouns.

Sofía: Para tu boda, tienes que aprovechar todo lo que aprendí durante el proceso de

preparación. Por ejemplo, compra tu traje de novia en la misma tienda donde compré mi

traje. (1) _____ (2) _____ recomiendo porque tienen

trajes muy bonitos y precios muy razonables.

Natalia: Eso es muy bueno. ¿Qué más piensas que debo hacer?

Sofía: No compres zapatos nuevos porque la mayoría de los zapatos formales para las bodas

son muy incómodos y los míos fueron muy cómodos. Para tu boda

(3) _____ (4) _____ voy a dar.

Natalia: ¡Gracias! Sabes que también me gustaron mucho las joyas (*jewelry*) que te pusiste para la

ceremonia. ¿(5) _____ (6) _____ prestas para mi boda?

Sofía: No son mías, Natalia, son de mamá. (7) _____

(8) _____ tienes que pedir a ella, pero estoy segura de que te va a decir

que sí. Otra cosa importante que tienes que recordar es la música. Creo que nuestra

banda tocó muy bien. (9) _____ (10) _____

recomiendo también.

Natalia: De acuerdo. Pero antes de seguir con todos estos planes, creo que es necesario que

encuentre novio, ¿no?

Sofía: Supongo que sí...

12-13 En la consulta médica. Martín and his brother Javier are both athletes that have suffered some minor injuries lately. Listen to their conversation with their doctor and then using the words from the word banks, complete the sentences below about how each person is feeling with the correct indirect object pronouns and the correct forms of the appropriate verbs.

necesitar	molestar	importar	doler
hacer falta	preocupar	gustar	

~~ayuda~~	las piernas	los problemas de sus hijos	el brazo
sus pacientes	la idea de no hacer deporte	descansar	

MODELO   A Martín y Javier *les hace falta ayuda.*

1. A Martín _____.

2. A Javier _____.

3. A Martín y a Javier _____.

4. A Martín y a Javier no _____.

5. A los padres de Martín y Javier _____.

6. A la médica _____.

12-14 Tus intereses. Answer the following questions about yourself and your friends, using the verbs in parentheses. Write at least three complete sentences per question.

1. ¿Cuáles son tus comidas favoritas y cuáles son las de tus amigos? (gustar, encantar, fascinar)

   _____

   _____

   _____

2. ¿Cuáles son tus actividades favoritas y cuáles son las de tus amigos? (gustar, encantar, fascinar)

   _____

   _____

   _____

3. ¿Cuáles son tus clases más interesantes y cuáles son las más aburridas? ¿Cuáles son las clases favoritas de tus amigos? (interesar, aburrir, gustar/no gustar)

   _____

   _____

   _____

4. ¿Cuáles son los problemas del mundo que son más importantes y preocupantes para ti y tus amigos? (importar, preocupar, interesar)

   _____

   _____

   _____

12-15 ¿Qué hizo Amalia ayer? Amalia had an important job interview yesterday. Complete the description about how she prepared for it, using the correct preterit forms of the appropriate reflexive verbs.

quedarse	arreglarse	ducharse	despertarse	secarse
cepillarse	quitarse	levantarse	irse	ponerse

Yo tenía que estar en el centro para ir a la entrevista a las nueve de la mañana; por eso

(1) _____ a las seis y cuarto. Sin embargo, como todavía tenía mucho sueño,

(2) _____ en la cama por quince minutos más. Por fin (3) _____

a las seis y media y fui directamente al baño. Primero (4) _____ y después

(5) _____. Entonces (6) _____ la bata. A las siete fui a la cocina

para preparar y tomar el café y el desayuno. Después del desayuno, subí otra vez al baño y

(7) _____ los dientes. Después volví a mi dormitorio, (8) _____ la

bata y (9) _____. A las ocho, mi novio llegó a mi casa y (10) _____

juntos al centro.

12-16 Antes o ahora. Listen to Roberto discuss how different his life is now in comparison to when he was younger. Then, for each item, select the moment in time to which it corresponds.

1. hacer mucho deporte   antes   ahora

2. estudiar mucho   antes   ahora

3. tener una dieta muy sana   antes   ahora

4. saber cocinar   antes   ahora

5. pasar tiempo con la familia   antes   ahora

6. ir al cine a menudo   antes   ahora

Nombre: _____   Fecha: _____

12-17 Aquellos años felices. Roberto continues to reminisce about life when he was younger. Complete the description of his childhood with the correct imperfect forms of the appropriate verbs.

querer	divertirse	ser	tener	ayudar
quedarse	ir	trabajar	pasar	llover

Cuando yo (1) _____ pequeño, recuerdo que siempre (2) _____ en

los veranos. Mis hermanos, mis amigos y yo (3) _____ tiempo fuera, corriendo y

jugando todo el día. A veces todos nosotros (4) _____ a la piscina para nadar y jugar

en el agua. Otras veces, por ejemplo cuando (5) _____, (6) _____

en casa jugando a nuestros juegos favoritos. Mi madre siempre (7) _____ mucha

comida muy buena en casa y todos mis amigos (8) _____ cenar con nosotros. Todos

los sábados, mis padres (9) _____ en el jardín y nosotros les

(10) _____. Y por las tardes, había siempre una barbacoa.

12-18 Cambios importantes. Think about yourself now, compared to what your life was like at another, very different time. Reflect on how you have changed by answering the questions below, using complete sentences.

1. ¿Cuánto ejercicio haces ahora? ¿Cuánto ejercicio hacías antes?

    _____

    _____

2. ¿Cuánto tiempo pasas estudiando ahora? ¿Cuánto tiempo pasabas estudiando antes?

    _____

    _____

3. ¿Cómo es tu dieta ahora? ¿Cómo era tu dieta antes?

    _____

    _____

4. ¿Cómo te diviertes ahora? ¿Cómo te divertías antes?

_____

_____

5. ¿A qué hora te levantas normalmente ahora? ¿Por qué? ¿A qué hora te levantabas? ¿Por qué?

_____

_____

6. ¿A qué hora te acuestas normalmente ahora? ¿Por qué? ¿A qué hora te acostabas? ¿Por qué?

_____

_____

7. ¿En qué situaciones te sientes más feliz? ¿En qué situaciones te sentías más feliz?

_____

_____

8. ¿En qué situaciones te pones nervioso/a? ¿En qué situaciones te ponías nervioso/a?

_____

_____

12-19 Cómo era antes. Now, without referring to your answers in **12–18**, give an oral description about what you are like now and what your life was like before.

12-20 El cuerpo y la salud. In each group of words, select the one that does not belong.

1. pierna	brazo	cabeza	gripe
2. catarro	gripe	oído	tos
3. pastilla	cuello	venda	receta
4. pie	nariz	ojo	boca
5. náusea	fiebre	tos	cara
6. pierna	ojos	estómago	corazón

12-21 Un día de locura. Luis is having a very busy day at work in the hospital with constant interruptions and complications. Match each fragment about what was happening to its most appropriate conclusion in order to create logical sentences.

1. Mientras hablaba con una paciente embarazada (*pregnant*),

2. Mientras le ponía una venda a un hombre,

3. Mientras tratábamos de encontrar camas para todos los pacientes que estaban esperando,

4. Mientras hablaba con un enfermero sobre qué medicamento usar para tratar una infección bacterial,

5. Mientras le examinaba el oído de un paciente,

6. Mientras llevábamos a un paciente para una operación del corazón,

a. su herida empezó a sangrar mucho más.

b. el paciente dijo que tenía alergia a los antibióticos.

c. me dijo que podía oír perfectamente y que su problema era con el pie.

d. empezó a tener el bebé.

e. nos dijo que su problema era con la pierna.

f. llegaron varias ambulancias con diez pacientes más.

12-22 La gripe. Pablo feels terrible and has gone to the clinic to see a doctor. Complete the description of how his symptoms started and progressed throughout the day, using the correct preterit or imperfect forms of the appropriate verbs.

Eventos centrales				
llamar	despertarse	tomar	ver	decidir

Detalles descriptivos				
sentirse	tener	doler	molestar	estar

Cuando yo (1) _____ el miércoles pasado por la mañana, me (2)

_____ mucho la cabeza, así que (3) _____ una aspirina para tratar

de mejorar la situación. Después de dos horas, (4) _____ que la aspirina no había

tenido (*had not had*) ningún efecto, porque no (5) _____ mejor, sino que

(6) _____ peor: (7) _____ un fuerte dolor de garganta y también

me (8) _____ el estómago. Entonces (9) _____ a mi madre para

pedirle consejos, y después de hablar con ella (10) _____ venir aquí para verlo a

usted, doctor.

12-23 Crucigrama. Complete the crossword puzzle with the correct words related to transportation and travel.

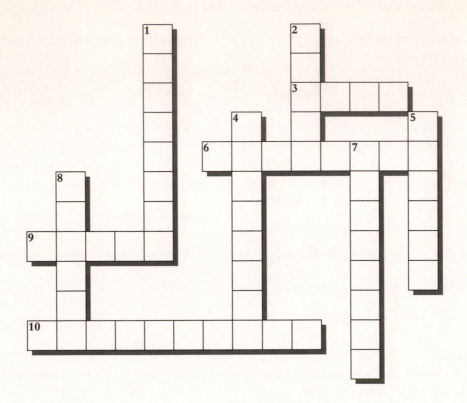

1. aparato eléctrico de luces de tres colores que sirve para regular la circulación de vehículos y peatones por las calles

2. vehículo con cuatro ruedas y un motor y que sirve para el transporte de personas

3. grupo ordenado, normalmente en una línea, de personas que esperan su turno

4. personas que viajan

5. vehículo grande con entre cuatro y dieciocho ruedas que sirve para el transporte de objetos y productos grandes

6. un permiso para manejar un vehículo

7. manejar un vehículo

8. parte de un vehículo que tiene la forma de un círculo, que está alrededor de la rueda y que está llena de aire

9. vehículo que sirve para viajar por el agua

10. ventana en un automóvil que está en la parte de delante del vehículo

12-24 Un accidente con el coche. Federico and his friend were in an accident the other day. Complete the description of what happened using the correct preterit or imperfect forms of the appropriate verbs.

Eventos centrales		
tener	decidir	causar
explicar	cambiar	hacer

Detalles descriptivos			
hacer	estar	ser	ir

Ayer mientras nosotros (1) _____ al trabajo, (2) _____ un pequeño

accidente. (3) _____ las ocho de la mañana y (4) _____ mucho sol.

Nosotros (5) _____ en nuestro carril (*lane*), conduciendo con cuidado, cuando de

repente, otro conductor (6) _____ de carril sin señalar y con ese movimiento ilegal

(7) _____ el accidente. Después de hablar con el otro conductor y ver que no había

heridos, los tres (8) _____ llamar a la policía. Al llegar el policía, primero yo le

(9) _____ mi versión de los eventos y después mi amiga y el otro conductor

(10) _____ lo mismo. Ahora todo está bien, pero ¡qué susto! No quiero tener más

accidentes en toda mi vida.

12-25 Una anécdota interesante. Think about something curious, interesting, out of the ordinary or funny that has happened to you lately.

Paso 1 Brainstorm some general ideas about what occurred, when it happened, and who was there, using the following table to help you organize your thoughts.

ACCIONES E INTERRUPCIONES	¿Qué hacías o qué hacían otras personas cuando de repente ocurrió otra cosa u ocurrieron otras cosas?
EVENTOS CENTRALES	¿Qué cosas ocurrieron? ¿Cuándo ocurrieron? Primero… Después… Entonces… Luego… Finalmente…
DETALLES DESCRIPTIVOS	¿Qué hora era? ¿Qué tiempo hacía? ¿Cómo te sentías? ¿Cómo se sentían las otras personas? ¿Qué otros detalles son importantes?

Paso 2 Now organize your notes above into a coherent narrative about your experience.

_____

_____

_____

_____

_____

_____

12-26 ¿Qué ocurrió? Without referring to your narrative, give an oral account of what happened.

12-27 ¿Qué hago? Your friends are all having minor crises and need your help. Listen to each of their situations and choose the best advice for each person.

1. …

   a. Abre las ventanas y ten mucho cuidado.

   b. Pon las luces, pero no pongas los limpiaparabrisas.

   c. Dobla a la derecha en la siguiente calle y sigue hasta el final de la calle.

   d. Estaciona el coche en un lugar seguro y espera.

2. …

   a. Llama a una estación de servicio porque es necesario que la llenes.

   b. Dobla a la derecha en la siguiente calle y sigue hasta el final.

   c. Ve a una estación de servicio para comprar más.

   d. Usa tu teléfono móvil para llamar y pedir un taxi.

3. …

   a. Llama a una estación de servicio porque es necesario que la llenes.

   b. Usa tu teléfono móvil para llamar y pedir un taxi.

   c. Ve a una estación de servicio para comprar más.

   d. No hables por teléfono mientras conduces; llámame luego.

4. …

   a. Llama a una estación de servicio porque es necesario que la llenes.

   b. Usa tu teléfono móvil para llamar y pedir un taxi.

   c. Ve a una estación de servicio para comprar más.

   d. No hables por teléfono mientras conduces; llámame luego.

5. …

   a. Abre las ventanas y ten mucho cuidado.

   b. Usa tu teléfono móvil para llamar y pedir un taxi.

   c. Dobla a la derecha en la siguiente calle y sigue hasta el final.

   d. Estaciona el coche en un lugar seguro y espera.

6. ...

    a. Abre las ventanas y ten mucho cuidado.

    b. Dobla a la derecha en la siguiente calle y sigue hasta el final.

    c. No hables por teléfono mientras conduces; llámame luego.

    d. Estaciona el coche en un lugar seguro y espera.

12-28 ¿Debe o no debe hacerlo? One of your friends has an important final exam tomorrow morning. She has been studying for it for weeks, so you know that she is prepared. However, she is nervous and needs some reassuring, sound advice about how to spend her afternoon and evening. Decide whether she should or should not do each of the things listed below. Then give your friend good advice by changing each phrase to affirmative or negative informal commands.

MODELO   no tratar de leer todo el libro de texto otra vez en un día

        No trates de leer todo el libro de texto otra vez en un día.

1. repasar los apuntes por la tarde

   _____

2. hacer un poco de ejercicio para relajarse

   _____

3. evitar las bebidas alcohólicas

   _____

4. no acostarse muy tarde

   _____

5. poner el despertador antes de dormirse

   _____

6. desayunar antes de tomar el examen

   _____

12-29 Perdido en una ciudad. You have been studying abroad all year and now know your way perfectly around the city where you have been living. A tourist from another city in the country is on vacation and has just gotten very lost. He asks you for directions on how to get back to his hotel. Complete the directions, using the correct formal command forms of the appropriate verbs.

doblar	cruzar	caminar	doblar	andar

Primero (1) _____ por esta calle durante unos cinco minutos. Al llegar al final,

(2) _____ a la derecha. Después (3) _____ por esa calle durante

otros diez minutos hasta llegar a una plaza. (4) _____ la plaza para llegar a la Calle

Mayor. (5) _____ a la izquierda en la Calle Mayor. Su hotel está a la izquierda, a

unos cinco minutos de la plaza.

12-30 Conciencia ecológica. Your friends are impressed by all of your ecological awareness, and are interested in emulating some of your environmentally sound behaviors. Answer each of their questions using the correct **ustedes** command forms of the verbs. Based on whether or not the practices are good or bad for the environment, use either affirmative or negative forms of the commands. Be sure to follow the model exactly.

MODELO   ¿Debemos botar las botellas a la basura?

No, no boten las botellas a la basura.

1. ¿Debemos poner el aire acondicionado cuando hace frío?

   _____

2. ¿Debemos reciclar el cartón?

   _____

3. ¿Debemos contaminar el aire?

   _____

4. ¿Debemos poner vertederos en el océano?

   _____

5. ¿Debemos luchar para proteger la naturaleza?

   _____

6. ¿Debemos hacerle daño al medio ambiente?

   _____

7. ¿Debemos votar por el candidato que apoya el uso de energías renovables?

_____

8. ¿Debemos apoyar las compañías que evitan el uso de energías renovables?

_____

12-31 ¿Qué ocurre si no reciclo? Not many people stop to think about the consequences of their actions. Use the information in the chart below to answer the questions about how long different types of waste actually last if they end up in a dump instead of a recycling center.

¿Cuánto dura la basura?

Pedazo de papel	◆	2-4 semanas
Tela de algodón	◆	1-5 meses
Pedazo de madera	◆	13 años
Lata	◆	100 años
Plástico	◆	450 años
Botella de vidrio	◆	más de 500 años

MODELO   ¿Qué duran más, las botellas o las latas?

Las botellas duran más que las latas.

1. ¿Qué dura más, el plástico o el algodón?

_____

2. ¿Qué dura menos, el algodón o la madera (*wood*)?

_____

3. ¿Qué dura más, el papel o el algodón?

_____

4. ¿Qué dura menos, el plástico o las botellas de vidrio?

_____

5. ¿Qué dura más, la madera o las latas?

_____

Nombre: _____   Fecha: _____

12-32 La contaminación en diferentes ciudades. Using the information from the chart below, complete the following statements about how each city compares using the correct comparative and superlative expressions.

Ciudad	Vehículos motorizados privados por kilómetro de carretera	Emisiones anuales por hectárea urbana (Kg)	Emisiones anuales de CO per cápita (Kg)
América Latina			
México DF	354	20.909	152,61
Río de Janeiro	129	2.648	38,40
Bogotá	50	6.641	51,79
EE.UU.			
Nueva York	92	3.006	127,47
Los Ángeles	142	2.916	106,71
Houston	72	3.169	243,70
Atlanta	86		399,69
Europa Occidental			
Madrid	256	6.727	55,44
Barcelona	733	10.380	37,83
París	226	6.312	100,82
Berlín	241	3.509	45,57
Londres	174	6.087	73,00
Asia			
Tokio	84	1.483	10,65
Hong Kong	172	7.602	13,53
Singapur	132	7.171	45,87

1. Nueva York tiene _____ emisiones anuales de CO por persona _____ Tokio.

2. Madrid tiene _____ vehículos motorizados privados por kilómetro de carretera _____ Barcelona.

3. Los Ángeles tiene _____ emisiones anuales por hectárea urbana _____ Singapur.

4. Barcelona tiene casi (*almost*) _____ emisiones anuales de CO por persona _____ Río de Janeiro.

5. París tiene _____ emisiones anuales por hectárea urbana _____ Houston.

6. Hong Kong tiene casi _____ vehículos motorizados privados por

   kilómetro de carretera _____ Londres.

7. De todas las ciudades, Barcelona tiene el número _____ alto de vehículos motorizados privados por kilómetro de carretera.

8. De todas las ciudades, Tokio tiene los niveles (*levels*) _____ altos de emisiones anuales por hectárea urbana.

9. De todas las ciudades, Atlanta tiene los niveles _____ altos de emisiones anuales de CO por persona.

10. De todas las ciudades, México DF tiene los niveles _____ altos de emisiones anuales por hectárea urbana.

12-33 El medio ambiente. Important topics like the environment often bring out strong opinions and emotions in some people. León is an ecological activist and he feels very strongly about protecting the environment. Choose the most logical and correct completion for each of his statements. More than one answer to each statement may be correct.

1. Es bueno que...

   a. tengan tanta contaminación.

   b. tienen tanta contaminación.

   c. usen energías renovables.

   d. usan energías renovables.

2. Es una lástima que...

   a. no evitan más la contaminación.

   b. no eviten más la contaminación.

   c. luchen contra la contaminación.

   d. luchan contra la contaminación.

3. Es malo que...

   a. usen la biomasa para crear electricidad.

   b. usan la biomasa para crear electricidad.

   c. ponen el aire acondicionado tan a menudo.

   d. pongan el aire acondicionado tan a menudo.

4. Ojalá que...

   a. podamos combatir el efecto invernadero.

   b. podemos combatir el efecto invernadero.

   c. podemos apoyar el efecto invernadero.

   d. podamos apoyar el efecto invernadero.

5. Es increíble que...

   a. tantas personas contaminan el aire con sus coches.

   b. tantas personas contaminen el aire con sus coches.

   c. tantas personas rehúsan reciclar.

   d. tantas personas rehúsen reciclar.

12-34 ¿Qué es necesario que hagan? The new president of the university is looking for input from students about how she can better address their needs and concerns. Using the expressions below and the correct subjunctive form of the verbs, let the president know what you would like her to do and what you would like her not to do.

MODELO   ser necesario que / los semestres / ser más cortos

Es necesario que los semestres sean más cortos.

No es necesario que los semestres sean más cortos.

1. ser importante que / los cocineros / mejorar la comida en la cafetería

_____

_____

2. ser necesario que / las residencias / tener cuartos más grandes

_____

_____

3. ser preferible que / la universidad / construir un gimnasio más moderno

_____

_____

4. ser necesario que / la universidad / abrir más estacionamientos para los estudiantes

_____

_____

5. ser importante que / usted / dar fiestas para los estudiantes

_____

_____

12-35 Tus objetivos. Think about your own objectives, responsibilities and priorities once classes are over. Using the expressions below and the correct form of the subjunctive, write about your resolutions and your responsibilities as well as the things that you will likely do and those that you will not likely do.

Es necesario que…	Es importante que…	Es preferible que…
Es posible que…	Es imposible que…	Es probable que…
Es improbable que…		

_____

_____

_____

_____

12-36 Un guía para nuevos estudiantes. Imagine that you are working as a tour guide for new Spanish-speaking students that are going to come to your school next semester. Using the useful expressions below and the campus library as your main point of reference, write a description of where the most important buildings are on your campus.

al lado de	a la derecha de	a la izquierda de	entre
enfrente de	delante de	detrás de	dentro de
cerca de	lejos de		

_____

_____

_____

_____

12-37 ¿A qué país corresponde? Based on the information you have learned in your text, select the letter of the country to which each statement refers.

1. La influencia africana es evidente en esta cultura, sobre todo en la música salsa.

    a. Chile

    b. Colombia

    c. Cuba

    d. Costa Rica

2. Este es el único país en Suramérica que tiene dos costas.

    a. Chile

    b. Venezuela

    c. Perú

    d. Colombia

3. La capital de este país es la más alta del mundo.

    a. Colombia

    b. Bolivia

    c. Chile

    d. México

4. En este lugar está el bosque nacional más viejo y más pequeño de América.

    a. Puerto Rico

    b. Perú

    c. Paraguay

    d. Panamá

5. Una de las lenguas oficiales de este país es el guaraní.

    a. Puerto Rico

    b. Perú

    c. Paraguay

    d. Panamá

6. La gente de este país considera a su país como "la Suiza de Suramérica".

    a. Argentina

    b. Chile

    c. Uruguay

    d. Venezuela

7. Las misteriosas líneas de Nazca están al sur de este país.

    a. Chile

    b. Argentina

    c. Venezuela

    d. Perú

8. El desierto más árido del mundo está aquí.

    a. Chile

    b. Argentina

    c. Ecuador

    d. Perú

9. Este país es miembro de la Organización de Países Exportadores de Petróleo (OPEP).

   a. Venezuela

   b. México

   c. Ecuador

   d. Argentina

10. La capital de este país fue la primera ciudad europea fundada en América.

   a. Chile

   b. Cuba

   c. La República Dominicana

   d. México

12-38 Un año en el extranjero. Imagine that you are applying for a prestigious scholarship to study abroad in a Spanish-speaking country. Part of your application requires that you write a proposal in Spanish. Think of the countries that attract you most and review what you learned about them. In preparation for writing your proposal, write a paragraph about your top three choices and why they interest you.

_____

_____

_____

_____

_____

_____

12-39 ¡Eres uno/a de los finalistas! Imagine that your proposal was so strong that you are now a finalist and might possibly receive the scholarship. The selection committee needs more information about each finalist's plans in order to make their decision. For this part of the selection process, you need to narrow your choice down to one. Write a paragraph about your past experiences studying Spanish (and any other areas that you consider relevant) and about what you plan to accomplish during your year abroad in the city and country that you have chosen. If there is a specific university or study abroad program that you would like to study with, you should mention that as well. You may use the Internet to investigate specific study abroad programs in the country that you have selected.

_____

_____

_____

_____

_____

_____

12-40 ¡Tienes la beca! Congratulations, you just received word that you have won the scholarship! Now imagine that you are calling an important person in your life, perhaps your favorite Spanish instructor, in order to share the news and to tell him or her about where you are going to go and what you are going to do there. Explain orally what you had to do in order to receive the scholarship, and give as much detail as possible about your plans for study and fun while you are away.

12-41 Tus propias ambiciones siniestras. Imagine that the director of **Ambiciones siniestras** is not satisfied with the ending and, as a result, he has decided to set up a contest for people to submit alternate endings. Write your own alternate ending for the video.

_____

_____

_____

_____

_____

_____

Experiential / Service Learning Activity

12-42 Recetas. In order to educate your campus about the different types of foods found throughout the Spanish-speaking world, research recipes in Spanish from Spain, Mexico, the Caribbean, Central America, and South America. Collect all of the recipes, making up an entire, balanced "Hispanic" meal and make your own class paperback cookbook (be sure to cite your sources correctly). Then, translate all of your recipes into English and approach your campus cafeteria manager about hosting a Hispanic Foods night. If your campus cafeteria or dining system is not set up to accommodate this idea, contact your International or Spanish Club, or ask a few of the major campus organizations to sponsor one dish each to serve at your student center or other student-friendly location. You will have to work around the regulations stipulated by the local health department, so it's best to start with the manager of your campus' dining services. If your campus allows you to hold this event, be sure to make signs informing people that not all "Spanish" food is "Mexican" or spicy.

Heritage Learner Activity

12-43 Eres traductor/a. Actualmente existe la necesidad de entrenar a intérpretes y traductores para los ámbitos legales, médicos, militares, educativos y empresariales. Muchos hispanos en los Estados Unidos tienen la ventaja de poder expresarse en dos idiomas. Imagínate que eres traductor/a y tienes que traducir las siguientes oraciones del inglés al español. Ojo con la ortografía y la acentuación.

1. Hello, sir. Could you please tell me the time?

   _____

2. I have relatives who are Nicaraguan. My great-grandparents were from Chile.

   _____

3. We need to register for our classes this semester: math, Spanish, history and writing.

   _____

4. They don't like to vacuum, sweep or wash the dishes.

   _____

5. For what jobs are you going to apply?

   _____

6. The band is playing all of my favorite songs.

   _____

7. The characters in this TV program have a big problem. They have a dilemma that must be solved in 24 hours.

   _____

8. Last night my boyfriend/girlfriend and I prepared dinner together. Tonight we are going out to eat.

   _____

9. These pants fit me poorly. Do you have another size?

   _____

10. When I was little, I didn't like to go to the doctor. Once, she gave me medicine that caused me to be very dizzy.

   _____

NOTAS

NOTAS

NOTAS

NOTAS

NOTAS

NOTAS